Engl

Hindi- ... sh

Word to Word®
Bilingual Dictionary

Compiled by:
C. Sesma M.A.

Translated by:
Abhinaw Sinha

Bilingual Dictionaries, Inc.

Hindi Word to Word® Bilingual Dictionary
1st Edition © Copyright 2011

All rights reserved. No part of this book may be reproduced or transmitted in any form or by any means.

Published in the United States by:

Bilingual Dictionaries, Inc.
PO Box 1154
Murrieta, CA 92562
T: (951) 461-6893 • F: (951) 461-3092
www.BilingualDictionaries.com

ISBN13: 978-0-933146-31-0
ISBN: 0-933146-31-0
Printed in India

Preface

Bilingual Dictionaries, Inc. is committed to providing schools, libraries and educators with a great selection of bilingual materials for students. Along with bilingual dictionaries we also provide ESL materials, children's bilingual stories and children's bilingual picture dictionaries.

Sesma's Hindi Word to Word® Bilingual Dictionary was created specifically with students in mind to be used for reference and testing. This dictionary contains approximately 19,000 entries targeting common words used in the English language.

List of Irregular Verbs

present - past - past participle

arise - arose - arisen
awake - awoke - awoken, awaked
be - was - been
bear - bore - borne
beat - beat - beaten
become - became - become
begin - began - begun
behold - beheld - beheld
bend - bent - bent
beseech - besought - besought
bet - bet - betted
bid - bade (bid) - bidden (bid)
bind - bound - bound
bite - bit - bitten
bleed - bled - bled
blow - blew - blown
break - broke - broken
breed - bred - bred
bring - brought - brought
build - built - built
burn - burnt - burnt *
burst - burst - burst
buy - bought - bought
cast - cast - cast
catch - caught - caught
choose - chose - chosen
cling - clung - clung
come - came - come
cost - cost - cost
creep - crept - crept
cut - cut - cut
deal - dealt - dealt

dig - dug - dug
do - did - done
draw - drew - drawn
dream - dreamt - dreamed
drink - drank - drunk
drive - drove - driven
dwell - dwelt - dwelt
eat - ate - eaten
fall - fell - fallen
feed - fed - fed
feel - felt - felt
fight - fought - fought
find - found - found
flee - fled - fled
fling - flung - flung
fly - flew - flown
forebear - forbore - forborne
forbid - forbade - forbidden
forecast - forecast - forecast
forget - forgot - forgotten
forgive - forgave - forgiven
forego - forewent - foregone
foresee - foresaw - foreseen
foretell - foretold - foretold
forget - forgot - forgotten
forsake - forsook - forsaken
freeze - froze - frozen
get - got - gotten
give - gave - given
go - went - gone
grind - ground - ground
grow - grew - grown
hang - hung * - hung *
have - had - had

hear - heard - heard	**ring** - rang - rung
hide - hid - hidden	**rise** - rose - risen
hit - hit - hit	**run** - ran - run
hold - held - held	**saw** - sawed - sawn
hurt - hurt - hurt	**say** - said - said
hit - hit - hit	**see** - saw - seen
hold - held - held	**seek** - sought - sought
keep - kept - kept	**sell** - sold - sold
kneel - knelt * - knelt *	**send** - sent - sent
know - knew - known	**set** - set - set
lay - laid - laid	**sew** - sewed - sewn
lead - led - led	**shake** - shook - shaken
lean - leant * - leant *	**shear** - sheared - shorn
leap - lept * - lept *	**shed** - shed - shed
learn - learnt * - learnt *	**shine** - shone - shone
leave - left - left	**shoot** - shot - shot
lend - lent - lent	**show** - showed - shown
let - let - let	**shrink** - shrank - shrunk
lie - lay - lain	**shut** - shut - shut
light - lit * - lit *	**sing** - sang - sung
lose - lost - lost	**sink** - sank - sunk
make - made - made	**sit** - sat - sat
mean - meant - meant	**slay** - slew - slain
meet - met - met	**sleep** - sleep - slept
mistake - mistook - mistaken	**slide** - slid - slid
must - had to - had to	**sling** - slung - slung
pay - paid - paid	**smell** - smelt * - smelt *
plead - pleaded - pled	**sow** - sowed - sown *
prove - proved - proven	**speak** - spoke - spoken
put - put - put	**speed** - sped * - sped *
quit - quit * - quit *	**spell** - spelt * - spelt *
read - read - read	**spend** - spent - spent
rid - rid - rid	**spill** - spilt * - spilt *
ride - rode - ridden	**spin** - spun - spun

spit - spat - spat
split - split - split
spread - spread - spread
spring - sprang - sprung
stand - stood - stood
steal - stole - stolen
stick - stuck - stuck
sting - stung - stung
stink - stank - stunk
stride - strode - stridden
strike - struck - struck (stricken)
strive - strove - striven
swear - swore - sworn
sweep - swept - swept
swell - swelled - swollen *
swim - swam - swum
take - took - taken
teach - taught - taught
tear - tore - torn

tell - told - told
think - thought - thought
throw - threw - thrown
thrust - thrust - thrust
tread - trod - trodden
wake - woke - woken
wear - wore - worn
weave - wove * - woven *
wed - wed * - wed *
weep - wept - wept
win - won - won
wind - wound - wound
wring - wrung - wrung
write - wrote - written

Those tenses with an * also have regular forms.

English-Hindi

Bilingual Dictionaries, Inc.

Abbreviations

a - article
n - noun
e - exclamation
pro - pronoun
adj - adjective
adv - adverb
v - verb
iv - irregular verb
pre - preposition
c - conjunction

A

abandon *v* परित्याग करना
abandonment *n* परित्याग
abbey *n* मठ
abbot *n* मठाधीश
abbreviate *v* संक्षिप्त
abbreviation *n* संक्षिप्त रूप
abdicate *v* त्यागना
abdication *n* त्याग
abdomen *n* उदर
abduct *v* अपहरण करना
abduction *n* अपहरण
aberration *n* विपथन
abhor *v* नफ़रत करना
abide by *v* पालन करना
ability *n* योग्यता
ablaze *adj* प्रज्वलित करना
able *adj* सक्षम
abnormal *adj* अपसामान्य
abnormality *n* अपसामान्यता
aboard *adv* सवार
abolish *v* उन्मूलन करना
abort *v* गर्भस्राव होना
abortion *n* गर्भपात
abound *v* प्रचुर होना
about *pre* चारो ओर
about *adv* के विषय में
above *pre* के ऊपर
abridge *v* संक्षेप करना
abroad *adv* विदेश में
abrogate *v* रद्द करना
abruptly *adv* सहसा
absence *n* अनुपस्थिति
absent *adj* अनुपस्थित
absolute *adj* पूर्ण; निरंकुश
absolution *n* दंडमुक्ति
absolve *v* मुक्त करना
absorb *v* अवशोषण करना
absorbent *adj* अवशोषक
abstain *v* संयम करना
abstinence *n* संयम
abstract *adj* अमूर्त
absurd *adj* विसंगत
abundance *n* प्रचुरता
abundant *adj* प्रचुर
abuse *v* अपशब्द कहना
abuse *n* दुरुपयोग
abusive *adj* अपशब्द पूर्ण
abysmal *adj* पातालीय
abyss *n* रसातल
academic *adj* अकादमिक
academy *n* अकादमी
accelerate *v* गति बढ़ाना
accelerator *n* त्वरक
accent *n* लहजा
accept *v* स्वीकार करना
acceptable *adj* स्वीकार्य
acceptance *n* स्वीकृति
access *n* पहुंच
accessible *adj* सुलभ
accident *n* दुर्घटना
accidental *adj* आकस्मिक

A
accommodate 12

accommodate *v* स्थान देना
accompany *v* साथ जाना
accomplice *n* सहकर्मी
accomplish *v* पूरा करना
accomplishment *n* उपलब्धि
accord *n* संगति बैठना
according to *pre* के अनूसार
accordion *n* एकार्डियन
account *n* खाता; विवरण
account for *v* लेखा देना
accountable *adj* लेखादेय
accountant *n* लेखापाल
accumulate *v* ढेर लगाना
accuracy *n* परिशुद्धता
accurate *adj* सही
accusation *n* अभियोग
accuse *v* आरोप लगाना
accustom *v* अनुकूल बनना
ace *n* श्रेष्ठ
ache *n* दर्द
achieve *v* हासिल करना
achievement *n* उपलब्धि
acid *n* अम्ल
acidity *n* अम्लता
acknowledge *v* पावती देना
acorn *n* बांजफल
acoustic *adj* ध्वनि संबंधी
acquaint *v* परिचय देना
acquaintance *n* परिचय
acquire *v* प्राप्त करना
acquisition *n* अभिग्रहण
acquit *v* मुक्त करना
acquittal *n* रिहाई
acre *n* एकड़
acrobat *n* कलाबाज़
across *pre* आरपार
act *v* कार्य करना
action *n* क्रिया, कार्रवाई
activate *v* सक्रिय करना
activation *n* सक्रियकरण
active *adj* सक्रिय
activity *n* सक्रियता
actor *n* अभिनेता
actress *n* अभिनेत्री
actual *adj* वास्तविक
actually *adv* वास्तव में
acute *adj* तीक्ष्ण; चतुर
adamant *adj* हठी
adapt *v* अनुकूल बनना
adaptable *adj* अनुकूलनशील
adaptation *n* अनुकूलन
adapter *n* अनुकूलक
add *v* योग करना
addicted *adj* लती
addiction *n* लत
addition *n* योग
additional *cdj* अतिरिक्त
address *n* पता
address *v* भाषण देना
addressee *n* प्राप्तिकर्ता
adequate *adj* पर्याप्त
adhere *v* आसंजन
adhesive *adj* आसंजनशील
adjacent *adj* लगा हुआ

13 afflict A

adjective *n* विशेषण
adjoin *v* जुड़ना
adjoining *adj* संलग्न
adjourn *v* स्थगित करना
adjust *v* समायोजन करना
adjustable *adj* समायोज्य
adjustment *n* समायोजन
administer *v* प्रशासन करना
admirable *adj* प्रशंसनीय
admiral *n* ऐडमिरल
admiration *n* प्रशंसा
admire *v* प्रशंसा करना
admirer *n* प्रशंसक
admissible *adj* स्वीकार्य
admission *n* प्रवेश; दाखिला
admit *v* प्रवेश देना
admittance *n* प्रवेश
admonish *v* चेतावनी देना
admonition *n* भर्त्सना
adolescence *n* किशोरावस्था
adolescent *n* किशोर
adopt *v* अपनाना
adoption *n* गोद लेना
adoptive *adj* गोद लेने योग्य
adorable *adj* सम्माननीय
adoration *n* आराधना
adore *v* आराधना करना
adorn *v* अभिभूषित करना
adrift *adv* असहाय
adulation *n* चापलूसी
adult *n* वयस्क
adulterate *v* मिलावट करना
adultery *n* व्यभिचार
advance *v* आगे बढ़ना
advance *n* अग्रिम
advantage *n* लाभ
Advent *n* अवतार
adventure *n* जोखिम
adverb *n* क्रिया-विशेषण
adversary *n* विरोधी
adverse *adj* प्रतिकूल
adversity *n* प्रतिकूलता
advertise *v* विज्ञापन देना
advertising *n* विज्ञापन
advice *n* सलाह
advisable *adj* उचित
advise *v* सलाह देना
adviser *n* परामर्शदाता
advocate *v* समर्थन करना
aeroplane *n* हवाई जहाज
aesthetic *adj* सौन्दर्यबोधी
afar *adv* दूरी
affable *adj* सहिष्णु
affair *n* मामला; लेन-देन
affect *v* प्रभाव डालना
affection *n* स्नेह
affectionate *adj* स्नेही
affiliate *v* सम्बद्ध करना
affiliation *n* सम्बन्धन
affinity *n* सादृश्य; नाता
affirm *v* पुष्टि करना
affirmative *adj* स्वीकारात्मक
affix *v* संयुक्त करना
afflict *v* कष्ट पहुंचाना

affliction *n* मुसीबत
affluence *n* प्रवाह
affluent *adj* प्रवाहित
affront *v* अपमान करना
affront *n* घृणापूर्ण बर्ताव
afloat *adv* तैरते हुए
afraid *adj* डरा हुआ
afresh *adv* नये सिरे से
after *pre* के बाद
afternoon *n* दोपहर
afterwards *adv* बाद में
again *adv* फिर से
against *pre* के विरोध में
age *n* उम्र
agency *n* एजेंसी
agenda *n* कार्यसूची
agent *n* अभिकर्ता
agglomerate *v* ढेर लगाना
aggravate *v* अपवृद्धि करना
aggravation *n* अपवृद्धि
aggregate *v* समुच्चय करना
aggression *n* आक्रमण
aggressive *adj* आक्रमणशील
aggressor *n* आक्रामक
aghast *adj* त्रस्त
agile *adj* फुर्तीला
agitator *n* आंदोलनकर्ता
agnostic *n* अज्ञेयवादी
agonizing *adj* वेदनाप्रद
agony *n* असह्य वेदना
agree *v* सहमत होना
agreeable *adj* स्वीकार्य
agreement *n* समझौता
agricultural *adj* कृषि संबंधी
agriculture *n* कृषि
ahead *pre* आगे
aid *n* मदद
aid *v* मदद करना
aide *n* सहायता
ailing *adj* अस्वस्थ
ailment *n* पीड़ा
aim *v* लक्ष्य बनाना
aimless *adj* लक्ष्यहीन
air *n* वायु
air *v* हवा देना
aircraft *n* वायुयान
airfare *n* हावाई शुल्क
airfield *n* वायु क्षेत्र
airline *n* वायुयान-मार्ग
airliner *n* हवाई यात्री
airmail *n* हवाई डाक
airplane *n* हवाई जहाज
airport *n* हवाई अड्डा
airspace *n* वातावकाश
airstrip *n* हवाई पट्टी
airtight *adj* वायुरोधी
aisle *n* आइल पार्श्व
ajar *adj* अधखुला
akin *adj* सगेपन से
alarm clock *n* अलार्म घड़ी
alarming *adj* ख़तरनाक
alcoholic *adj* मादक
alcoholism *n* मदिरोन्मत्तता
alert *n* सतर्क

15 ambitious A

alert *v* सतर्क करना
algebra *n* बीजगणित
alien *n* विदेशी
alight *adv* उतर जाना
align *v* पंक्तिबद्ध करना
alignment *n* पंक्तिबद्धता
alike *adj* समान
alive *adj* जीवित
all *adj* सब
allegation *n* आरोप
allege *v* आरोप लगाना
allegiance *n* निष्ठा
allegory *n* रूपक
allergic *adj* एलर्जी संबंधी
allergy *n* एलर्जी
alleviate *v* हल्का करना
alley *n* गली
alliance *n* मैत्री
allied *adj* मित्र
alligator *n* घड़ियाल
allocate *v* नियत करना
allot *v* आवंटन करना
allotment *n* आवंटन
allow *v* मंजूर करना
allowance *n* भत्ता
alloy *n* मिश्र धातु
allure *n* प्रलोभन
alluring *adj* आकर्षक
allusion *n* संकेत
ally *n* मित्र
almanac *n* पंचांग
almighty *adj* सर्व शक्तिमान
almond *n* बादाम
almost *adv* लगभग
alms *n* भिक्षा
alone *adj* अकेला
along *pre* के सहारे
alongside *pre* साथ-साथ
aloof *adj* परे
aloud *adv* जोर से
alphabet *n* वर्णमाला
already *adv* पहले से ही
alright *adv* ठीक है*
also *adv* भी
altar *n* वेदी
alter *v* बदलना
alteration *n* परिवर्तन
altercation *n* कलह
alternate *adj* वैकल्पिक
alternative *n* विकल्प
although *c* हालांकि
altitude *n* ऊंचाई
altogether *adj* एक ही साथ
aluminum *n* ऐलुमिनियम
always *adv* हमेशा
amass *v* ढेर लगाना
amateur *adj* नौसिखिया
amaze *v* चकित करना
amazement *n* विस्मय
amazing *adj* विस्मयकारी
ambassador *n* राजदूत
ambiguous *adj* संदिग्ध
ambition *n* महत्वाकांक्षा
ambitious *adj* महत्वाकांक्षी

A ambivalent 16

ambivalent *adj* उभयभावी
ambulance *n* एम्बुलेन्स
ambush *v* घात लगाना
amenable *adj* आज्ञाकारी
amend *v* संशोधन करना
amendment *n* संशोधन
amenities *n* सुखसुविधा
American *adj* अमेरिकी
amiable *adj* प्रिय
amicable *adj* सौहार्दपूर्ण
amid *pre* बीच में
ammonia *n* अमोनिया
ammunition *n* गोला-बारूद
amnesia *n* स्मृतिलोप
amnesty *n* सर्वक्षमा
among *pre* मध्य में
amoral *adj* नीतिनिरपेक्ष
amorphous *adj* रवाहीन
amortize *v* परिशमन करना
amount *n* राशि
amount to *v* बराबर होना
amphibious *adj* जलथली
amphitheater *n* रंगभूमि
ample *adj* पर्याप्त
amplifier *n* ऐम्प्लीफायर
amplify *v* प्रवर्धन करना
amputate *v* अंगच्छेदन करना
amputation *n* अंगोच्छेदन
amuse *v* मनोरंजन करना
amusement *n* मनोरंजन
amusing *adj* मनोरंजक
an *a* एक
analogy *n* सादृश्य
analysis *n* विश्लेषण
analyze *v* विश्लेषण करना
anarchist *n* अराजकतावादी
anarchy *n* अराजकता
ancestor *n* पूर्वज
ancestry *n* पूर्वज-परंपरा
anchor *n* लंगर
anchovy *n* ऐन्चोवी
ancient *adj* प्राचीन
and *c* और
anecdote *n* दंत-कथा
anemia *n* अरक्तता
anemic *adj* अरक्तक
anesthesia *n* संवेदनाहरण
anew *adv* नये सिरे से
angel *n* देवदूत
angelic *adj* देवदूत समान
anger *v* गुस्सा करना
anger *n* गुस्सा
angina *n* ऐंजाइना
angle *n* कोण
Anglican *adj* आंग्लों का
angry *adj* क्रोधी
anguish *n* संताप
animal *n* जानवर
animate *v* सजीव बनाना
animation *n* सजीवन
animosity *n* शत्रुता
ankle *n* टखना
annex *n* नत्थी करना
annexation *n* समामेलन

17 appease A

annihilate *v* विनाश करना
annihilation *n* विनाश
anniversary *n* वर्षगांठ
annotate *v* टिप्पण लिखना
annotation *n* नोट; टिप्पण
announce *v* घोषित करना
announcement *n* घोषणा
announcer *n* आख्यापक
annoy *v* चिढ़ाना
annoying *adj* चिढ़ दिलाने वाला
annual *adj* वार्षिक
annul *v* रद्द करना
annulment *n* रद्द करना
anoint *v* मरहम लगाना
anonymity *n* गुमनामी
anonymous *adj* गुमनाम
another *adj* अन्य
answer *v* उत्तर देना
answer *n* उत्तर
ant *n* चीटी
antagonize *v* विराधी बनाना
antecedent *n* पूर्ववृत्त
antecedents *n* पूर्वकथा
antelope *n* बारहसिंगा
antenna *n* ऐन्टेना
anthem *n* वंदना
antibiotic *n* ऐन्टीबायोटिक
anticipation *n* पूर्वाभास
antidote *n* प्रतिकारक
antipathy *n* विद्वेष
antiquated *adj* पुरातन
antiquity *n* पुरातनता
anvil *n* निहाई
anxiety *n* उत्कंठा
anxious *adj* चिंताकुल
any *adj* कोई
anybody *pro* कोई भी
anyhow *pro* किसी भांति
anyone *pro* चाहे कोई
anything *pro* कुछ भी
apart *adv* अलग
apartment *n* कमरा
apathy *n* उदासीनता
ape *n* कपि
apex *n* शीर्ष
aphrodisiac *adj* कामोत्तेजक
apiece *adv* प्रत्येक
apologize *v* क्षमा मांगना
apology *n* सफ़ाई
apostle *n* देवदूत
apostolic *adj* देवदूत संबंधी
apostrophe *n* संबोधन
appall *v* डरना
appalling *adj* डरावना
apparel *n* परिधान
apparent *adj* प्रत्यक्ष
apparently *adv* स्पष्टत:
apparition *n* आभास
appeal *n* अपील; आग्रह
appeal *v* अपील करना
appealing *adj* आकर्षक
appear *v* दिखाई देना
appearance *n* साक्षात्कार
appease *v* शांत करना

appeasement

appeasement *n* परितोषण
appendicitis *n* ऐपेंडिसाइटिस
appendix *n* परिशिष्ट
appetite *n* भूख
applaud *v* ताली बजाना
applause *n* ताली
apple *n* सेब
appliance *n* साधन
applicable *adj* अनुपालनीय
applicant *n* आवेदक
application *n* आवेदन-पत्र
apply *v* लागू करना
appoint *v* नियुक्त करना
appointment *n* नियुक्ति; पद
appraisal *n* मूल्यांकन
appraise *v* मूल्य आंकना
appreciate *v* परखना; सराहना
appreciation *n* कदर; सम्मान
apprehend *v* अवबोध करना
apprehensive *adj* अवबोधात्मक
apprentice *n* प्रशिक्षु
approach *v* पहुंचना
approach *n* उपगमन
approachable *adj* पहुंचने योग्य
approbation *n* अनुमोदन
appropriate *adj* समुचित
approval *n* मंजूरी
approve *v* पुष्टि करना
approximate *adj* लगभग
apricot *n* खूबानी
April *n* अप्रैल
apron *n* ऐप्रन

aptitude *n* उपयुक्तता
aquarium *n* जलशाला
aquatic *adj* जलीय
Arabic *adj* अरबी भाषा
arable *adj* खेती के योग्य
arbiter *n* मध्यस्थ
arbitrary *adj* निरंकुश
arbitrate *v* फैसला देना
arbitration *n* फैसला
arc *n* चाप
arch *n* मेहराब
archaeology *n* पुरातत्वविज्ञान
archaic *adj* पुरातन
archbishop *n* सर्वोच्च बिशप
architect *n* वास्तुक शिल्पी
architecture *n* वास्तुकला
archive *n* अभिलेखागार
arctic *adj* उत्तरध्रुवीय
ardent *adj* प्रचंड
ardor *n* व्यग्रता
arduous *adj* श्रमसाध्य
area *n* क्षेत्र
arena *n* अखाड़ा; रंगभूमि
argue *v* बहस करना
argument *n* वाद-विवाद
arid *adj* सूखा
arise *iv* उठना
aristocracy *n* कुलीन तंत्र
aristocrat *n* कुलीन
arithmetic *n* अंकगणित
ark *n* दराज़
arm *n* हाथ

19 assault A

armaments *n* युद्ध-सामग्री
armchair *n* आराम- कुर्सी
armed *adj* हथियारबंद
armistice *n* युद्ध-विराम
armor *n* कवच
armpit *n* बग़ल
army *n* सेना
aromatic *adj* सुगंधित
around *pre* चारों तरफ
arouse *v* जगाना
arrange *v* क्रम से रखना
arrangement *n* व्यवस्था
array *n* क्रम
arrest *v* गिरफ्तार करना
arrest *n* गिरफ्तारी
arrival *n* आगमन
arrive *v* आना
arrogance *n* घमंड
arrogant *adj* घमंडी
arrow *n* तीर
arsenal *n* शस्त्रागार
arsenic *n* आर्सेनिक
arson *n* काठी
arsonist *n* अग्निदाहक
art *n* कला
artery *n* धमनी
arthritis *n* आर्थराइटिस
artichoke *n* हाथी चक
article *n* अनुच्छेद; वस्तु
articulate *v* जाड़ना
articulation *n* संधि
artificial *adj* कृत्रिम
artillery *n* तापखाना
artisan *n* कारीगर
artist *n* कलाकार
artistic *adj* कलात्मक
artwork *n* कलाकर्म
as *c* जैसे कि
as *adv* इतना
ascend *v* आरोहण
ascendancy *n* प्रभुत्व
ascertain *v* सूचित करना
ascetic *adj* वैराग्य संबंधी
ash *n* भस्म; अस्थियां
ashamed *adj* शर्मिंदा
ashore *adv* तट पर
ashtray *n* राख रखने की ट्रे
aside *adv* एक तरफ
aside from *adv* के अलावा
ask *v* पूछना; मांगना
asleep *adj* नींद में
asparagus *n* ऐस्पैरागस
aspect *n* पहलू
asphalt *n* ऐस्फ़ाल्ट
asphyxiation *n* श्वासावराध
aspiration *n* महत्वाकांक्षा
aspire *v* आकांक्षा करना
aspirin *n* ऐस्पिरिन
assail *v* आक्रमण करना
assailant *n* आक्रमणकारी
assassin *n* हत्यारा
assassinate *v* हत्या करना
assassination *n* हत्या
assault *n* प्रहार

assault *v* हमला करना
assemble *v* एकत्र होना
assembly *n* सभा; योजना
assent *v* अनुमति देना
assert *v* दावा करना
assertion *n* अभिकथन
assess *v* निर्धारित करना
assessment *n* मूल्यांकन
assets *n* संपत्ति
assign *v* नियत करना
assignment *n* कार्यभार
assimilation *n* स्वांगीकरण
assist *v* सहायता देना
assistance *n* सहायता
associate *v* मिलाना
association *n* संबंध
assorted *adj* वर्ग विभाजित
assortment *n* वर्गीकरण
assume *v* ग्रहण करना
assumption *n* अंगीकार
assurance *n* आश्वासन
assure *v* आश्वस्त करना
asterisk *n* तारक-चिन्ह
asteroid *n* क्षुद्रग्रह
asthma *n* दमा
asthmatic *adj* दमाग्रस्त
astonish *v* चकित करना
astonishing *adj* विस्मयकारी
astound *v* स्तंभित करना
astounding *adj* विस्मयकारक
astray *v* भटका हुआ
astrologer *n* ज्योतिषी
astrology *n* ज्योतिष
astronaut *n* अंतरिक्ष-यात्री
astronomer *n* खगोलीज्ञ
astronomic *adj* खगोलीय
astronomy *n* खगोल-विज्ञान
astute *adj* चतुर
asunder *adv* टुकड़े-टुकड़े
asylum *n* शरण स्थान
at *pre* पर
atheism *n* नास्तिकता
atheist *n* नास्तिक
athlete *n* खिलाड़ी
athletic *adj* खेलकूद संबंधी
atmosphere *n* वायुमंडल
atmospheric *adj* वायुमंडलीय
atom *n* परमाणु
atomic *adj* परमाणवीय
atonement *n* प्रायश्चित्त
atrocious *adj* नृशंस
atrocity *n* पाशविकता
atrophy *v* क्षीण होना
attach *v* लगाना
attached *adj* लगा हुआ
attachment *n* अनुरक्ति
attack *n* आक्रमण
attack *v* आक्रमण करना
attacker *n* हमलावर
attain *v* प्राप्त करना
attainable *adj* प्राप्य
attainment *n* लाभ
attempt *v* प्रयास करना
attempt *n* प्रयास

21 avoidance A

attend *v* परिचर्या करना
attendance *n* उपस्थिति
attendant *n* परिचारी
attention *n* ध्यान
attentive *adj* एकाग्र
attenuate *v* पतला करना
attenuating *adj* कमजोर होता
attest *v* पुष्टि करना
attitude *n* रवैया
attorney *n* प्रतिनिधि वकील
attract *v* आकर्षित करना
attraction *n* आकर्षण
attractive *adj* आकर्षक
attribute *v* आरोपित करना
auction *n* नीलाम
auction *v* नीलाम करना
auctioneer *n* नीलाम कर्ता
audacious *adj* दु:साहसी
audacity *n* दु:साहस
audible *adj* श्रव्य
audience *n* श्रोता
audit *v* लेखा-विवरण
auditorium *n* प्रेक्षागृह
augment *v* बढ़ाना
August *n* अगस्त
aunt *n* चाची
auspicious *adj* शुभ
austere *adj* खट्टा और कषाय
austerity *n* अतिसरलता
authentic *adj* असली
authenticate *v* प्रमाणित करना
authenticity *n* प्रामाणिकता
author *n* लेखक
authoritarian *adj* सत्तावादी
authority *n* प्राधिकार
authorization *n* प्राधिकृत करना
authorize *v* प्राधिकार देना
auto *n* स्वत:
autograph *n* स्वाक्षर
automatic *adj* स्वचालित
automobile *n* मोटर कार
autonomous *adj* स्वायत्त
autonomy *n* स्वायत्तता
autopsy *n* शव-परीक्षा
autumn *n* पतझड़
auxiliary *adj* सहकारी
avail *v* काम करना
availability *n* प्राप्यता
available *adj* उपलब्ध
avalanche *n* हिमधाव
avarice *n* धनलोलुपता
avaricious *adj* धनलोलुप
avenge *v* प्रतिशोध लेना
avenue *n* अवलि
average *n* औसत
averse *adj* प्रतिकूल
aversion *n* विरुचि
avert *v* बचा लेना
aviation *n* विमानन
aviator *n* विमानचालक
avid *adj* लालची
avoid *v* बचे रहना
avoidable *adj* बचने योग्य
avoidance *n* टालमटोल

avowed *adj* प्रकट कथित
await *v* प्रतीक्षा करना
awake *iv* जागरूक होना
awake *adj* जाग्रत
awakening *n* जागरूक
award *v* पुरस्कार देना
award *n* पुरस्कार
aware *adj* जानकार
awareness *n* जानकारी
away *adv* दूर
awe *n* विस्मय
awesome *adj* विस्मयाकुल
awful *adj* विस्मयजनक
awkward *adj* अटपटा
awning *n* चंदौवा
ax *n* कुल्हाड़ी
axiom *n* स्वयंसिद्धतथ्य
axis *n* चीतल
axle *n* धुरी

B

babble *v* तुतलाना
baby *n* छोटा बच्चा
bachelor *n* कुआंरा; सूरमा
back *n* पीठ
back *adv* पीछे
back *v* पिछला
back up *v* सहायता देना
backbone *n* रीढ़
backdoor *n* पिछला दरवाजा
backfire *v* प्रतिज्वलन
background *n* पृष्ठभूमि
backing *n* समर्थन
backlash *n* झटका
backlog *n* संचित कार्य
backup *n* बैकअप
backward *adj* पिछड़ा
backwards *adv* पीछे की ओर
backyard *n* पिछला हाता
bacteria *n* जीवाणु
bad *adj* बुरा
badge *n* बिल्ला
badly *adv* बुरी तरह से
baffle *v* चकरा देना
bag *n* थैला
baggage *n* बोरिया-बिस्तरा
baggy *adj* ढीला-ढाला
baguette *n* बैगेट
bail *n* जमानत
bail out *v* जमानत देना
bailiff *n* बेलिफ
bait *n* प्रलोभन
bake *v* सेंकना
baker *n* नानबाई
bakery *n* बेकरी
balance *v* तौलना
balance *n* तराजू; बकाया
balcony *n* छज्जा
bald *adj* गंजा

bat

bale *n* गट्ठर; अनिष्ट
ball *n* गेंद
balloon *n* गुब्बारा
ballot *n* मत-पत्र
ballroom *n* बॉल रूम
balm *n* सुगंध
balmy *adj* सुगंधित
bamboo *n* बांस
ban *n* पाबंदी
ban *v* पाबंदी लगाना
banality *n* तुच्छता
banana *n* केला
band *n* बंधनी; जत्था
bandage *n* पट्टी
bandage *v* पट्टी बांधना
bandit *n* डाकू
banish *v* देशनिकाला देना
banishment *n* देशनिकाला
bank *n* तट; बैंक
bankrupt *adj* दिवालिया
bankruptcy *n* दिवालियापन
banner *n* ध्वजा
banquet *n* प्रीतिभोज
baptism *n* बापतिस्म
baptize *v* दीक्षा देना
bar *n* छड़; रुकावट
bar *v* बांधना
barbarian *n* बर्बर
barbaric *adj* बर्बर
barbarism *n* बर्बरता
barber *n* नाई
bare *adj* खुला हुआ

barefoot *adj* नंगे पांव
barely *adv* बमुश्किल
bargain *n* सौदाकारी
bargain *v* मोल-तोल करना
bargaining *n* मोल-तोल*
barge *n* छोटी नौका
bark *v* भौंकना
bark *n* छाल
barley *n* जौ
barn *n* खलिहान
barometer *n* वायुदाबमापी
barracks *n* बैरक
barrage *n* बराज
barrel *n* पीपा
barren *adj* वंध्या
barricade *n* रुकावट
barrier *n* रोक
barring *pre* के सिवाय
base *n* आधार
base *v* स्थापित करना
baseball *n* बेसबॉल
baseless *adj* निराधार
basement *n* तहखाना
bashful *adj* संकोची
basic *adj* बुनियादी
basin *n* चिलमची
basis *n* आधार
bask *v* धूप सेंकना
basket *n* टोकरी
basketball *n* बास्केटबॉल
bastard *n* हरामी
bat *n* बल्ला; चमगादड़

batch

batch *n* मुट्ठी
bath *n* स्नान
bathe *v* नहलाना
bathrobe *n* स्नान वस्त्र
bathroom *n* गुसलखाना
bathtub *n* नहाने का टब
baton *n* डंडा
battalion *n* बटालियन
batter *v* चकनाचूर करना
battery *n* बैटरी
battle *n* युद्ध
battle *v* संग्राम होना
battleship *n* युद्धपोत
bay *n* खाड़ी
bayonet *n* संगीन
bazaar *n* बाज़ार
be *iv* होना; घटित होना
be born *v* पैदा होना
beach *n* समुद्र-तट
beacon *n* संकेतक
beak *n* चोंच
beam *n* शहतीर
bean *n* सेम
bear *n* रीछ
bear *iv* ले जाना
bearable *adj* सहनीय
beard *n* दाढ़ी
bearded *adj* दाढ़ीवाला
bearer *n* धारक
beast *n* पशु
beat *iv* पीटना; हराना
beat *n* स्वराघात

beaten *adj* घिसापिटा
beating *n* मारपीट
beautiful *adj* सुंदर
beautify *v* सुंदर बनाना
beauty *n* सौंदर्य
beaver *n* ऊदबिलाव
because *c* क्योंकि
because of *pre* की वजह से
beckon *v* इशारे से बुलाना
become *iv* होना
bed *n* बिस्तर
bedding *n* बिस्तर
bedroom *n* शयनकक्ष
bedspread *n* पलंग-पोश
bee *n* मधुमक्खी
beef *n* गोमांस
beehive *n* छत्ता
beer *n* बियर
beet *n* चुकंदर
beetle *n* तनना
before *adv* के सामने
before *pre* सामने
beforehand *adv* पहले से ही
befriend *v* दोस्त बनाना
beg *v* भीख मांगना
beggar *n* भिखारी
begin *iv* आरंभ होना
beginner *n* नौसिखिया
beginning *n* आरंभ
beguile *v* धोखा देना
behalf (on) *adv* की जगह पर
behave *v* आचरण करना

25 beyond
B

behavior *n* आचरण
behead *v* सिर उड़ा देना
behind *pre* के पीछे
behold *iv* देखना
being *n* अस्तित्व
belated *adj* विलंबित
belch *v* डकार लेना
belch *n* डकार
belfry *n* घंटाघर
Belgian *adj* बैल्जियम का
Belgium *n* बैल्जियम
belief *n* विश्वास
believe *v* विश्वास करना
believer *n* आस्तिक
belittle *v* छोटा करना
bell *n* घंटा; बुलबुला
bell pepper *n* शिमलामिर्च
belligerent *adj* युद्धरत
belly *n* पेट
belly button *n* नाभी
belong *v* का होना
belongings *n* सामान
beloved *adj* प्रिया
below *adv* निचले स्थान पर
below *pre* नीचे
belt *n* पेटी
bench *n* बेंच
bend *iv* मुड़ना
bend down *v* नीचे झुकना
beneath *pre* नीचे
benediction *n* आशीर्वाद
benefactor *n* धर्मोपकारी
beneficial *adj* लाभदायक
beneficiary *n* लाभभोगी
benefit *n* हित
benefit *v* लाभप्राप्त करना
benevolence *n* परोपकार
benevolent *adj* दानशील
benign *adj* हितकर
bequeath *v* वसीयत करना
bereaved *adj* से वंचित करना
bereavement *n* मृत्युशोक
berserk *adv* खब्ती
berth *n* पोत-कक्ष
beseech *iv* विनती करना
beset *iv* घेर लेना
beside *pre* के पास
besides *pre* के अलावा
besiege *iv* घेरा
best *adj* श्रेष्ठ
best man *n* सहबाला
bestial *adj* पशुवत्
bestiality *n* पशुता
bestow *v* सजाकर रखना
bet *iv* बाजी लगाना
bet *n* बाजी
betrayal *n* विश्वासघात
better *adj* बेहतर
between *pre* बीच में
beverage *n* पेय
beware *v* चौकस रहना
bewilder *v* घबरा देना
bewitch *v* जादू डालना
beyond *adv* से अधिक दूर

bias 26
B

bias *n* पक्षपात
bible *n* बाइबिल
biblical *adj* बाइबिल का
bibliography *n* संदर्भ-ग्रंथ-सूची
bicycle *n* साइकिल
bid *n* बोली
bid *iv* बोली लगाना
big *adj* बड़ा
bigamy *n* द्विविवाह
bigot *adj* धर्मांध
bigotry *n* धर्मांधता
bile *n* पित्त
bilingual *adj* द्विभाषिक
bill *n* कुल्हाड़ी; चोंच
billiards *n* बिलियर्ड
billion *n* दस खरब
billionaire *n* खरबपति
bimonthly *adj* द्विमासिक
bin *n* खाना
bind *iv* बांधना
binding *adj* नियंत्रणकारी
binoculars *n* बाइनॉक्युलर
biography *n* जीवनी
biological *adj* जैव
biology *n* जीव-विज्ञान
bird *n* चिड़िया
birth *n* जन्म
birthday *n* जन्मदिन
biscuit *n* बिस्कुट
bishop *n* बिशप
bison *n* पहाड़ी भैंसा
bit *n* ग्रास; थोड़ा समय
bite *iv* काटना
bite *n* दंश
bitter *adj* कटु
bitterly *adv* कटुता से
bitterness *n* कटुता
bizarre *adj* विलक्षण
black *adj* काला
blackberry *n* जामुन
blackboard *n* श्याम जट्ट
blackmail *n* धमकी
blackmail *v* धमकी देना
blackness *n* कालापन
blackout *n* बेहोश हो जाना
blacksmith *n* लोहार
bladder *n* आशय
blade *n* पत्ती
blame *n* दोषारोपण
blame *v* आरोप लगाना
blameless *adj* आरोप-रहित
blank *adj* कोरा
blanket *n* कंबल
blaspheme *v* धर्म निंदा करना
blast *n* विस्फोट
blaze *v* चमक
bleach *v* सफेद करना
bleach *n* विरंजक
bleak *adj* रंगहीन
bleed *iv* रक्त निकलना
bleeding *n* रक्त स्राव
blemish *n* कलंक
blemish *v* कलंक लगाना
blend *n* मिश्रण

blend *v* साथ मिलाना
blender *n* सम्मिश्रक
bless *v* आशिर्वाद देना
blessed *adj* धन्य
blessing *n* आशीर्वाद
blind *v* अंधा करना
blind *adj* अंधा
blindfold *n* विचारहीन
blindfold *v* बेपरवाही से
blindly *adv* निरुद्देश्य
blindness *n* अंधापन
blink *v* आंख झपकाना
bliss *n* आनंद
blissful *adj* आनंदपूर्ण
blister *n* छाल
blizzard *n* बर्फ का तूफान
bloat *v* फूलना
bloated *adj* फूला हुआ
block *n* खंड; सांचा
block *v* रोक लगाना
blockade *v* नाकाबंदी करना
blockade *n* नाकाबंदी
blockage *n* रोक
blood *n* खून
bloodthirsty *adj* रक्तपिपासु
bloody *adj* लहूलुहान
bloom *v* फूलना
blossom *v* फूल देना
blot *n* धब्बा
blot *v* धुंधलाना
blouse *n* चोली
blow *n* झोंका

blow *iv* फूंकना
blow up *iv* प्रकट होना
blowout *n* दावत
bludgeon *v* आवारागर्दी करना
blue *adj* नीला
blueprint *n* रूपरेखा
bluff *v* गीदड़ भभकी
blunder *n* भारी भूल
blunt *adj* कूंद; मूढ़मति
bluntness *n* कुंदपन
blur *v* धब्बा लगाना
blurred *adj* धब्बा लगा
blush *v* झेंप जाना
blush *n* झेंप
board *n* तख्ता; मंडल
board *v* पाटना
boast *v* डींग मारना
boat *n* नाव
bodily *adj* शारीरत
body *n* शरीर; शव
bog *n* दलदल
bog down *v* फंस जाना
boil *v* उबालना
boil over *v* उबल पड़ना
boiler *n* बॉयलर
boisterous *adj* प्रचंड
bold *adj* हिम्मती
boldness *n* साहस
bolster *v* सहारा देना
bolt *n* सिटकनी
bomb *n* बम
bomb *v* बम गिराना

bombing 28

B

bombing *n* गोलाबारी
bond *n* बंधन
bondage *n* दासता
bone *n* हड्डी
bone marrow *n* अस्थि मज्जा
bonfire *n* होली
bonus *n* बोनस
book *n* किताब
bookcase *n* पुस्तक केस
bookkeeper *n* बही लेखक
bookkeeping *n* बही खाता
booklet *n* पुस्तिका
bookseller *n* पुस्तक विक्रेता
boom *n* व्यापार उत्कर्ष
boom *v* तेजी से बढ़ना
boost *v* वर्धन
boost *n* सहायता
boot *n* बूट, जूता
booth *n* बूथ
booty *n* लूट
booze *n* शराब
border *n* सीमा रेखा
border on *v* मिलना-जुलना
borderline *adj* सीमा रेखा
bore *v* छेद करना
bored *adj* उकता जाना
boredom *n* उकताहट
boring *adj* उबाऊ
born *adj* से पैदा हुआ
borough *n* बरो, पुर
borrow *v* उधार लेना
bosom *n* वक्ष
boss *n* अफ़सर
bossy *adj* जड़ावदार
botany *n* वनस्पति-विज्ञान
botch *v* बरबाद करना
both *adj* दोनों
bother *v* तंग करना
bothersome *adj* झंझट-भरा
bottle *n* बोतल
bottle *v* बोतल में भरना
bottleneck *n* संकरा मार्ग
bottom *n* निम्नतम भाग
bottomless *adj* बे-पेंदा
bough *n* शाखा
boulder *n* गोलाश्म
bounce *v* उचकना
bounce *n* धम से गिरना
bound *adj* प्रस्थानोन्मुक
boundary *n* सीमा
boundless *adj* असीम
bounty *n* उदारता
bourgeois *adj* बुर्जुआजी
bow *n* धनुष; अगवाड़
bow *v* गज फेरना
bow out *v* त्याग देना
bowels *n* आंत
bowl *n* गेंद; कटोरा
box *n* बक्स
box office *n* टिकट घर
boxer *n* मुक्केबाज
boxing *n* मुक्केबाजी
boy *n* लड़का
boycott *v* बहिष्कार करना

boyfriend *n* युवक मित्र
boyhood *n* किशोरावस्था
bra *n* ब्रेसियर
brace for *v* तैयार करना
bracelet *n* कंगन
bracket *n* ताख
brag *v* डींग मारना
braid *n* चोटी
brain *n* मस्तिष्क
brake *n* रोधक
brake *v* रोक लगाना
branch *n* शाखा
branch office *n* शाखा कार्यालय
branch out *v* शाखा निकलना
brand *n* ट्रेडमार्क
brand-new *adj* बिल्कुल नया
brandy *n* ब्रांडी
brat *n* शरारती लड़का
brave *adj* बहादुर
bravely *adv* साहसपूर्ण
bravery *n* बहादुरी
brawl *n* झगड़ा
breach *n* दरार; उल्लंघन
bread *n* रोटी
breadth *n* चौड़ाई
break *n* भंजन; अंतराल
break *iv* तोड़ना
break away *v* संबंध-विच्छेद
break down *v* बीमार पड़ जाना
break free *v* आजाद होना
break in *v* घुस पड़ना
break off *v* संबंध तोड़ना
break open *v* तोड़ कर घुसना
break out *v* निकल भागना
break up *v* पृथक करना
breakable *adj* भंगुरता
breakdown *n* नष्ट करना
breakfast *n* नाश्ता
breakthrough *n* भेदन
breast *n* छाती
breath *n* सांस
breathe *v* सांस लेना
breathing *n* श्वसन
breathtaking *adj* विस्मयकारी
breed *iv* जनना
breed *n* नस्ल
breeze *n* समीर
brethren *n* भाईचारा
brevity *n* संक्षेप
brew *v* (षड़यंत्र) रचना
brewery *n* शराब की भट्टी
bribe *v* रिश्वत देना
bribe *n* रिश्वत
bribery *n* रिश्वतखोरी
brick *n* ईंट
bricklayer *n* राज
bridal *adj* दुल्हन संबंधी
bride *n* दुल्हन
bridegroom *n* दुल्हा
bridge *n* पुल
bridle *n* लगाम
brief *adj* संक्षिप्त
brief *v* संक्षेप करना
briefcase *n* ब्रीफ-केस

briefing *n* का विवरण देना
briefly *adv* संक्षेप में
briefs *n* जांघिया
brigade *n* ब्रिगेड
bright *adj* चमकीला
brighten *v* प्रकाशमान करना
brightness *n* चमक
brilliant *adj* देदीप्यमान
brim *n* किनारा
bring *iv* लाना
bring back *v* वापस लाना
bring down *v* गिरना
bring up *v* उल्लेख करना
brink *n* किनारा
brisk *adj* जीवंत
Britain *n* ब्रिटेन
British *adj* ब्रिटेन का
brittle *adj* भंगुर
broad *adj* चौड़ा
broadcast *v* प्रसारित
broadcast *n* प्रसारण
broadcaster *n* प्रसारक
broaden *v* विस्तृत करना
broadly *adv* चारों दिशाओं में
broadminded *adj* उदार
brochure *n* विवरणिका
broil *v* पकाना
broiler *n* कबाब
broke *adj* टूटा हुआ
broken *adj* खंडित
bronchitis *n* श्वसनीय शोथ
bronze *n* कांस्य

broom *n* झाड़ू
broth *n* शोरण
brothel *n* वेश्यालय
brother *n* भाई
brotherhood *n* बंधुत्व
brother-in-law *n* साला
brotherly *adj* भ्रातृवत
brow *n* भौंह
brown *adj* भूरा
browse *v* चरना
browser *n* खोजने वाला
bruise *n* चोट
brunette *adj* ब्रूनेट, श्यामला
brush *n* बुरुश
brush *v* ब्रश फेरना
brush aside *v* ध्यान न देना
brush up *v* मांजना
brusque *adj* रूखा
brutal *adj* पशुवत्
brutality *n* क्रूरता
brutalize *v* पशुवत् बनना
brute *adj* पाशविक
bubble *n* बुलबुला
bubble gum *n* बबल गम
buck *n* गाड़ी का सांचा
bucket *n* बल्टी
buckle *n* बकलस
buckle up *v* बकलस कसना
bud *n* कली; युवक
buddy *n* मित्र
budge *v* हिलना
budget *n* बजट

31 butterfly B

buffalo *n* भैंस
bug *n* खटमल
bug *v* फूट निकलना
build *iv* बनाना
builder *n* निर्माणकर्ता
building *n* भवन
buildup *n* बंद कर देना
built-in *adj* पहले से होना
bulb *n* शल्क कंद
bulge *n* उभार
bulk *n* ढेर; टाल
bulky *adj* स्थूल
bull *n* सांड
bull fight *n* सांड से लड़ाई
bulldoze *v* डराना
bullet *n* गोली
bulletin *n* विवरणिका
bully *adj* दबंग
bulwark *n* प्राचीर
bum *n* रंगरेलियां
bump *n* भारी आघात
bump into *v* जा टकराना
bumper *n* आघात रोधक
bumpy *adj* ठोकर देने वाला
bun *n* मीठी रोटी
bunch *n* गुच्छा
bundle *n* गठरी
bundle *v* मिलाना
bunk bed *n* सफरी शायिका
bunker *n* बंकर
buoy *n* बोया
burden *n* भार
burden *v* बाझा रखना
burdensome *adj* बोझिल
bureau *n* कार्यालय
bureaucracy *n* नौकरशाही
bureaucrat *n* नौकरशाह
burglar *n* सेंधमार
burglarize *v* सेंधमारी करना
burglary *n* सेंधमारी
burial *n* दफ़न
burly *adj* हट्टा कट्टा
burn *iv* जलना
burn *n* छाला
burp *n* डकार
burrow *n* बिल
burst *iv* फटना
burst into *v* घुस आना
bury *v* दफ़नाना
bus *n* बस
bush *n* झाड़ी
busily *adv* व्यस्तता से
business *n* व्यापार
businessman *n* व्यापारी
bust *n* अर्ध प्रतिमा
bustling *adj* हड़बड़ाहट
busy *adj* व्यस्त
but *c* लेकिन
butcher *n* कसाई
butchery *n* हत्याकांड
butler *n* बटलर
butt *n* निशाना; ठूंठ
butter *n* मक्खन
butterfly *n* तितली

button 32

B C

button *n* बटन
buttonhole *n* काज
buy *iv* खरीदना
buy off *v* रिश्वत देना
buyer *n* ग्राहक
buzz *n* भनभनाहट
buzz *v* भनभन करना
buzzard *n* बाज़
by *pre* बराबर में
bye *e* विदा
bypass *n* उपमार्ग
bypass *v* उपमार्ग बनाना
by-product *n* उपोत्पाद
bystander *n* दर्शक

C

cab *n* टैक्सी
cabbage *n* बंद गोभी
cabin *n* कोठरी
cabinet *n* मंत्रिमंडल
cable *n* वाहक तार
cafeteria *n* जलपानगृह
caffeine *n* कैफ़ीन
cage *n* पिंजरा
cake *n* केक
calamity *n* विपत्ति
calculate *v* परिकलन करना
calculation *n* परिकलन
calculator *n* गणक
calendar *n* कैलेंडर
calf *n* बछड़ा
caliber *n* क्षमता
calibrate *v* व्यास नापना
call *n* आह्वान; मांग
call *v* नाम बुलाना
call off *v* हटाना
call on *v* प्रार्थना
call out *v* पुकारना
calling *n* पेशा
callous *adj* कठोर
calm *adj* शांत
calm *n* प्रशांत वायु
calm down *v* शांत होना
calorie *n* कैलोरी
calumny *n* मिथ्या-आरोप
camel *n* ऊंट
camera *n* कैमरा
camouflage *v* धोखा देना
camouflage *n* छद्मावरण
camp *n* शिविर
camp *v* डेरा डालना
campaign *n* अभियान
campfire *n* होली
can *iv* समर्थ होना
can *n* कनस्तर
canal *n* नहर
cancel *v* रद्द करना
cancellation *n* निरस्तीकरण
cancer *n* कैंसर

carry

C

cancerous *adj* कैंसरग्रस्त
candid *adj* खरा
candidacy *n* उम्मीदवारी
candidate *n* उम्मीदवार
candle *n* मोमबत्ती
candlestick *n* शमादान
candor *n* निष्कपटता
candy *n* मिसरी
cane *n* बेंत; ईख
canister *n* कनस्तर
canned *adj* डिब्बा बन्द
cannibal *n* नरभक्षी
cannon *n* तोप
canoe *n* डोंगी
cantaloupe *n* कैन्टेलूप
canteen *n* जलपान गृह
canvas *n* किरमिच
canyon *n* गहरा खड्ड
cap *n* टोपी
capability *n* मानसिक सामर्थ्य
capable *adj* समर्थ
capacity *n* क्षमता
cape *n* लबादा; अंतरीप
capital *n* केंद्र
capital letter *n* बड़े अक्षर
capitalism *n* पूंजीवाद
capsize *v* बिगाड़ना
capsule *n* कैप्सूल
captain *n* कप्तान
captivate *v* मोहित करना
captive *n* बंदी
captivity *n* कारावास
capture *v* गिरफ्तार करना
capture *n* गिरफ्तार
car *n* कार
caravan *n* करवां
carburetor *n* कार्बुरेटर
carcass *n* पशु शव
card *n* पत्रक
cardboard *n* दफ्ती
cardiac *adj* हृदय
cardiac arrest *n* दिल का दौरा
cardiology *n* हृदय विज्ञान
care *n* देखभाल
care *v* ध्यान देना
care for *v* मार्फत
career *n* जीविका
carefree *adj* चिंतामुक्त
careful *adj* ध्यानयुक्त
careless *adj* असावधान
carelessness *n* लापरवाही
caress *n* प्रेम-स्पर्श
caress *v* पुचकारना
caretaker *n* अभिरक्षक
cargo *n* नौभार
caricature *n* विद्रूप
carnage *n* संहार
carnal *adj* सांसारिक
carpenter *n* बढ़ई
carpentry *n* बढ़ईगीरी
carpet *n* गलीचा
carriage *n* परिवहन या भाड़ा
carrot *n* गाजर
carry *v* ले जाना

C

carry on *v* जारी रखना
carry out *v* पूरा करना
cart *n* गाड़ी
cart *v* गाड़ी से जाना
cartoon *n* व्यंग चित्र
cartridge *n* कारतूस
carve *v* तराशना
cascade *n* जलप्रपात
case *n* केस; मामला
cash *n* नकदी
cashier *n* खजांची
casino *n* कैसीनो
casket *n* संदूकची
casserole *n* हंडिया
cassock *n* चुस्त चोंगा
cast *iv* फेंक; ढलाव
castaway *n* नष्ट करना
caste *n* जाति
castle *n* दुर्ग
casual *adj* आकस्मिक
casualty *n* दुर्घटना
cat *n* बिल्ली
cataclysm *n* प्रलय
catacomb *n* भूगर्भ कब्रिस्तान
catalog *n* सूची
catalog *v* सूची तैयार करना
cataract *n* मोतियाबिंद
catastrophe *n* महा विपत्ति
catch *iv* पकड़ना
catching *adj* मनोहर
catchword *n* सूचक शब्द
catechism *n* प्रश्नोत्तर
category *n* श्रेणी
cater to *v* की सेवा करना
caterpillar *n* इल्ली
cathedral *n* मुख्य गिरजाघर
catholic *adj* कैथोलिक
Catholicism *n* कैथोलिक धर्म
cattle *n* मवेशी
cauliflower *n* फूल गोभी
cause *n* कारण
cause *v* कारण बनना
caution *n* सावधानी
cautious *adj* सावधान
cavalry *n* घुड़सवार फौज
cave *n* गुफा
cave in *v* फिसलना
cavern *n* कंदरा
cavity *n* कोटर
cease *v* रोकना
cease-fire *n* अग्नि शमन
ceaselessly *adv* अनवरत
ceiling *n* छत
celebrate *v* उत्सव मनाना
celebration *n* उत्सव
celebrity *n* प्रसिद्ध व्यक्ति
celery *n* अजवाइन
celestial *adj* खगोलीय
celibate *adj* ब्रह्मचारी
cellar *n* तहखाना
cellphone *n* सेलफोन
cement *n* सीमेंट
cemetery *n* कब्रिस्तान
censure *v* परिनिंदा

35 chasm

C

census *n* जनगणना
cent *n* सैंट
centenary *n* शताब्दी
center *n* केन्द्र
center *v* बीच में लाना
centimeter *n* सेंटीमीटर
central *adj* केंद्रीय
centralize *v* केंद्रीकरण करना
century *n* शताब्दी
ceramic *n* मृतिका शिल्प
cereal *n* अनाज
cerebral *adj* प्रमस्तिष्कीय
ceremony *n* संस्कार
certain *adj* निश्चित
certainty *n* निश्चितता
certificate *n* प्रमाणपत्र
certify *v* प्रमाणित करना
chagrin *n* संताप भाव
chain *n* श्रृंखला
chain *v* बांधना
chair *n* कुर्सी
chair *v* गद्दी पर बैठना
chairman *n* अध्यक्ष
chalet *n* ग्रीष्म कुटी
chalice *n* चषक
chalk *n* खड़िया
chalkboard *n* चॉक बोर्ड
challenge *v* चुनौती देना
challenge *n* चुनौती
challenging *adj* चुनौती भरा
chamber *n* सदन
champ *n* खेत
champion *n* विजेता
champion *v* समर्थन करना
chance *n* संयोग; अवसर
chancellor *n* कुलाधिपति
chandelier *n* झाड़-फानूस
change *v* बदलना
change *n* परिवर्तन
channel *n* सरणि
chant *n* गाना
chaos *n* अव्यवस्था
chaotic *adj* अव्यवस्थित
chapel *n* पूजास्थल
chaplain *n* पुरोहित
chapter *n* अध्याय
character *n* वर्ण; गुण
characteristic *adj* विशेषता
charade *n* पहेली
charcoal *n* चारकोल
charge *v* लादना
charge *n* व्यय; अभियोग
charisma *n* चमत्कार
charismatic *adj* चमत्कारिक
charitable *adj* धर्मार्थ
charity *n* दानशीलता
charm *v* आकर्षित करना
charm *n* आकर्षण
charming *adj* आकर्षक
chart *n* चार्ट; नक्शा
charter *n* चार्टर; शासपत्र
chase *n* शिकार
chase *v* पीछा करना
chasm *n* दरार

C

chaste *adj* पवित्र
chastise *v* दंड देना
chastisement *n* दंड
chastity *n* विशुद्धता
chat *v* गप्प लड़ाना
chauffeur *n* शोफर
cheap *adj* सस्ता
cheat *v* धोखा देना
cheater *n* धोखेबाज़
check *n* शह; रोक
check *v* रोकना
check in *v* पंजीकरण
checkbook *n* चेकबुक
cheek *n* गाल
cheekbone *n* गंडास्थि
cheeky *adj* गुस्ताख
cheer *v* आनंदित करना
cheer up *v* ढाढ़स बांधना
cheerful *adj* हंसमुख
cheers *n* चीयरो
cheese *n* पनीर
chef *n* प्रधान रसोइया
chemical *adj* रसायन
chemist *n* औषधि-विक्रेता
chemistry *n* रसायनविज्ञान
cherry *n* चेरी
chess *n* शतरंज
chest *n* तिजोरी; छाती
chestnut *n* चेस्टनट
chew *v* चबाना
chick *n* चूजा; मुन्ना
chicken *n* मुर्गी का चूजा
chicken pox *n* छोटी माता
chide *v* डांटना
chief *n* मुखिया
chiefly *adv* मुख्यत:
child *n* बच्चा
childhood *n* बचपन
childish *adj* बचकाना
childless *adj* बेऔलाद
children *n* बच्चे
chill *n* ठंड; हतोत्साह
chill *v* ठंडा होना
chill out *v* मजे करना
chilly *adj* शीत संवेदी
chimney *n* चिमनी
chimpanzee *n* चिंपैंजी
chin *n* ठोड़ी
chip *n* छीलन; खपच्ची
chisel *n* छेनी
chocolate *n* चॉकलेट
choice *n* चुनाव
choir *n* गायक वृंद
choke *v* दम घोंटना
cholera *n* हैजा
cholesterol *n* कोलेस्ट्रॉल
choose *iv* छांटना
choosy *adj* तुनक-मिजाज
chop *v* झटके से काटना
chop *n* विनिमय
chopper *n* गंडासा
chore *n* घरेलू काम
chorus *n* कोरस
christen *v* बापतिस्म देना

christian *adj* ईसाई
Christianity *n* ईसाई धर्म
Christmas *n* क्रिसमस
chronic *adj* दीर्घकालिक
chronology *n* कालानुक्रम
chubby *adj* गोलमटोल
chuckle *v* दबी हुई हंसी
chunk *n* खंड
church *n* चर्च
chute *n* जल प्रपात
cider *n* साइडर
cigar *n* चुरूट
cigarette *n* सिगरेट
cinder *n* जला हुआ कोयला
cinema *n* चलचित्र
cinnamon *n* दालचीनी
circle *n* वृत
circle *v* चारों तरफ घूमना
circuit *n* परिपथ
circular *adj* वृत्तीय
circulate *v* परिचालित करना
circulation *n* परिसंचारण
circumcise *v* खतना करना
circumcision *n* खतना
circumstance *n* परिस्थिति
circumstancial *adj* आनुषंगिक
circus *n* रंग मंडप
cistern *n* हौज
citizen *n* नागरिक
citizenship *n* नागरिकता
city *n* शहर
city hall *n* नगर हॉल

civic *adj* नागरिक संबंधी
civil *adj* शहरी
civilization *n* सभ्यता
civilize *v* सभ्य बनाना
claim *v* दावा करना
claim *n* दावा करना
clam *n* नमी; टनटनाहट
clamor *v* चीत्कार
clan *n* कुल
clandestine *adj* गुप्त
clap *v* ताली बजाना
clarification *n* स्पष्टीकरण
clarify *v* स्पष्ट करना
clarinet *n* क्लैरिनेट
clarity *n* स्पष्टता
clash *v* विरोध होना
clash *n* मुठभेड़
class *n* वर्ग; कक्षा
classic *adj* शास्त्रीय
classify *v* वर्गीकरण करना
classmate *n* सहपाठी
classroom *n* कक्षा
classy *adj* सर्वोत्तम
clause *n* वाक्य
claw *n* पंजा
claw *v* पंजा मारना
clay *n* मिट्टी
clean *adj* स्वच्छ
clean *v* साफ करना
cleanliness *n* सफाई
cleanse *v* शोधन करना
cleanser *n* परिमार्जक

C

clear *adj* स्वच्छ; स्पष्ट
clear *v* साफ करना
clearance *n* मंजूरी
clear-cut *adj* साफ-साफ
clearly *adv* स्पष्टत:
clearness *n* स्वच्छता
cleft *n* विदर
clemency *n* राज्य-क्षमा
clench *v* मोड़ना
clergy *n* पादरी
clergyman *n* पुरोहित
clerical *adj* क्लर्क-संबंधी
clerk *n* क्लर्क
clever *adj* चालाक
click *v* पटना
client *n* मुवक्किल
clientele *n* ग्राहक
cliff *n* खड़ी चट्टान
climate *n* जलवायु
climatic *adj* जलवायु-संबंधी
climax *n* चरम बिन्दु
climb *v* चढ़ना
climbing *n* चढ़ाई
clinch *v* छल्ला बनाना
cling *iv* चिपकना
clinic *n* चिकित्सालय
clip *v* संक्षिप्त करना
clipping *n* क्लिपिंग
cloak *n* क्लोक
clock *n* घड़ी
clog *v* जमा हो जाना
cloister *n* विहार
clone *v* क्लोन बनाना
cloning *n* क्लोनिंग
close *v* बंद करना
close *adj* बंद
close to *pre* के समीप
closed *adj* बंद
closely *adv* करीब-करीब
closet *n* अलमरी
closure *n* समापन
clot *n* थक्का
cloth *n* कपड़ा
clothe *v* कपड़े पहनना
clothes *n* पोशाक
clothing *n* परिधान
cloud *n* बादल
cloudless *adj* निर्मेघ
cloudy *adj* बादलों से भरा
clown *n* जोकर
club *n* क्लब; सभा
club *v* इकट्ठा होना
clue *n* सूत्र
clumsiness *n* अनाड़ीपन
clumsy *adj* अनाड़ी
cluster *n* गुच्छा
cluster *v* एकत्र होना
clutch *n* दृढ़ पकड़
coach *v* गाड़ी का डिब्बा
coach *n* प्रशिक्षण देना
coaching *n* प्रशिक्षण
coagulate *v* जमना
coagulation *n* गाढ़ापन
coal *n* कोयला

C

coalition *n* सम्मिलन
coarse *adj* अपरिष्कृत
coast *n* मूल्य
coastal *adj* तटीय
coastline *n* तटरेखा
coat *n* कोट; न्यायालय
coax *v* बहलाना
cob *n* राजहंस
cobblestone *n* पत्थरी कोयला
cobweb *n* भूलभूलैया
cocaine *n* कोकेन
cock *n* मुर्गा
cockroach *n* तिलचट्टा
cocktail *n* कॉकटेल
cocky *adj* अहंकारी
cocoa *n* कोकोआ
coconut *n* नारियल
cod *n* कॉड
code *n* कूट; संकेत
codify *v* कूट करना
coefficient *n* सहयोगी
coerce *v* बल देना
coercion *n* जोर-जबरदस्ती
coffee *n* कॉफी
coffin *n* ताबूत
cohabit *v* सहवास करना
coherent *adj* सुसंगत
cohesion *n* अंतराकर्षण
coin *n* सिक्का
coincide *v* एक साथ होना
coincidence *n* संयोग
coincidental *adj* संयोगवश
cold *adj* ठंढा
coldness *n* ठंढक
colic *n* पेट की पीड़ा
collaborate *v* सहयोग करना
collaboration *n* सहयोग
collaborator *n* सहायोगी
collapse *v* ढह जाना
collapse *n* ढेर
collar *n* कॉलर
collarbone *n* गले की हड्डी
collateral *adj* समपार्श्व
colleague *n* सहयोगी
collect *v* एकत्र करना
collection *n* संग्रह
collector *n* कलेक्टर
college *n* कॉलेज
collide *v* टकराना
collision *n* टक्कर
cologne *n* इत्र
colon *n* उपविरामचिन्ह
colonel *n* कर्नैल
colonial *adj* उपनिवेशिक
colonization *n* उपनिवेशीकरण
colonize *v* उपनिवेश बनाना
colony *n* उपनिवेश
color *n* रंग
color *v* रंग भरना
colorful *adj* रंगीन
colossal *adj* चमत्कारपूर्ण
colt *n* बछेड़ा
column *n* स्तम्भ
coma *n* कोमा

C

comb *n* कंघी
comb *v* कंघी करना
combat *n* लड़ाई
combat *v* लड़ाई करना
combatant *n* लड़ाकू
combination *n* संयोजन
combine *v* मिलाना
combustible *n* ज्वलनशील
combustion *n* दहन
come *iv* आना
come about *v* घटित होना
come across *v* भेंट करना
come apart *v* अलग हो जाना
come back *v* वापस आना
come down *v* नीचे आना
come forward *v* आगे आना
come from *v* कहीं से आना
come in *v* अन्दर आना
come out *v* सफल होना
come over *v* उबरना
come up *v* चढ़ना
comeback *n* वापस आना
comedian *n* मसखरा
comedy *n* कॉमेडी
comet *n* धूमकेतु
comfort *n* आराम
comfortable *adj* आरामदेह
comforter *n* रजाई
comical *adj* हास्यास्पद
coming *n* आने वाला
coming *adj* आगामी
comma *n* अल्पविराम
command *v* निर्देश देना
commander *n* सेनापति
commandment *n* कमांडमेंट
commemorate *v* स्मृति मनाना
commence *v* आरम्भ करना
commend *v* सिफारिश करना
commendation *n* अनुमोदन
comment *v* टिप्पणी करना
comment *n* टिप्पणी
commerce *n* वाणिज्य
commercial *adj* व्यवसायिक
commission *n* आयोग
commit *v* वचन देना
commitment *n* वचनबद्धता
committed *adj* वचनबद्ध
committee *n* समिति
common *adj* सामूहिक
commotion *n* विद्रोह
communicate *v* संप्रेषित करना
communication *n* संचार
communion *n* समागम
communism *n* साम्यवाद
communist *adj* कम्युनिस्ट
community *n* संप्रदाय
commute *v* रूपांतरित करना
compact *adj* संक्षिप्त
compact *v* संहत होना
companion *n* साथी
companionship *n* सहचारिता
company *n* संगत
comparable *adj* तुलनीय
comparative *adj* तुलनात्मक

compare *v* तुलना करना
comparison *n* तुलना
compartment *n* डिब्बा
compass *n* परिधि
compassion *n* करुणा
compassionate *adj* दयावान
compatibility *n* संगतता
compatible *adj* सुसंगत
compatriot *n* समदेशी
compel *v* बाध्य करना
compelling *adj* अप्रतिरोध्य
compendium *n* सार-संग्रह
compensate *v* क्षति-पूर्ति करना
compensation *n* मुआवजा
compete *v* प्रतियोगी होना
competence *n* समर्थता
competent *adj* समर्थ
competition *n* प्रतियोगिता
competitive *adj* प्रतिस्पर्धात्मक
competitor *n* प्रतियोगी
compile *v* संकलन करना
complain *v* शिकायत करना
complaint *n* शिकायत
complement *n* संपूरक
complete *adj* पूर्ण
complete *v* समाप्त करना
completely *adv* पूरी तरह
completion *n* समापन
complex *adj* जटिल
complexion *n* वर्ण
complexity *n* जटिलता
compliance *n* अनुवृत्ति

compliant *adj* अनुवर्ति
complicate *v* जटिल बनाना
complication *n* पेचीदगी
complicity *n* जटिलता
compliment *n* सम्मान
complimentary *adj* सम्मानार्थ
comply *v* पूरा करना
component *n* अवयव
compose *v* स्वर रचना
composed *adj* सुस्थिर
composer *n* संगीतकार
composition *n* रचना
compost *n* कूड़ा खाद
composure *n* कूड़ा खाद
compound *n* यौगिक
compound *v* मिलाना
comprehend *v* समझना
comprehensive *adj* बोधशील
compress *v* संकुचित करना
compression *n* दबाव
comprise *v* समाविष्ट करना
compromise *n* समझौता
compromise *v* समझौता करना
compulsion *n* बाध्यता
compulsive *adj* बाध्यकारी
compulsory *adj* अनिवार्य
compute *v* गिनना
computer *n* कंप्यूटर
comrade *n* साथी
con man *n* अपराधी
conceal *v* गुप्त रखना
concede *v* त्यागना**

conceited *adj* अहंकारी
conceive *v* गर्भ धारण करना
concentrate *v* केंद्रित करना
concentration *n* संकेंद्रण
concentric *adj* संकेंद्री
concept *n* धारणा
conception *n* अवधारणा
concern *v* संबंध रखना
concern *n* कारोबार
concerning *pre* के विषय में
concert *n* संगीत सभा
concession *n* रियायत
conciliate *v* मेल करना
conciliatory *adj* समझौताकारी
conciousness *n* चेतना
concise *adj* संक्षिप्त
conclude *v* समाप्त करना
conclusion *n* निष्कर्ष; समापन
conclusive *adj* निर्णायक
concoct *v* गढ़ना
concoction *n* मनगढ़न्त
concrete *n* कंक्रीट
concrete *adj* ठोस
concur *v* सहमत होना
concurrent *adj* समवर्ती
concussion *n* आघात
condemnation *n* भर्त्सना
condensation *n* संघनन
condense *v* संघनित करना
condescend *v* कृपालू होना
condiment *n* मसाला
condition *n* अवस्था

conditional *adj* सशर्त
conditioner *n* अनुकूलक
condo *n* सहराज्य
condolences *n* शोक
condone *v* क्षमा करना
conducive *adj* सहायक
conduct *n* संचालन
conduct *v* संचालन करना
conductor *n* संचालक
cone *n* शंकु
confer *v* प्रदान करना
conference *n* सम्मेलन
confess *v* स्वीकार करना
confession *n* अपराध स्वीकरण
confidant *n* विश्वासपात्र
confide *v* विश्वास करना
confidence *n* दृढ़ विश्वास
confident *adj* आश्वस्त
confidential *adj* गोपनीय
confine *v* कैद करना
confinement *n* बंधन
confirm *v* पुष्टि करना
confirmation *n* पुष्टि
confiscate *v* जब्त करना
confiscation *n* जब्ती
conflict *n* विरोध
conflict *v* विरोध करना
conflicting *adj* विरोधात्मक
conform *v* सदृश करना
conformist *adj* संरूपी
conformity *n* अनुरूपता
confound *v* पराजित करना

confront *v* सामना करना
confrontation *n* मुकाबला
confuse *v* संभ्रमित होना
confusion *n* संभ्रांति
congenial *adj* सौहार्दपूर्ण
congested *adj* संकुलित
congestion *n* संकुलन
congratulate *v* बधाई देना
congratulations *n* बधाई
congregate *v* एकत्र होना
congregation *n* सभा
congress *n* सम्मेलन
conjecture *n* पूर्वनुमान
conjugal *adj* वैवाहिक
conjugate *v* क्रिया रूप बनाना
conjunction *n* संयोजन
conjure up *v* भावनामय होना
connect *v* जोड़ना
connection *n* संबंधन
connive *v* अनदेखा करना
connote *v* संकेत करना
conquer *v* जीतना
conqueror *n* विजेता
conquest *n* विजय
conscience *n* अंतरात्मा
conscious *adj* सचेतन
consecrate *v* समर्पित करना
consecration *n* समर्पण
consecutive *adj* क्रमिक
consensus *n* मतैक्य
consent *v* सहमत होना
consent *n* सहमति

consequence *n* परिणाम
consequent *adj* परिणामी
conservation *n* संरक्षण
conservative *adj* रूढ़िवादी
conserve *v* संरक्षित करना
conserve *n* संरक्षित
consider *v* ध्यान देना
considerable *adj* विचारणीय
considerate *adj* विचारशील
consideration *n* विचार
consignment *n* खेप
consist *v* सम्मिलित होना
consistency *n* संधनता
consistent *adj* स्थिर; दृढ़
consolation *n* सांत्वना
console *v* सांत्वना देना
consonant *n* व्यंजन
conspicuous *adj* सुस्पष्ट
conspiracy *n* षड्यंत्र
conspirator *n* षड्यंत्रकारी
conspire *v* षड्यंत्र रचना
constancy *n* स्थिरता
constant *adj* स्थिर
constellation *n* तारामंडल
consternation *n* आतंक
constipate *v* कब्ज करना
constipated *adj* कब्ज होना
constipation *n* कब्ज
constitute *v* स्थापित करना
constitution *n* संविधान
constrain *v* बाधित करना
constraint *n* संयमन

construct 44

C

construct *v* निर्माण करना
construction *n* निर्माण
constructive *adj* रचनात्मक
consul *n* वाणिज्य दूत
consulate *n* परामर्श
consult *v* सलाह लेना
consultation *n* परामर्श
consume *v* उपभोग करना
consumer *n* उपभोक्ता
consumption *n* उपभोग
contact *v* संपर्क करना
contact *n* संपर्क
contagious *adj* संक्रामक
contain *v* समाविष्ट करना
container *n* डिब्बा
contaminate *v* मिलावट करना
contamination *n* मिलावट
contemplate *v* चिंतन करना
contemporary *adj* समकालीन
contempt *n* अवहेलना
contend *v* झगड़ा करना
contender *n* विवादी
content *adj* संतुष्ट
content *v* संतुष्ट होना
contentious *adj* झगड़ालू
contents *n* अंतर्वस्तु
contest *n* प्रतियोगिता
contestant *n* प्रतियोगी
context *n* संदर्भ
continent *n* महाद्वीप
continental *adj* महाद्वीपीय
contingency *n* आकस्मिकता
contingent *adj* आश्रित
continuation *n* निरंतरता
continue *v* जारी रखना
continuity *n* निरंतरता
continuous *adj* लगातार
contour *n* परिरेखा
contraband *n* वर्जित
contract *n* करार
contraction *n* संकुचन
contradict *v* खंडन करना
contradiction *n* खंडन
contrary *adj* विरोधी
contrast *v* विरोध में होना
contrast *n* वैषम्य
contribute *v* योग देना
contribution *n* योगदान; चंदा
contributor *n* अंशदाता
contrition *n* संताप
control *n* नियंत्रण
control *v* नियंत्रित करना
controversial *adj* विवादास्पद
controversy *n* विवाद
convene *v* आयोजन करना
convenience *n* सुविधा
convenient *adj* सुविधाजनक
convent *n* मठ
convention *n* संविधान सभा
conventional *adj* परंपरागत
converge *v* अभिमुख होना
conversation *n* बातचीत
converse *v* बातचीत करना
conversely *adv* विपरीत

conversion *n* परिवर्तन
convey *v* संप्रेषित करना
convict *v* दोषी सिद्ध करना
conviction *n* दोषसिद्ध
convince *v* कायल करना
convincing *adj* विश्वासोत्पादक
convoluted *adj* लपेटा हुआ
convoy *n* रक्षक दल
convulse *v* ऐंठन होना
convulsion *n* मरोड़ा
cook *v* पकाना
cook *n* रसोइया
cookie *n* बिस्कुट
cooking *n* पकना
cool *adj* ठंडा; आनंददायक
cool *v* ठंडा करना
cool down *v* शांत होना
coolness *n* ठंडक
cooperate *v* सहयोग देना
cooperation *n* सहयोग
cooperative *adj* सहकारी
coordinate *v* सामंजस्य करना
coordination *n* तालमेल
coordinator *n* समन्वय कर्ता
cop *n* पुलिस का आदमी
cope *v* मुकाबला करना
copier *n* प्रतिलिपिक
copper *n* तांबा
copy *v* नकल करना
copy *n* नकल
copyright *n* स्ववाधिकार
cord *n* डोरी; मेरु रज्जू
cordial *adj* हार्दिक
cordless *adj* बेतार
cordon *n* सम्मानार्थ फीता
cordon off *v* घेरा डालना
core *n* क्रोड
cork *n* कॉर्क
corn *n* दाना; मक्का
corner *n* कोना; एकांत
cornerstone *n* नींव का पत्थर
corollary *n* उपप्रमेय
coronary *adj* परिहृद
coronation *n* राज्याभिषेक
corporal *adj* शारीरिक
corporation *n* समष्टि निगम
corpse *n* शव
corpulent *adj* स्थूलकाय
corpuscle *n* कणिका
correct *v* सुधारना
correct *adj* सही
correction *n* संशोधन
correspond *v* पत्र-व्यवहार
correspondent *n* संवाददाता
corresponding *adj* संवादी
corridor *n* गलियारा
corroborate *v* पुष्टि करना
corrode *v* क्षय होना
corrupt *v* भ्रष्ट करना
corrupt *adj* भ्रष्ट; खराब
corruption *n* भ्रष्टाचार
cosmetic *n* कृत्रिम
cosmic *adj* ब्रम्हांड संबंधी
cosmonaut *n* ब्रम्हांड यात्री

cost 46

C

cost *iv* लागत आना
cost *n* लागत
costly *adj* महंगा
costume *n* परिधान
cottage *n* झोंपड़ी
cotton *n* कपास
couch *n* बिस्तर
cough *n* खांसी
cough *v* खांसी आना
council *n* परिषद्
counsel *v* परामर्शदाता
counsel *n* परामर्श देना
counselor *n* परामर्शदाता
count *v* गिनती करना
count *n* गिनती
countdown *n* उलटी गिनती
countenance *n* मुख के भाव
counter *n* जवाब; मुठभेड़
counter *v* सामना करना
counteract *v* प्रतिकार करना
counterfeit *v* नकली बनाना
counterfeit *adj* नकली
counterpart *n* पूरक
countess *n* सामंत की पत्नी
countless *adj* अनगिनत
country *n* देश; देहात
countryman *n* देहाती
countryside *n* देहात
county *n* प्रांत
coup *n* तख्ता पलट
couple *n* जोड़ा; दंपत्ति
coupon *n* कूपन
courage *n* साहस
courageous *adj* साहसी
courier *n* संदेशवाहक
course *n* रास्ता; पाठ्यक्रम
court *n* दरबार; अदालत
court *v* प्रेम जताना
courteous *adj* शिष्ट
courtesy *n* शिष्टाचार
courthouse *n* न्यायालय भवन
courtship *n* प्रेमालाप
courtyard *n* आंगन
cove *n* छोटी खाड़ी
covenant *n* प्रतिज्ञापत्र
cover *n* आवरण; आड़
cover *v* ढकना
cover up *v* गुप्त रखना
coverage *n* विस्तार
covert *adj* गुप्त
coverup *n* गुप्त
covet *v* आकांक्षा करना
cow *n* गाय
coward *n* डरपोक
cowardice *n* कायरता
cowardly *adv* कायरोचित
cowboy *n* ग्वाला
cozy *adj* सुखकर
crab *n* केकड़ा
crack *n* दरार
crack *v* दरार पड़ना
cradle *n* झूला
craft *n* कौशल; पटुता
craftsman *n* शिल्पी

cram *v* ठूंसना
cramp *n* ऐंठन
cramped *adj* ऐंठा हुआ
crane *n* सारस
crank *n* सनकी व्यक्ति
cranky *adj* फुर्तीला
crap *n* क्रेप (कपड़ा)
crappy *adj* क्रेप जैसा
crash *n* टक्कर
crass *adj* स्थूल
crater *n* ज्वालामुखी विवर
crave *v* याचना करना
craving *n* आकांक्षा
crawl *v* रेंगना
crayon *n* चाकवर्तिका
craziness *n* खब्तीपन
crazy *adj* खब्ती
creak *v* चरमराना
creak *n* चरमराहट
cream *n* मलाई
creamy *adj* मलाईदार
crease *n* तह का निशान
crease *v* चुन्नट डालना
create *v* सृष्टि करना
creation *n* सृष्टि
creative *adj* सृजनात्मक
creativity *n* सृजनात्मकता
creator *n* स्रष्टा
creature *n* जीव
credibility *n* विश्वसनीयता
credible *adj* विश्सनीय
credit *n* उधार
creditor *n* ऋणदाता
creed *n* पंथ
creek *n* संकरी खाड़ी
creep *v* रेंगना
creepy *adj* रेंगने वाला
cremate *v* दाहसंस्कार
crematorium *n* दाह-गृह
crest *n* शिखर
crevice *n* हिम-दरार
crew *n* नाविक दल
crib *n* नांद
cricket *n* झींगुर
crime *n* अपराध
criminal *adj* अपराधी
cripple *adj* लंगड़ा-लूला
cripple *v* लंगड़ा करना
crisis *n* संकट
crisp *adj* कुरकुरा
crispy *adj* करारा
criss-cross *v* आड़ा-तिरछा
criterion *n* कसौटी
critical *adj* संकटापन्न
criticism *n* आलोचना
criticize *v* आलोचना करना
critique *n* आलोचक
crocodile *n* मगरमच्छ
crony *n* घनिष्ट मित्र
crook *n* कांटिया
crooked *adj* कांटिया
crop *n* फसल
cross *n* सूली
cross *adj* आड़ा-तिरछा

cross 48

C

cross *v* काट चिन्ह बनाना
cross out *v* काटना
crossfire *n* तिरछी गोलंदाजी
crossing *n* चौराहा
crossroads *n* चौराहा
crosswalk *n* पार सड़क
crossword *n* शब्दपहेली
crow *n* कौआ
crow *v* बांग देना
crowbar *n* कुदाल
crowd *n* भीड़
crowd *v* भीड़ होना
crowded *adj* भरा हुआ
crown *n* मुकुट
crowning *n* चोटी
crucial *adj* निर्णायक
crucifix *n* ईसा-सूली
crucify *v* सूली चड़ाना
crude *adj* कच्चा; भोंडा
cruel *adj* क्रूर
cruelty *n* क्रूरता
cruise *v* पोत विहार करना
crumb *n* टुकड़ा
crumble *v* टुकड़े-टुकड़े करना
crunchy *adj* कुरकुरा
crusade *n* धर्म-युद्ध
crusader *n* धर्म-योद्धा
crush *v* कुचलना
crushing *adj* पिसाई
crust *n* भूपटल; छाल
crusty *adj* कड़ा
crutch *n* बैसाखी

cry *n* विलाप
cry *v* चिल्लाना; रोना
cry out *v* जोर से पुकरना
crying *n* चिल्लाहट
crystal *n* स्फटिकाश्म
cub *n* शावक
cube *n* घन
cubic *adj* घनीय
cubicle *n* घनाकृति
cucumber *n* खीरा
cuddle *v* लाड़-प्यार करना
cuff *n* तमाचा
cuisine *n* पाकशैली
culminate *v* समाप्त करना
culpability *n* सदोषता
culprit *n* दोषी
cult *n* धर्म संप्रदाय
cultivate *v* खेती करना
cultivation *n* कृषि
cultural *adj* सांस्कृतिक
culture *n* संस्कृति
cumbersome *adj* बोझिल
cunning *adj* धुर्त
cup *n* प्याला
cupboard *n* अलमारी
curable *adj* चिकित्सा योग्य
curator *n* संग्रहाध्यक्ष
curb *v* नियंत्रण करना
curb *n* किनारा; चक्का
curdle *v* दही जमाना
cure *v* उपचार करना
cure *n* उपचार

49 dancing

curfew *n* कर्फ्यू
curiosity *n* जिज्ञासा
curious *adj* जिज्ञासु
curl *v* छल्ले बनाना
curl *n* घूंघर
curly *adj* घुंघराला
currency *n* मुद्रा
current *adj* प्रवाही; वर्तमान
currently *adv* हालिया
curse *v* शाप देना
curtail *v* कम करना
curtain *n* पर्दा
curve *n* वक्र
curve *v* वक्राकार बनाना
cushion *n* गद्दी
cushion *v* गद्दी लगाना
cuss *v* अभिशाप
custard *n* फिरनी
custodian *n* अभिरक्षक
custody *n* हिरासत
custom *n* रिवाज
customary *adj* प्रथागत
customer *n* ग्राहक
customs *n* चुंगी
cut *n* काट
cut *iv* काटना
cut off *v* अलग करना
cut out *v* आकार बनाना
cute *adj* मनोहर
cutlery *n* छुरी-कांटा
cutter *n* काटनेवाला
cyanide *n* सायनाइड
cycle *n* साइकिल
cyclist *n* साइकिल सवार
cyclone *n* चक्रवात
cylinder *n* सिलिंडर
cynic *adj* चिड़चिड़ा
cynicism *n* दोषदर्शिता
cypress *n* साइप्रस
cyst *n* रसौली
czar *n* ज़ार

D

dad *n* पिता
dagger *n* छुरा
daily *adv* प्रतिदिन
dairy farm *n* डेयरी फार्म
daisy *n* डेजी (फूल)
dam *n* बांध
damage *n* क्षति
damage *v* क्षति पहुंचाना
damaging *adj* नष्टकारी
damn *v* धिक्कारना
damnation *n* तिरस्कार
damp *adj* सीलन-भरा
dampen *v* नम करना
dance *n* नृत्य
dance *v* नाचना
dancing *n* नृत्य

dandruff 50

D

dandruff *n* रूसी
danger *n* खतरा
dangerous *adj* खतरनाक
dangle *v* लटकना
dare *v* साहस रखना
dare *n* साहस
daring *adj* साहसी
dark *adj* अंधेरा
darken *v* काला करना
darkness *n* अंधेरा
darling *adj* अत्यधिक प्रिय
darn *v* रफू करना
dart *n* डार्ट, सांग
dash *v* टकराना
dashing *adj* स्फूर्तिमय
data *n* आंकड़ा
database *n* डाटाबेस
date *n* तिथि; खजूर
date *v* तारीख लिखना
daughter *n* बेटी
daughter-in-law *n* पुत्रवधु
daunt *v* डराना
daunting *adj* डरावना
dawn *n* अरुणोदय
day *n* दिन
daydream *v* दिवास्वप्न
daze *v* स्तब्ध
dazed *adj* चौंधियाया
dazzle *v* चकाचौंध
de luxe *adj* भव्य
dead *adj* मृत
dead end *n* बंद गली
deaden *v* मार डालना
deadline *n* सीमा रेखा
deadlock *adj* गतिरोध
deadly *adj* घातक
deaf *adj* बहरा
deafen *v* बहरा कर देना
deafening *adj* ध्वनि-रोधक
deafness *n* बहरापन
deal *iv* सौदा करना
deal *n* सौदा
dealer *n* वितरक
dealings *n* व्यापरिक सौदा
dean *n* संकाय-अध्यक्ष
dear *adj* कीमती; प्यारा
death *n* मृत्यु
death toll *n* मृत्यु कर
death trap *n* भयंकर स्थान
deathbed *n* मृत्युशय्या
debase *v* नीचा करना
debatable *adj* विवादास्पद
debate *n* वाद-विवाद
debit *n* नामखाता
debrief *v* प्रश्नोत्तरी
debris *n* मलबा
debt *n* कर्ज
debtor *n* देनदार
debunk *v* सिद्ध करना
debut *n* पदार्पण
decade *n* दशक
decadence *n* पतन
decaff *adj* डिकाफ
decapitate *v* सिर काटना

51 defile

D

decay *v* ह्रास होना
decay *n* ह्रास
deceased *adj* दिवंगत
deceit *n* धोखा
deceitful *adj* कपटपूर्ण
deceive *v* धोखा देना
December *n* दिसंबर
decency *n* शालीनता
decent *adj* शालीन
deception *n* धोखा
deceptive *adj* धोखा-युक्त
decide *v* निर्णय करना
deciding *adj* निर्णायक
decimal *adj* दशमलव
decimate *v* घटाना
decision *n* निर्णय
decisive *adj* निर्णायक
deck *n* नौतल
declaration *n* घोषणा
declare *v* घोषणा करना
declension *n* पतन; संज्ञारूप
decline *v* अवनत होना
decline *n* अवनति
decompose *v* सड़ना
décor *n* रंग सज्जा
decorate *v* सजाना
decorative *adj* सजावटी
decorum *n* मर्यादा
decrease *v* घटना
decrease *n* कमी
decree *n* आज्ञप्ति
decree *v* आज्ञप्ति देना
decrepit *adj* जर्जर
dedicate *v* समर्पण करना
dedication *n* समर्पण
deduce *v* निष्कर्ष निकालना
deduct *v* घटाना
deductible *adj* घटाने योग्य
deduction *n* कटौती
deed *n* कृत्य
deem *v* समझाना
deep *adj* गहरा
deepen *v* गहरा करना
deer *n* हिरण
deface *v* विकृत करना
defame *v* बदनाम करना
defeat *v* हराना
defeat *n* हार
defect *n* कमी
defect *v* कमी होना
defection *n* दलबदल
defective *adj* त्रुटिपूर्ण
defend *v* बचाना
defendant *n* बचाने वाला
defender *n* रक्षक
defense *n* बचाव
defenseless *adj* अरक्षित
defer *v* टालना
defiance *n* अवज्ञा
defiant *adj* अवज्ञाकारी
deficiency *n* अवज्ञा
deficient *adj* पर्याप्त
deficit *n* घाटा
defile *v* खराब करना

define 52

D

define *v* व्याख्या करना
definite *adj* स्पष्ट
definition *n* व्याख्या
definitive *adj* निश्चित
deflate *v* पिचकाना
deform *v* विकृत करना
deformity *n* विरूपता
defraud *v* ठगना
defray *v* हिसाब चुकाना
defrost *v* बर्फ पिघलाना
deft *adj* दक्ष
defuse *v* उलट-पलट देना
defy *v* अवज्ञा करना
degenerate *v* पतित होना
degenerate *adj* पतित
degeneration *n* पतन
degradation *n* निम्नीकरण
degrade *v* नीचा दिखाना
degrading *adj* अपमानजनक
degree *n* तापांकृ; उपाधी
dehydrate *v* निर्जल करना
deign *v* अनुग्रह करना
deity *n* देवता
dejected *adj* उदास
delay *v* विलंब करना
delay *n* विलंब
delegate *n* प्रतिनिधि
delegation *n* प्रतिनिधिमंडल
delete *v* मिटाना
deliberate *v* विचारना
delicacy *n* कोमलता
delicate *adj* नाजुक
delicious *adj* स्वादिष्ट
delight *n* प्रसन्नता
delight *v* प्रसन्न करना
delightful *adj* आनंददायी
delinquency *n* अपराध
delinquent *adj* अपराधी
deliver *v* जन्म देना
delivery *n* प्रसव; सुपुर्दगी
delude *v* बहकाना
deluge *n* बाढ़
delusion *n* भ्रांति
demand *v* मांग करना
demand *n* मांग
demean *v* नीचा दिखाना
demeaning *adj* अपमानजनक
demeanor *n* व्यवहार
demented *adj* पागल
demise *n* निधन
democracy *n* जनतंत्र
democratic *adj* जनवादी
demolish *v* ढ़ा देना
demolition *n* विध्वंश
demon *n* दानव
demonstrate *v* प्रदर्शन करना
demonstrative *adj* प्रदर्शनात्मक
demoralize *v* हौसला तोड़ना
demote *v* पदावनत करना
den *n* मांद
denial *n* अस्विकार
denigrate *v* अवमानित करना
Denmak *n* डेनमार्क (देश)
denominator *n* नाम देने वाला

desire

D

denote *v* सूचित करना
denounce *v* निंदा करना
dense *adj* घना; मूर्ख
density *n* घनत्व
dent *v* खांच डालना
dent *n* गड्ढा
dental *adj* दांत संबंधी
dentist *n* दंत्य-चिकित्सक
dentures *n* नकली दांत
deny *v* अस्वीकार करना
deodorant *n* दुर्गंधनाशक तत्व
depart *v* रवाना होना
department *n* विभाग
departure *n* रवानगी
depend *v* निर्भर होना
dependable *adj* भरोसे योग्य
dependence *n* निर्भरता
dependent *adj* पराश्रित
depict *v* अंकित करना
deplete *v* कम करना
deplorable *adj* खेदजनक
deplore *v* शोक प्रकट करना
deploy *v* फैलाना
deployment *n* फैलाव
deport *v* निर्वासित करना
deportation *n* निर्वासन
depose *v* अपदस्थ करना
deposit *n* जमा
depot *n* भंड़ार
deprave *adj* चरित्र भ्रष्ट
depravity *n* चरित्रहीनता
depreciate *v* मूल्य ह्रास करना
depreciation *n* मूल्य ह्रास
depress *v* उदास करना
depression *n* उदासी
deprive *v* वंचित करना
deprived *adj* वंचित
deprivation *n* अभाव का कष्ट
depth *n* गहराई
derail *v* पटरी से उतरना
derailment *n* पटरी से उतरना
deranged *adj* विक्षिप्त
derelict *adj* त्यक्त
deride *v* मजाक उड़ाना
derivative *adj* निकाला हुआ
derive *v* निकालना
derogatory *adj* अनादरसूचक
descend *v* से पैदा होना
descendant *n* वंशज
descent *n* अवरोह; वंशक्रम
describe *v* वर्णन करना
description *n* वर्णन
descriptive *adj* विवरणात्मक
desecrate *v* अशुद्ध करना
desert *n* पात्रता
desert *v* छोड़ देना
deserted *adj* छोड़ा हुआ
deserter *n* भगोड़ा
deserve *v* योग्य होना
deserving *adj* योग्य
design *n* रूपरेखा
designate *v* पदनाम देना
desirable *adj* काम्य
desire *n* इच्छा

desire 54

D

desire *v* इच्छा करना
desist *v* विरत होना
desk *n* मेज; डेस्क
desolation *n* विरानी
despair *n* निराशा
desperate *adj* हताश
despicable *adj* घृणित
despise *v* तुच्छ समझना
despite *c* के बावजूद
despondent *adj* निराश
despot *n* निरंकुश शासक
despotic *adj* निरंकुश
destination *n* लक्ष्य
destiny *n* नियति
destitute *adj* अनाथ
destroy *v* नष्ट करना
destroyer *n* विनाशक
destruction *n* विनाश
destructive *adj* विनाशकारी
detach *v* अलग करना
detail *n* विवरण
detain *v* नजर बंद करना
detect *v* पता लगाना
detective *n* जासूस
detector *n* पता लगाने वाला
detention *n* नजरबंद
deter *v* डरा कर रोकना
detergent *n* प्रक्षालक
deteriorate *v* बदतर करना
deterioration *n* ह्रास
determination *n* दृढ़ संकल्प
determine *v* निश्चय करना
deterrence *n* निवारण
detest *v* (से) घृणा करना
detestable *adj* घृण्यता
detonate *v* विस्फोटित करना
detonation *n* धमाका
detour *n* घुमावदार रास्ता
detriment *n* अहित
detrimental *adj* अहितकर
devaluation *n* अवमूल्यन
devalue *v* मूल्य घटाना
devastate *v* नष्टभ्रष्ट करना
devastating *adj* विनाशक
devastation *n* विध्वंस
develop *v* विकसित होना
development *n* विकास
deviation *n* विचलन
device *n* जुगत
devil *n* शैतान
devious *adj* अकेला
devise *v* निर्मित करना
devoid *adj* रहित
devote *v* अर्पित करना
devotion *n* समर्पण
devour *v* लीलना
devout *adj* भक्त
dew *n* ओस
diabetes *n* मधुमेह
diabetic *adj* मधुमेही
diabolical *adj* पैशाचिक
diagnosis *n* रोग निदान
diagonal *adj* विकर्ण
diagram *n* रेखाचित्र

55 disadvantage

D

dial *n* धूपघड़ी
dial tone *n* डायल टोन
dialect *n* बोली
dialogue *n* वार्तालाप
diameter *n* व्यास
diamond *n* हीरा
diaper *n* पोतड़ा कलोट
diarrhea *n* अतिसार
diary *n* डायरी
dice *n* पांसा
dictate *v* श्रुतिलेख लिखना
dictator *n* तानाशाह
dictatorial *adj* तानाशाही
dictatorship *n* तानाशाही
dictionary *n* तानाशाह संबंधी
die *v* मरना
die out *v* विलीन हो जाना
diet *n* आहार
differ *v* भिन्न होना
difference *n* भिन्नता
different *adj* भिन्न
difficult *adj* कठिन
difficulty *n* कठिनाई
diffuse *v* विसारित होना
dig *iv* खोदना
digest *v* पचाना
digestion *n* पाचन
digestive *adj* पाचन योग्य
digit *n* अंक
dignify *v* सम्मानित करना
dignitary *n* संभ्रांत जन
dignity *n* प्रतिष्ठा
digress *v* प्रसंग से बहकना
dilapidated *adj* जीर्ण-शीर्ण
dilemma *n* दुविधा
diligence *n* परिश्रम
diligent *adj* परिश्रमी
dilute *v* पतला करना
dim *adj* धुंधला
dim *v* धुंधला करना
dime *n* दस सेंट
dimension *n* आयाम
diminish *v* कम करना
dine *v* भोजन करना
diner *n* भोजन करने वाला
dining room *n* भोजनकक्ष
dinner *n* रात का भोजन
diocese *n* बिशप का प्रदेश
diphthong *n* संयुक्त स्वर
diploma *n* उपाधिपत्र
diplomacy *n* कूटनीति
diplomat *n* कूटनीतिज्ञ
diplomatic *adj* कूटनीति संबंधी
dire *adj* घोर
direct *adj* सीधा
direct *v* निर्देश करना
direction *n* दिशा; निर्देशन
director *n* निर्देशक
directory *n* निदेशिका
dirt *n* धूल
dirty *adj* गंदा
disability *n* असमर्थता
disabled *adj* अपंग
disadvantage *n* घाटा

disagree *v* असहमत होना
disagreeable *adj* अप्रिय अनुभव
disagreement *n* असहमति
disappear *v* लुप्त होना
disappearance *n* लोप
disappoint *v* निराश होना
disappointing *adj* निराशाजनक
disappointment *n* निराशा
disapproval *n* अननुमोदन
disarm *v* शस्त्र रहित करना
disarmament *n* निरस्त्रीकरण
disaster *n* आपदा
disastrous *adj* विनाशपूर्ण
disband *v* विघटित करना
disbelief *n* अविश्वास
disburse *v* भुगतान करना
discard *v* फेंकना
discern *v* समझना
discharge *v* रिहा करना
discharge *n* मुक्ति; निबाह
disciple *n* शिष्य
discipline *n* अनुशासन
disclaim *v* दावा छोड़ना
disclose *v* प्रकाश में लाना
discomfort *n* असुविधा
disconnect *v* संबंध तोड़ना
discontent *adj* असंतोष
discontinue *v* रोकना
discord *n* मतभेद
discordant *adj* मतभेदयुक्त
discount *n* छूट
discount *v* छूट देना
discourage *v* हतोत्साह करना
discouragement *n* निराशा
discourtesy *r* अशिष्टता
discover *v* आविष्कार करना
discovery *n* आविष्कार
discredit *v* अविश्वस करना
discreet *adj* विवेकशील
discrepancy *r* विसंगति
discretion *n* विवेक
discriminate *v* विभेद करना
discrimination *n* भेदभाव
discuss *v* विचार करना
discussion *n* विचार-विमर्श
disdain *n* तिरस्कार
disease *n* बीमारी
disembark *v* उतारना
disenchanted *adj* मोह भंग
disentangle *v* सुलझाना
disfigure *v* विरूपित करना
disgrace *n* अप्रतिष्ठा
disgrace *v* बदनाम करना
disgraceful *adj* अपमानजनक
disgruntled *adj* असंतुष्ट
disguise *v* स्वांग भरना
disguise *n* छद्मवेष
disgust *n* खीज
disgusting *adj* जुगुप्सापूर्ण
dish *n* तश्तरी
dishearten *v* दिल तोड़ना
dishonest *adj* बेईमान
dishonesty *n* बेईमानी
dishonor *n* अनादर

57 distinct

D

disillusion *n* मोह भंग
disinfectant *n* रोगाणु-नाशक
disintegration *n* विघटन
disinterested *adj* तटस्थ
disk *n* चक्का
dislike *v* नापसंद करना
dislike *n* नापसंदगी
dislocate *v* विस्थापित करना
dislodge *v* निकाल देना
disloyal *adj* गद्दार
disloyalty *n* गद्दारी
dismal *adj* मनहूस
dismay *n* आतंक
dismay *v* डराना
dismiss *v* बरख्वास्त
dismissal *n* बरख्वास्तगी
disobedience *n* अवज्ञा
disobedient *adj* अवज्ञाकारी
disorder *n* अव्यवस्था
disorganized *adj* अव्यवस्थित
disoriented *adj* दिशभ्रमित
disown *v* परित्याग करना
disparity *n* असमानता
dispatch *v* भेजना
dispensation *n* छुटकारा
dispense *v* प्रदान करना
dispersal *n* विसर्जन
disperse *v* विसरण करना
displace *v* विस्थापित करना
display *n* प्रदर्शन
display *v* प्रदर्शित करना
displease *v* अप्रसन्न करना
displeasing *adj* अप्रिय
displeasure *n* अप्रसन्नता
disposable *adj* परित्यजनीय
disposal *n* नियंत्रण
dispose *v* व्यवस्था करना
disprove *v* खंडन करना
dispute *n* विवाद
dispute *v* विवाद करना
disqualify *v* अयोग्य ठहराना
disregard *v* अवहेलना करना
disrepair *n* बेमरम्मती
disrespect *n* असम्मान
disrespectful *adj* निरादरपूर्ण
disrupt *v* तोड़ना
disruption *n* विच्छेद
dissatisfied *adj* असंतुष्ट
disseminate *v* छितराना
dissent *v* विरोध करना
dissident *adj* असहमत
dissimilar *adj* असमान
dissipate *v* समाप्त हो जाना
dissolute *adj* आवारा
dissolution *n* विघटन
dissolve *v* विलीन करना
dissonant *adj* असंवादी
dissuade *v* मन फेरना
distance *n* दूरी
distant *adj* दूर
distaste *n* नापसंदगी
distasteful *adj* अरुचिकर
distill *v* आसवन करना
distinct *adj* पृथक

distinction 58

D

distinction *n* सुस्पष्टता
distinctive *adj* सुस्पष्ट
distinguish *v* फर्क दिखलाना
distort *v* विकृत करना
distortion *n* विकृति
distract *v* ध्यान भंग करना
distraction *n* अन्यमनस्कता
distraught *adj* विचलित
distress *n* दु:ख
distress *v* व्यथित करना
distressing *adj* दु:खद
distribute *v* वितरण करना
distribution *n* वितरण
district *n* जिला
distrust *n* अविश्वास
distrust *v* अविश्वास करना
distrustful *adj* अविश्वासी
disturb *v* बाधा डालना
disturbance *n* बाधा
disturbing *adj* बेचैन करने वाला
disunity *n* फूट
disuse *n* अप्रयोग
ditch *n* खाई
dive *v* गोता लगाना
diver *n* गोताखोर
diverse *adj* विभिन्नि
diversify *v* भिन्न करना
diversion *n* ध्यानापकर्षण
diversity *n* विभिन्नता
divert *v* मोड़ना
divide *v* बांटना
dividend *n* लाभांश
divine *adj* दैवी
diving *n* डुबकी
divinity *n* दैवी तत्वज्ञ
divisible *adj* विभाज्य
division *n* विभाजन
divorce *n* तलाक
divorce *v* तलाक देना
divorcee *n* तलाकशुदा
divulge *v* भेद खोलना
dizziness *n* चक्कर
dizzy *adj* चक्कर लाने वाला
do *iv* करना
docile *adj* आज्ञापरायण
docility *n* आज्ञापरायणता
dock *n* गोदी
dock *v* डॉक पर लाना
doctor *n* डाक्टर
doctrine *n* सिद्धांत
document *n* दस्तावेज
documentary *n* विवरणत्मक
documentation *n* प्रलेखन
dodge *v* पैंतरेबाजी करना
dog *n* कुत्ता
dogmatic *adj* हठधर्मी
dole out *v* दान करना
doll *n* गुड़िया
dollar *n* डालर
dolphin *n* डॉलफिन
dome *n* गुंबद
domestic *adj* घरेलू
domesticate *v* पालतू बनाना
dominate *v* हावी होना

59 drill

D

domination *n* आधिपत्य
domineering *adj* निरंकुश
dominion *n* प्रभुत्व
donate *v* दान देना
donation *n* दान
donkey *n* गधा
donor *n* दाता
doom *n* कयामत
doomed *adj* नियत बदा
door *n* दरवाजा
doorbell *n* दरवाजे की घंटी
doorway *n* द्वार मार्ग
dope *n* मादक औषध
dormitory *n* शयनशाला
dosage *n* खुराक
dossier *n* कागजों की फाइल
dot *n* बिन्दु
double *adj* दुगुना
double *v* दूना करना
double-cross *v* धोखे से जीत
doubt *n* संदेह
doubt *v* संदेह करना
doubtful *adl* संदेहपूर्ण
dough *n* गुंधा आटा
dove *n* फाखता
down *adv* नीचे
down payment *n* पेशगी
downcast *adj* निराश
downfall *n* पतन
downhill *adv* उतार की ओर
downpour *n* मुसलाधार वार्षा
down-to-earth *adj* अति विनम्र
downtrodden *adj* दलित
downturn *n* वापसी
dowry *n* दहेज
doze *n* झपकी
doze *v* ऊंघना
dozen *n* दर्जन
draft *n* रूपरेखा
drag *v* गलपूर्वक खींचना
drain *v* निष्कासन करना
drainage *n* जलनिकास
dramatic *adj* नाटकीय
dramatize *v* नाटकिय बनाना
drape *n* वस्त्र
drastic *adj* प्रचंड
draw *n* आकर्षण
draw *iv* चित्र बनाना
drawback *n* कमी
drawer *n* दराज
drawing *n* रेखण
dread *v* भयभीत होना
dreaded *adj* भयभीत
dreadful *adj* भयावह
dream *iv* सपना देखना
dream *n* सपना
dress *n* पोशाक
dress *v* कांट-छांट करना
dressing *n* मरहमपट्टी
dried *adj* सुखाया हुआ
drift *v* प्रवाहित करना
drift apart *v* अलग चले जाना
drill *v* छेद करना
drill *n* बरमा मशीन

drink 60

D

drink *iv* शराब पीना
drink *n* पेय
drinkable *adj* पीने योग्य
drinker *n* पियक्कड़
drip *v* टपकना
drip *n* टपकन
drive *n* आंदोलन
drive *iv* (गाड़ी) चलाना
drive at *v* तात्पर्य होना
drive away *v* परे करना
driver *n* चालक
driveway *n* वाहन मार्ग
drizzle *v* फुहार पड़ना
drizzle *n* फुहारी
drop *n* बूंद; गिरावट
drop *v* टपकना
drop in *v* मुलाकात करना
drop off *v* सो जाना
drop out *v* छूट जाना
drought *n* बाड़
drown *v* डूबना
drowsy *adj* उनींदा
drug *n* औषधि
drug *v* दवा देना
drum *n* ड्रम, ढोल
drunk *adj* मदोन्मत्त
drunkenness *n* मदोन्मत्ताता
dry *v* सूखना
dry *adj* सूखा
dryclean *v* निर्जल धुलाई
dryer *n* सुखाने वाला
dual *adj* दोहरा
dubious *adj* संदिग्ध
duck *n* बत्तख
duck *v* डुबकी लगाना
duct *n* वाहिनी
due *adj* नियत
duel *n* द्वंद्व युद्ध
dues *n* बकाया
duke *n* ड्यूक
dull *adj* मन्द
duly *adv* विधिवत्
dumb *adj* मूक; मूढ़
dummy *n* कठपुतली
dummy *adj* नकली
dump *v* धम से गिराना
dump *n* बुद्धि मंदता
dung *n* गोबर
dupe *v* भोलाभाला
duplicate *v* दूसरी प्रति सहित
duplication *n* प्रतिलिपिकरण
durable *adj* टिकाऊ
duration *n* कालावधि
during *pre* के समय
dusk *n* धुंधलका
dust *n* धूल
dusty *adj* धूलधमसरित
Dutch *adj* हालैंड का
duty *n* कर्त्तव्य
dwarf *n* बौना
dwell *iv* निवास करना
dwelling *n* निवास
dwindle *v* संकुचित होना
dye *v* रंगना

61 effectiveness

dye *n* रंग
dying *adj* मरणासन्न
dynamic *adj* गतिशील
dynamite *n* डायनामाइट
dynasty *n* राजवंश

E

each *adj* प्रत्येक
each other *adj* एक दूसरे को
eager *adj* उत्सुक
eagerness *n* उत्सुकता
eagle *n* गरुड़
ear *n* कान; बाली
earache *n* कान का दर्द
eardrum *n* कान का पर्दा
early *adv* शीघ्र
earmark *v* छाप लगाना
earn *v* कमाना
earnestly *adv* गंभीरता से
earnings *n* कमाई
earphones *n* कर्णफोन
earring *n* बाली
earth *n* पृथ्वी
earthquake *n* भूकंप
earwax *n* कान की मैल
ease *v* आराम करना
ease *n* आराम
easily *adv* आसानी से
east *n* पूरब
eastbound *adj* भूमिज
Easter *n* ईस्टर
eastern *adj* पूर्वीय
easterner *n* पुरबिया
eastward *adv* पूरब की ओर
easy *adj* आराम का
eat *iv* खाना
eat away *v* तबाह करना
ebb *v* भाटा आना
eccentric *adj* सनकी
echo *n* गूंज
eclipse *n* ग्रहण
ecology *n* पारिस्थितिकी
economical *adj* मितव्ययी
economize *v* किफायत करना
economy *n* अर्थव्यवस्था
ecstasy *n* अत्यानंद
ecstatic *adj* भावातिरेकी
edge *n* किनारा
edgy *adj* धार वाला
edible *adj* खाद्य
edifice *n* इमारत
edit *v* संपादित करना
edition *n* संस्करण
educate *v* शिक्षित करना
educational *adj* शिक्षा संबंधी
eerie *adj* भयोत्पादक
effect *n* प्रभाव
effective *adj* प्रभावी
effectiveness *n* प्रभाविता

DE

efficiency 62

E

efficiency *n* कुशलता
efficient *adj* कुशल
effigy *n* पुतला
effort *n* प्रयत्न
effusive *adj* भावात्मक
egg *n* अंडा
egg white *n* अंडे की जर्दी
egoism *n* अहंवाद
egoist *n* अहंवादी
eight *adj* आठ
eighteen *adj* अठारह
eighth *adj* आठवां
eighty *adj* अस्सी
either *adv* कोई एक
eject *v* निकाल फेंकना
elapse *v* गुजरना
elastic *adj* लचीला
elated *adj* गर्वित
elbow *n* कोहनी
elder *n* ज्येष्ठ व्यक्ति
elderly *adj* सयाना
elect *v* चुनना
election *n* चुनाव
electric *adj* विद्युत संबंधी
electrician *n* बिजली मिस्त्री
electricity *n* बिजली
electrify *v* विद्युतिकरण
electronic *adj* इलेक्ट्रानिक
elegance *n* प्रांजलता
elegant *adj* प्रांजल
element *n* पदार्थ
elementary *adj* प्राथमिक
elephant *n* हाथी
elevate *v* ऊपर चढ़ाना
elevation *n* उत्थापन
elevator *n* उत्थापन-यंत्र
eleven *adj* ग्यारह
eleventh *adj* ग्यारहवां
eligible *adj* सक्षम
eliminate *v* बर्बाद करना
elm *n* देवदारु
eloquence *n* वाकपटुता
else *adv* अतिरिक्त
elsewhere *adv* अन्यत्र
elude *v* बचे रहना
elusive *adj* भ्रान्तिजनक
emaciated *adj* दुर्बल करना
emanate *v* उत्पन्न होना
emancipate *v* स्वतंत्र करना
embalm *v* शवलेप लगाना
embark *v* सवार होना
embarrass *v* शर्मिंदा होना
embassy *n* दूतावास
embellish *v* अलंकृत करना
embers *n* अंगार
embezzle *v* गबन करना
embitter *v* कटु करना
emblem *n* प्रतीक चिन्ह
embody *v* साकार करना
embrace *v* आलिंगन करना
embrace *n* अलिंगन
embroider *v* कसीदा करना
embroidery *n* कसीदाकारी
embroil *v* झंझट में डालना

63 enjoyment

embryo *n* भ्रूण
emerald *n* पन्ना
emerge *v* उभर कर आना
emergency *n* आपातकाल
emigrant *n* प्रवासी
emigrate *v* उत्प्रवास करना
emission *n* उत्स्राव
emit *v* उत्सर्जन करना
emotion *n* भाव
emotional *adj* भावुक
emperor *n* सम्राट
emphasis *n* बल
emphasize *v* बल देना
empire *n* साम्रज्य
employ *v* नियुक्त करना
employee *n* कर्मचारी
employer *n* मालिक
employment *n* रोजगार
empress *n* साम्राज्ञी
emptiness *n* खालीपन
empty *adj* खाली
empty *v* खाली करना
enable *v* समर्थ करना
enchant *v* मंत्रमुग्ध करना
enchanting *adj* मोहक
encircle *v* घेरा डालना
enclave *n* विदेशी अंत:क्षेत्र
enclose *v* बंद करना
enclosure *n* बाड़ा
encompass *v* परिवृत करना
encounter *v* मुठभेड़ होना
encounter *n* मुठभेड़
encourage *v* प्रोत्साहित करना
encroach *v* अतिक्रमण करना
encyclopedia *n* विश्वकोश
end *n* समापन
end *v* समाप्त करना
end up *v* समाप्त होना
endanger *v* खतरे में डालना
endeavor *v* प्रयत्न करना
endeavor *n* प्रयास
ending *n* समाप्ति
endless *adj* अंतहीन
endorse *v* लादना
endorsement *n* अनुमोदन
endure *v* सहना
enemy *n* शत्रु
energetic *adj* ऊर्जावान
energy *n* ऊर्जा
enforce *v* लागू करना
engage *v* उलझाना
engaged *adj* वचनबद्ध
engagement *n* व्यस्तता; सगाई
engine *n* इंजन; मशीन
engineer *n* इंजीनियर
England *n* इंगलैंड
English *adj* अंग्रेजी
engrave *v* नक्काशी करना
engraving *n* नक्काशी
engulf *v* निगल जाना
enhance *v* वृद्धि करना
enjoy *v* आनंद करना
enjoyable *adj* आनंददायी
enjoyment *n* आनंद

enlarge 64

E

enlarge *v* विस्तृत करना
enlargement *n* विस्तारण
enlighten *v* प्रबुद्ध करना
enlist *v* सूची बद्ध करना
enormous *adj* बहुत बड़ा
enough *adv* पर्याप्त
enrage *v* गुस्सा दिलाना
enrich *v* संपन्न बनाना
enroll *v* नामांकन करना
enrollment *n* नामांकन
ensure *v* सुनिश्चित करना
entangle *v* जटिल बनाना
enter *v* प्रवेश करना
enterprise *n* उपक्रम
entertainment *n* मनोरंजन
enthrall *v* दास बनाना
enthuse *v* जोश में आना
enthusiasm *n* जोश
entice *v* फुसलाना
enticement *n* फुसलाहट
enticing *adj* प्रलोभनकारी
entire *adj* समग्र
entirely *adv* पूर्णरूप से
entrance *n* प्रवेश
entreat *v* प्रार्थना करना
entree *n* प्रविष्टि
entrenched *adj* घेराबंद
entrepreneur *n* उद्यमी
entrust *v* सौंपना
entry *n* प्रवेश
enumerate *v* गिनना
envelop *v* ढकना
envelope *n* लिफाफा
envious *adj* ईर्ष्यालु
environment *n* पर्यावरण
envoy *n* उपसंहार
envy *n* ईर्ष्या
envy *v* ईर्ष्या करना
epidemic *n* संक्रमक
epilepsy *n* मिरगी
episode *n* घटना
epistle *n* संदेश पत्र
epitaph *n* स्मृतिलेख
epitomize *v* संक्षेप करना
epoch *n* युग
equal *adj* समान
equality *n* समानता
equate *v* समीकरण करना
equation *n* समीकरण
equator *n* विषुवत् रेखा
equilibrium *n* संतुलन
equip *v* लैस करना
equipment *n* साजसामान
equivalent *adj* सममूल्य
era *n* सन्
eradicate *v* उन्मूलन करना
erase *v* मिटाना
eraser *n* रबड़
erect *v* सीधा खड़ा होना
erect *adj* सीधा
err *v* गलती करना
errand *n* दूतकार्य
erroneous *adj* भ्रांतिपूर्ण
error *n* अशुद्धि

excel

erupt *v* फूटना
eruption *n* विस्फोट
escalate *v* बड़ना
escapade *n* पलायन
escape *v* पलायन करना
escort *n* पहरा
esophagus *n* भोजन नलिका
especially *adv* विशेषरूप से
espionage *n* जासूसी
essay *n* निबंध
essence *n* सार
essential *adj* अपरिहार्य
establish *v* स्थापना करना
estate *n* जायदाद
esteem *v* सम्मान करना
estimate *v* मूल्यांकन करना
estimation *n* मूल्यांकन
estranged *adj* विच्छिन्न
estuary *n* नदमुख
eternity *n* अनंतता
ethical *adj* नैतिक
ethics *n* नैतिकता
etiquette *n* शिष्टाचार
euphoria *n* उल्लासोन्माद
Europe *n* युरोपीय
European *adj* युरोपीय
evacuate *v* खाली करना
evade *v* टालमटोल करना
evaluate *v* मूल्यांकन करना
evaporate *v* वाष्पित करना
evasion *n* टालमटोल
evasive *adj* अस्पष्ट

eve *n* पूर्वसंध्या
even *adj* सम
even if *c* फिर भी
even more *c* इससे अधिक
evening *n* शाम
event *n* विशेष घटना
eventuality *n* संभाव्यता
eventually *adv* अंततः
ever *adv* हमेशा
everlasting *adj* अनंतता
every *adj* प्रत्येक
everybody *pro* प्रत्येक व्यक्ति
everyday *adj* प्रति दिन
everyone *pro* सभी
everything *pro* सभी कुछ
evict *v* बेदखल करना
evidence *n* सबूत
evil *n* बुराई
evil *adj* बुरा
evoke *v* आह्वान करना
evolution *n* विकास
evolve *v* विकसित होना
exact *adj* सुनिश्चित
exalt *v* उन्नत करना
examination *n* परीक्षा
examine *v* जांचना
example *n* उदाहरण
exasperate *v* भड़काना
excavate *v* खुदाई करना
exceed *v* अतिक्रमण करना
exceedingly *adv* अधिकरूप से
excel *v* उत्कृष्ट होना

excellence 66

E

excellence *n* श्रेष्ठता
excellent *adj* श्रेष्ठता
except *pre* के अतिरिक्त
exception *n* अपवाद
exceptional *adj* अपवादात्मक
excerpt *n* उद्धरण
excess *n* अधिकता
excessive *adj* अतिशय
exchange *v* विनिमय
excite *v* जागृत करना
excitement *n* उत्तेजना
exciting *adj* उत्तेजक
exclaim *v* चिल्ला उठना
exclude *v* बहिष्कृत करना
excruciating *adj* मर्मभेदक
excursion *n* चढ़ाई
excuse *v* क्षमा करना
excuse *n* क्षमा
execute *v* कार्यान्वित करना
executive *n* कार्यपालिका
exemplary *adj* अनुकरणीय
exemplify *v* उदाहरण देना
exempt *adj* विमुक्त
exemption *n* छुटकारा
exercise *n* अभ्यास
exercise *v* अभ्यास करना
exert *v* प्रयास करना
exertion *n* प्रयास; परिश्रम
exhaust *v* खाली कर देना
exhausting *adj* थकाने वाला
exhaustion *n* थकान
exhibit *v* प्रदर्शित करना
exhibition *n* प्रदर्शन
exhilarating *adj* आनंददायक
exhort *v* प्रेरित करना
exile *v* निर्वासित करना
exile *n* निर्वासन
exist *v* अस्तित्व रखना
existence *n* अस्तित्व
exit *n* निकास
exodus *n* निर्गमन
exonerate *v* निर्दोष ठहराना
exorbitant *adj* हद से ज़्यादा
exorcist *n* भूत निवारक
exotic *adj* विदेशी
expand *v* विस्तार पाना
expansion *n* विस्तार
expect *v* प्रतीक्षा करना
expectancy *n* प्रत्याशा
expectation *n* अपेक्षा
expediency *n* उपयुक्तता
expedient *adj* उचित
expedition *n* अभियान
expel *v* निष्कासित करना
expenditure *n* लागत
expense *n* खर्चा
expensive *adj* खर्चीला
experience *n* अनुभव
experiment *n* प्रयोग
expert *adj* विशेषज्ञ
expiate *v* प्रायश्चित्त करना
expiation *n* प्रायश्चित्त
expiration *n* समाप्ति
expire *v* श्वास छोड़ना

67 fact

explain *v* व्याख्या करना
explicit *adj* सुस्पष्ट
explode *v* विस्फोट करना
exploit *v* शोषण करना
exploit *n* कारनामा
explore *v* अन्वेषण करना
explorer *n* अन्वेषक
explosion *n* विस्फोट
explosive *adj* विस्फोटक
explotation *n* शोषण
export *v* निर्यात करना
expose *v* भंडा फोड़ना
exposed *adj* अरक्षित
express *adj* शीघ्रता के साथ
express *v* जाहिर करना
expression *n* अभिव्यक्ति
expulsion *n* निर्वासन
exquisite *adj* उत्कृष्ट
extend *v* विस्तार देना
extension *n* विस्तरण
extent *n* सीमा
exterior *adj* बाहरी
exterminate *v* बर्बाद करना
external *adj* बाहरी
extinct *adj* विलुप्त
extinguish *v* बुझाना
extortion *n* जबरदस्ती वसूली
extra *adv* अतिरिक्त
extract *v* ऐंठना
extradition *n* देश को लौटाना
extraneous *adj* बाहरी
extravagance *n* फिजूलखर्ची
extravagant *adj* फिजूलखर्च
extreme *adj* अत्यधिक
extremist *adj* अतिवादी
extremities *n* चरमसीमा
extricate *v* छुड़ाना
extroverted *adj* बहिरमुखी
exude *v* रिसना
exult *v* उल्लसित होना
eye *n* आंख
eyebrow *n* भौंह
eye-catching *adj* आकर्षक
eyeglasses *n* चश्मा
eyelash *n* पलक
eyelid *n* पपोट
eyesight *n* दृष्टि
eyewitness *n* चश्मदीद गवाह

F

fable *n* नीतिकथा
fabric *n* वस्त्र
fabricate *v* रचना करना
face *n* चेहरा
face up to *v* सामना करना
facet *n* पक्ष मुखिय
facilitate *v* सुगम करना
facing *pre* के सामने
fact *n* तथ्य

factor 68

F

factor *n* कारक
factory *n* कारखाना
factual *adj* तथ्यपरक
faculty *n* संकाय
fad *n* सनक
faded *adj* फीका
fail *v* असफल होना
failure *n* असफलता
faint *v* अशक्त
faint *n* मूर्छोन्मुख
faint *adj* अस्पष्ट
fair *adj* तर्कसंगत
fairness *n* स्वच्छता
fairy *n* परी
faith *n* भरोसा; धर्म
faithful *adj* विश्वसनीय
fake *v* छल-कपट करना
fake *adj* नकली
fall *n* पतन; प्रपात
fall *iv* गिरना
fall back *v* पीठ दिखाना
fall behind *v* पिछड़ जाना
fall down *v* निचे गिरना
fall through *v* असफल होना
fallacy *n* भुलावा
fallout *n* असफलता
falsehood *n* मिथ्या
falsify *v* जालसाजी करना
falter *v* लड़खड़ाना
fame *n* प्रसिद्धि
familiar *adj* सुपरिचित
family *n* परिवार
famine *n* आकाल
famous *adj* प्रसिद्ध
fan *n* पंखा; सनकी
fanatic *adj* धर्मांध
fancy *adj* ललित कल्पना
fang *n* पंजा
fantastic *adj* अतिकाल्पनिक
fantasy *n* कल्पना
far *adv* दूरी पर
faraway *adj* बहुत दूर
farce *n* भराव
fare *n* यात्रा
farewell *n* विदायी
farm *n* खेत
farmer *n* किसान
farming *n* खेती
farmyard *n* फार्म पशु अहाता
farther *adv* आगे की ओर
fascinate *v* सम्मोहित करना
fashion *n* प्रचलन; फैशन
fashionable *adj* फैशनप्रिय
fast *adj* शीघ्र
fasten *v* बांधना
fat *n* मोटा
fat *adj* मोटापा
fatal *adj* भाग्य का
fate *n* भाग्य
fateful *adj* भाग्यशाली
father *n* पिता
fatherhood *n* पितृत्व
father-in-law *r* ससुर
fatherly *adj* पितृवत

69 fidelity

fathom out *v* थाह लेना
fatigue *n* थकान
fatten *v* मोटा होना
fatty *adj* मोटा
faucet *n* नलका
fault *n* भूल
faulty *adj* दोषपूर्ण
favor *n* अनुग्रह
favorable *adj* अनुकूल
favorite *adj* पसंदीदा
fear *n* डर
fearful *adj* डरावना
feasible *adj* व्यवहारिक
feast *n* दावत
feat *n* साहसपूर्ण कार्य
feather *n* पंख
feature *n* काया
February *n* फरवरी
fed up *adj* उबा हुआ
federal *adj* संघीय
fee *n* शुल्क
feeble *adj* दुर्बल
feed *iv* भोजन करना
feedback *n* प्रतिपुष्टि
feel *iv* अनुभव करना
feeling *n* संवेदना
feelings *n* भावनाएं
feet *n* पांव
feign *v* गढ़ना
fellow *n* सहकारी
fellowship *n* शिक्षावृत्ति
felon *n* आततायी
felony *n* महापराध
female *n* महिला; मादा
feminine *adj* स्त्री जैसा
fence *n* बाड़ा
fencing *n* बाड़ा लगाना
fend *v* निवारण करना
fend off *v* रक्षित
fender *n* जंगला
ferment *v* खमीर दठाना
ferment *n* खमीर
ferocious *adj* खूंखार
ferocity *n* निर्दयता
ferry *n* नाव
fertile *adj* उर्वर
fertility *n* उर्वरता
fertilize *v* उर्वर बनाना
fervent *adj* जाशीला
fester *v* सड़ना
festive *adj* उल्लासमय
festivity *n* चहल-पहल
fetid *adj* बदबूदार
fetus *n* भ्रूण
feud *n* कलह
fever *n* बुखार
few *adj* बहुत थोड़ा
fewer *adj* थोड़ा ही
fiancé *n* मंगेतर
fiber *n* रेशा
fickle *adj* चंचल
fictitious *adj* काल्पनिक
fiddle *n* बेला; वायलिन
fidelity *n* संलग्नता

F

field 70

F

field *n* मैदान
fierce *adj* भीषण
fiery *adj* आग का
fifteen *adj* पंद्रह
fifth *adj* पांचवा
fifty *adj* पचास
fifty-fifty *adv* आध-आधा
fig *n* अंजीर
fight *iv* युद्ध करना
fight *n* युद्ध
fighter *n* योद्धा
figure *n* आकृति
figure out *v* जानना
file *v* फाइल में रखना
file *n* मिसिल; पंक्ति
fill *v* भरना
filling *n* भराव
film *n* सिनेमा
filter *n* छन्नी
filter *v* छानना
filth *n* कचरा
filthy *adj* गंदा
fin *n* बाज
final *adj* अंतिम
finalize *v* अंतिम रूप देना
finance *v* वित्त
financial *adj* वित्तीय
find *iv* खोजना
find out *v* जानना
fine *n* अनियारा
fine *v* बढ़िया बनाना
fine *adv* अच्छी बात है
fine *adj* उत्तम
fine print *n* उत्तम छपाई
finger *n* उंगली
fingernail *n* उंगली का नाखुन
fingertip *n* चुटकी
finish *v* समाप्त करना
Finland *n* फिनलैंड (देश)
fire *v* आग लगाना
fire *n* आग
firearm *n* अग्नेयास्त्र
firecracker *n* पटाखे
firefighter *n* आग बुझाने वाले
fireplace *n* अंगीठी
firewood *n* काष्ठ इंधन
fireworks *n* आतिशबाजी
firm *adj* दृढ़
firm *n* दृढ़ व्यक्ति
firmness *n* दृढ़ता
first *adj* प्रथम
fish *n* मछली
fisherman *n* मछुआरा
fishy *adj* संदिग्ध
fist *n* मुक्का
fit *n* योग्य
fit *v* योग्य होना
fitness *n* दुरुस्ती
fitting *adj* उपयुक्त
five *adj* पांच
fix *v* जमाना
fjord *n* दंतुर तट
flag *n* झंडा
flagpole *n* ध्वज-दंड

flamboyant *adj* भड़कीला
flame *n* आग की लपट
flammable *adj* ज्वलनशील
flank *n* बगल
flare *n* उमड़ना
flare-up *v* धधकना
flash *n* चौंध
flashlight *n* कौंध प्रकाश
flashy *adj* आडंबरपूर्ण
flat *n* समतल भूमि
flat *adj* सपाट
flatten *v* समतल करना
flatter *v* चापलूसी करना
flattery *n* चापलूसी
flaunt *v* इतराना
flavor *n* स्वाद
flaw *n* आवेश; फाहा
flawless *adj* त्रुटिहीन
flea *n* पिस्सू
flee *iv* भागना
fleece *n* ऊन
fleet *n* चुस्त
fleeting *adj* द्रुतगामी
flesh *n* मांस
flex *v* झुकना
flexible *adj* लचीला
flicker *v* पंख फड़फड़ाना
flier *n* भगोड़ा व्यक्ति
flight *n* उड़ान; पलायन
flimsy *adj* झीना
flip *v* चुटकी बजाना
flirt *v* झूठा प्यार जताना
float *v* तैरना
flock *n* झुंड
flog *v* कोड़े लगाना
flood *v* बाढ़
floodgate *n* बाढ़ द्वार
flooding *n* आप्लावन
floodlight *n* पूरप्रदीपक
floor *n* मंजिल; फर्श
flop *n* विफलता
floss *n* कच्चा रेशम
flour *n* आटा
flourish *v* समृद्ध होना
flow *v* बहना
flow *n* प्रवाह
flower *n* फूल
flowerpot *n* गुल्दस्ता
flu *n* फ्लू
fluctuate *v* उतार-चढ़ाव होना
fluently *adv* धारा प्रवाह
fluid *n* तरल
flunk *v* नीचे गिरना
flush *v* आकस्मित प्रवाह
flute *n* बांसुरी
fly *iv* उड़ना
fly *n* मक्खी
foam *n* फेन
focus *n* केंद्रण
focus on *v* पर केंद्रित करना
foe *n* शत्रु
fog *n* कुहरा
foggy *adj* कुहरेदार
foil *v* हराना

F

fold 72

F

fold *v* तह
folder *n* तह करने वाला
folks *n* लोक
folksy *adj* मिलनसार
follow *v* पिछा करना
follower *n* अनुयायी
folly *n* मूर्खता
fond *adj* चाहने वाला
fondle *v* पुचकारना
fondness *n* दुलार
food *n* भोजन
foodstuff *n* खाद्य पदार्थ
fool *v* मूर्ख बनाना
fool *adj* मूर्ख
foolproof *adj* सुस्पष्ट
foot *n* पैर
football *n* फुटबॉल
footnote *n* पाद टिप्पणी
footprint *n* पांव के निशान
footstep *n* कदम
for *pre* के लिए
forbid *iv* मना करना
force *n* बल
force *v* बल देना
forceful *adj* बलपूर्ण
forcibly *adv* बलपूर्वक
forecast *iv* पूर्वानुमान
forefront *n* अग्रभाग
foreground *n* अग्रभूमि
forehead *n* ललाट
foreign *adj* विदेशी; पराया
foreigner *n* विदेशी
foreman *n* अधिकर्मी
foremost *adj* सर्वोत्तम
foresee *iv* पूर्वदर्शन करना
foreshadow *v* पूर्वाभास देना
foresight *n* दूरदर्शिता
forest *n* जंगल
foretaste *n* पूर्वास्वादन
foretell *v* पूर्वकथन करना
forever *adv* हमेशा
forewarn *v* पूर्व चेतावनी देना
foreword *n* आगे बढ़ाना
forfeit *v* जुर्माना
forge *v* ढालना
forgery *n* जालसाजी
forget *v* भूलजाना
forgivable *adj* माफ करने योग्य
forgive *v* क्षमा
forgiveness *n* क्षमाशीतला
fork *n* कांटा
form *n* आकार
formal *adj* औपचारिक
formality *n* औपचारिकता
format *n* बाह्यरूप
formation *n* आकार ग्रहण
former *adj* पूर्व
formerly *adv* पहले
formidable *adj* भयानक
formula *n* सिद्धांत
forsake *iv* छोड़ देना
fort *n* किला
forthcoming *adj* आगामी
forthright *adj* सीधा

73 friendship

fortify *v* किलेबंदी करना
fortitude *n* धैर्य
fortress *n* दुर्ग
fortunate *adj* भाग्यशाली
fortune *n* भाग्य
forty *adj* चालीस
forward *adv* आगे की ओर
fossil *n* जीवाश्म
foster *v* पालना-पोसना
foul *adj* गंदा
foundation *n* बुनियाद; स्थापना
founder *n* संस्थापक
foundry *n* ढलाईखाना
fountain *n* फव्वारा
four *adj* चार
fourteen *adj* चौदह
fourth *adj* चौथा
fox *n* लोमड़ी
foxy *adj* चालाक
fraction *n* अंश
fracture *n* अस्थिभंग
fragile *adj* नाज़ुक
fragment *n* खंड
fragrance *n* सुगंध
fragrant *adj* सुगंधित
frail *adj* कोमल
frailty *n* दुर्बलता
frame *n* शरीर; ढांचा
frame *v* गठन करना
framework *n* ढांचा; रूपरेखा
France *n* फ्रांस
franchise *n* मतदान योग्ता
frank *adj* स्पष्ट
frankly *adv* स्पष्टत
frankness *n* स्पष्टता
frantic *adj* विक्षिप्त
fraternal *adj* भ्रात्रीय
fraternity *n* बंधुत्व
fraud *n* चालबाज
fraudulent *adj* कपटपूर्ण
freckle *n* धब्बा
freckled *adj* धब्बेदार
free *v* मुक्त होना
free *adj* मुक्त; मुफ्त
freedom *n* स्वतंत्रता
freeway *n* मुक्त रास्ता
freeze *iv* जमना
freight *n* भार
French *adj* फ्रांस का
frenetic *adj* विक्षिप्त
frenzied *adj* आवेशित
frenzy *n* उत्तेजना
frequency *n* वारंवारता
frequent *adj* वारंवार
frequent *v* वारंवार होना
fresh *adj* ताजा
freshen *v* ताजा करना
freshness *n* ताजगी
friar *n* संन्यासी
friction *n* घर्षण
Friday *n* शुक्रवार
fried *adj* तला हुआ
friend *n* दोस्त
friendship *n* दोस्ती

F

fries *n* तलाभुना
frigate *n* फ्रिगेट
fright *n* डर
frighten *v* डराना
frightening *adj* डराने वाला
fringe *n* धारी; किनारा
frivolous *adj* छिछोर
frog *n* मेंढ़क
from *pre* से
front *n* आगा; मोरचा
front *adj* सामने का
frontage *n* अग्रभाग
frontier *n* सीमा
frost *n* हिम
frostbite *n* हिमाघात
frostbitten *adj* हिगलित
frosty *adj* सर्द
frown *v* भौंहे चढ़ाना
frozen *adj* जमा हुआ
frugal *adj* मितव्यी
frugality *n* मितव्ययिता
fruit *n* फल
fruitful *adj* लाभदायक
fruity *adj* फल जैसा
frustrate *v* कुंठित होना
frustration *n* कुंठा
fry *v* तलना
frying pan *n* कड़ाई
fuel *n* इंधन
fuel *v* इंधन भरना
fugitive *n* भगोड़ा
fulfill *v* पूराकरना
fulfillment *n* लक्ष्य प्राप्ति
full *adj* भरा हुआ
fully *adv* पूरी तरह
fumes *n* धुंआ
fumigate *v* धुमित करना
fun *n* मौज-मस्ती
function *n* कार्य; समारोह
fund *n* निधि
fund *v* फंड देना
fundamental *adj* मूलभूत
funds *n* धनराशि
funeral *n* अंत्येष्टि
fungus *n* फफूंद
funny *adj* मजाकिया
fur *n* फर
furious *adj* क्रोधोन्मतत्
furiously *adv* क्रोधपूर्ण
furnace *n* भट्ठी
furnish *v* सुसज्जित करना
furniture *n* मेज-कुर्सी आदि
furor *n* आवेश
furrow *n* खांचा
furry *adj* समूरिया
further *adv* आगे
furthermore *adv* इसके अतिरिक्त
fury *n* प्रकोप
fuse *n* संयोजन; फ्युज
fusion *n* समेकन
fuss *n* हंगामा
fussy *adj* हड़बड़ी करने वाला
futile *adj* व्यर्थ
futility *n* व्यर्थता

future *n* भविष्य
fuzzy *adj* रोएंदार

G

gadget *n* छोटा यंत्र
gag *n* हंसी मजाक
gag *v* जबान बंद करना
gage *v* बंधक रखना
gain *v* लाभ होना
gain *n* लाभ
galaxy *n* आकाश गंगा
gale *n* गेल
gall bladder *n* पित्ताशय
gallant *adj* वीर
gallery *n* गलियारा
gallop *v* सरपट दौड़ना
gallows *n* फांसी का तख्ता
galvanize *v* उत्तेजित करना
gamble *v* जुआ खेलना
game *n* खेल; शिकार
gang *n* गिरोह
gangrene *n* विगलन
gangster *n* अताताई
gap *n* दरार; अंतर
garage *n* गराज
garbage *n* कूड़ा
garden *n* बागीचा

gardener *n* माली
gargle *v* गरारे करना
garland *n* माला
garlic *n* लहसुन
garment *n* कपड़ा
garnish *v* सजाना
garnish *n* खाद्य सजावट
garrison *n* रक्षक-सेना
garrulous *adj* बातूनी
garter *n* मोजाबंद
gas *n* गैस
gash *n* बातूनी
gasoline *n* पेट्रोल
gasp *v* हांफना
gastric *adj* जठरांत्रीय
gate *n* द्वार
gather *v* जमा होना
gathering *n* सभा
gauge *v* मापना
gauze *n* जाली, गॉज
gaze *v* घूरना
gear *n* साज-सामान
geese *n* हंस
gem *n* रत्न
gender *n* लिंग
gene *n* जीन
general *n* साधारण
generalize *v* सामान्यीकरण
generate *v* उत्पन्न करना
generation *n* पीढ़ी
generator *n* उत्पादक
generic *adj* जेनरिक

generosity 76

generosity *n* उदारता
genetic *adj* आनुवंशिक
genial *adj* वैवाहिक
genius *n* प्रतिभावान
genocide *n* जन संहार
genteel *adj* कुलीन
gentle *adj* भद्र
gentleman *n* भद्र जन
gentleness *n* भद्रता
genuflect *v* घुटने टेकना
genuine *adj* असली
geography *n* भूगोल
geology *n* भूविज्ञान
geometry *n* रेखागणित
germ *n* बीज
German *adj* जर्मनी का
Germany *n* जर्मनी
germinate *v* उगाना
gerund *n* क्रियार्थसंज्ञा
gestation *n* गर्भावस्था
gesticulate *v* इशारा करना
gesture *n* भंगिमा
get *iv* पाना
get along *v* बढ़ना
get away *v* पलायन
get back *v* वापस पाना
get by *v* से पाना
get down *v* नीचे जाना
get down to *v* झुकना
get in *v* अंदर आना
get off *v* बच निकलना
get out *v* दूर हटाना
get over *v* उबरना
get together *v* भेंट
get up *v* सजावट
geyser *n* गीजर
ghastly *adj* मृतवत
ghost *n* भूत
giant *n* दानव
gift *n* उपहार
gifted *adj* प्रतिभा संपन्न
gigantic *adj* दैत्याकार
giggle *v* हीं-हीं करना
gimmick *n* शोशेबाजी
ginger *n* अदरख
gingerly *adv* डरते-डरते
giraffe *n* जिराफ
girl *n* लड़की
girlfriend *n* प्रेमिका
give *iv* देना
give away *v* दे डालना
give back *v* वापस करना
give in *v* झुक जाना
give out *v* दे देना
give up *v* त्याग देना
glacier *n* हिमनद
glad *adj* प्रसन्न
gladiator *n* ग्लैडियेटर
glance *n* दृष्टिपात
gland *n* ग्रंथि
glare *n* चौंध
glass *n* शीशा
glasses *n* चशामा
glassware *n* कांच के बर्तन

gleam *n* चमक
gleam *v* चमकना
glide *v* धीरे-धीरे फिसलना
glimmer *n* टिमटिमाना
glimpse *n* झलक
glimpse *v* झलक पाना
glitter *v* चमकना
globe *n* गोलक; पृथ्वी
globule *n* गोलिका
gloom *n* अंधकार
gloomy *adj* अंधकारमय
glorify *v* गौरवान्वित करना
glorious *adj* गौरवपूर्ण
glory *n* कीर्ति
gloss *n* पार्श्व टिप्पणी
glossary *n* शब्दावली
glossy *adj* कुतर्कपूर्ण व्याख्या
glove *n* दस्ताना
glow *v* उद्दीप्त होना
glucose *n* ग्लूकोज
glue *n* गोंद
glue *v* चिपकाना
glut *n* भकोसना
glutton *n* पेटू
gnaw *v* कुतरना
go *iv* जाना
go ahead *v* आगे जाना
go away *v* दूर जाना
go back *v* वापस जाना
go down *v* डूबना
go in *v* अन्दर जाना
go on *v* जारी रखना
go over *v* छानबीन करना
go through *v* पूरा करना
go under *v* पुकारा जाना
go up *v* उपर जाना
goad *v* अंकुश
goal *n* लक्ष्य; गोल
goalkeeper *n* गोलकीपर
goat *n* बकरी
gobble *v* भकोसना
God *n* भगवान
goddess *n* देवी
godless *adj* ईश्वरहीन
goggles *n* धूप का चश्मा
gold *n* सोना
golden *adj* सुनहरा
good *adj* अच्छा
good-looking *adj* सुदंर
goodness *n* अच्छाई
goods *n* सामान
goodwill *n* सद्भावना
goof *v* गलती करना
goof *n* बुद्धू
goose *n* हंस
gorge *n* तंग घाटी
gorgeous *adj* शानदार
gorilla *n* गोरिल्ला
gory *adj* लहुलुहान
gospel *n* ईसोपदेश
gossip *v* गप-शप करना
gossip *n* गप-शप
gout *n* गठिया
govern *v* शासन करना

G

government 78

G

government *n* सरकार
governor *n* राज्यपाल
gown *n* लबादा
grab *v* छीनना
grace *n* शालीनता
graceful *adj* शालीन
gracious *adj* करुणामय
grade *n* श्रेणी
gradual *adj* क्रमिक
graduate *v* स्नातक होना
graduation *n* स्नातक उपाधी
graft *v* पैबंद लगाना
graft *n* पैबंद
grain *n* अनाज
gram *n* ग्राम
grammar *n* व्याकरण
grand *adj* विशाल
grandchild *n* पोता-पोती
granddad *n* दादा, नाना
grandfather *n* दादा, नाना
grandmother *n* दादी, नानी
grandparents *n* दादा-दादी
grandson *n* पोता
granite *n* ग्रेनाइट
granny *n* दादी, नानी
grant *v* देना
grant *n* दान
grape *n* अंगूर
grapefruit *n* अंगूर
grapevine *n* अंगूर की शराब
graphic *adj* आलेखी
grasp *n* पकड़
grasp *v* छीनना
grass *n* घास
grassroots *adj* आधार, जड़
grateful *adj* कृतज्ञ
gratify *v* तुष्ट करना
gratifying *adj* सुखद
gratitude *n* आभार
gratuity *n* इनाम
grave *adj* गंभीर
grave *n* कब्र
gravel *n* बजरी
gravely *adv* गंभीरतापूर्ण
gravestone *n* समाधि प्रस्तर
graveyard *n* कब्रिस्तान
gravitate *v* आकर्षित करना
gravity *n* गुरुत्व
gravy *n* शोरबा
gray *adj* धूसर
grayish *adj* धूसरित
graze *v* चरना
graze *n* खरोंच; रगड़
grease *v* चरबी लगाना
grease *n* चरबी
greasy *adj* चरबीयुक्त
great *adj* महान
greatness *n* महानता
Greece *n* ग्रीस
greed *n* लालच
greedy *adj* लालची
Greek *adj* ग्रीक
green *adj* हरा
green bean *n* हरा सेम

79 guile

greenhouse *n* ग्रीनहाउस
Greenland *n* ग्रीनलैंड
greet *v* नमस्कार करना
greetings *n* अभिवादन
gregarious *adj* सामूहिक
grenade *n* हथगोला
greyhound *n* ग्रेहाउंड कुत्ता
grief *n* शोक
grievance *n* शिकायत
grieve *v* दु:ख देना
grill *v* आग पर भूनना
grill *n* जाली
grim *adj* भयंकर
grimace *n* मुख-विकृत
grime *n* कालिख
grind *iv* पीसना
grip *v* पकड़ना
grip *n* पकड़
gripe *n* जकड़
grisly *adj* वीभत्स
groan *v* कराहना
groan *n* कराह
groceries *n* किराना
groin *n* वंक्षण
groom *n* दूल्हा
groove *n* खांचा
gross *adj* स्थूल; लज्जाजनक
grossly *adv* लज्जापूर्ण
grotesque *adj* विकृत
grotto *n* गुहा
grouch *v* खीझना
grouchy *adj* खीझने वाला
ground *n* जमीन
ground floor *n* निचली मंजिल
groundless *adj* आधारहीन
groundwork *n* जमीनी काम
group *n* समूह
grow *iv* उगना
grow up *v* वयस्क होना
growl *v* गुर्राना
grown-up *n* वयस्क
growth *n* विकास
grudge *n* दुर्भाव
grudgingly *adv* दुर्भावयुक्त
gruelling *adj* कठोर बर्ताव
gruesome *adj* वीभत्स
grumble *v* बड़बड़ना
grumpy *adj* रूखा
guarantee *v* गारंटी देना
guarantee *n* गारंटी, जमानत
guarantor *n* गारंटी दाता
guard *n* रक्षक
guardian *n* अभिभावक
guerrilla *n* गोरिल्ला
guess *v* अनुमान लगाना
guess *n* अनुमान
guest *n* अतिथि
guidance *n* मार्गदर्शन
guide *v* मार्गदर्शन करना
guide *n* मार्गदर्शक
guidebook *n* संदर्शिका
guidelines *n* निर्देश
guild *n* शिल्प संघ
guile *n* छल-कपट

G

guillotine 80

guillotine *n* गिलोटीन
guilt *n* अपराध
guilty *adj* अपराधी
guise *n* वेश
guitar *n* गिटार
gulf *n* खाड़ी
gull *n* गल
gullible *adj* भोला-भाला
gulp *v* गटकना
gulp *n* कौर
gulp down *v* निगल जाना
gum *n* गोंद; छल-कपट
gun *n* बंदूक
gun down *v* हथियार डालना
gunfire *n* गोलाबारी
gunman *n* सशस्त्र व्यक्ति
gunpowder *n* बारूद
gust *n* मजा
gusto *n* जोश
gusty *adj* मजेदार
gut *n* आहार नली
guts *n* साहस
gutter *n* मल नाली
guy *n* रस्सा
guzzle *v* भकोसना
gymnasium *n* व्यायामशाला
gynecology *n* स्त्रीरोग विशेषज्ञ
gypsy *n* बंजारा

H

habit *n* आदत
habitable *adj* निवास्य
habitual *adj* आदतानुसार
hack *v* काटना
haggle *v* मोल-तोल
hail *n* शुभ कामना
hail *v* शुभ कामना देना
hair *n* बाल
haircut *n* केश कर्तन
hairdo *n* केश सज्जा
hairdresser *n* केश प्रसाधक
hairpiece *n* हेयरपीस
hairy *adj* बालों से भरा
half *n* आधा भाग
half *adj* आधा
hall *n* प्रधान कक्ष
hallucinate *v* निर्मूल भ्रम होना
hallway *n* प्रवेश द्वार
halt *v* रूकना
halve *v* आधा-आधा बांटना
ham *n* सुखाया मांस
hamburger *n* हैम्बर्गर
hamlet *n* उपग्राम
hammer *n* हथौड़ा
hammock *n* जालीदार कपड़ा
hand *n* हाथ
hand down *v* सौंपना
hand in *v* देना
hand out *v* भीख देना

81 hatred

hand over *v* सुपुर्द करना
handbag *n* सफरी थैला
handbook *n* पुस्तिका
handcuff *v* हथकड़ी लगाना
handcuffs *n* हथकड़ी
handful *n* मुट्ठी भर
handgun *n* हैंडगन
handicap *n* अपाहिज
handkerchief *n* रुमाल
handle *v* पकड़ना
handle *n* हत्था
handmade *adj* हस्तनिर्मित
handout *n* भीख
handrail *n* जंगला, रेलिंग
handshake *n* हाथ मिलाना
handsome *adj* सुंदर
handwritting *n* लिखावट
handy *adj* सुविधाजनक
hang *iv* टांगना
hang on *v* रुकना
hang up *v* लटकाना
hanger *n* लटकाने वाला
hangup *n* लटकाना
happen *v* घट जाना
happening *n* घटना
happiness *n* खुशी
happy *adj* खुश
harass *v* तंग करना
harassment *n* उत्पीड़न
harbor *n* बंदरगाह
hard *adj* कठोर
harden *v* कठोर करना
hardly *adv* बमुश्किल
hardness *n* कठोरता
hardship *n* मेहनत
hardware *n* हार्डवेयर
hardwood *n* सख्त लकड़ी
hardy *adj* सख्त
hare *n* खरगोश
harm *v* हानी पहुंचाना
harm *n* हानी
harmful *adj* हानिकारक
harmless *adj* अहानिकारक
harmony *n* सुसंगतता
harp *n* वीणा
harpoon *n* कांटेदार बर्छी
harrowing *adj* उत्पीड़क
harsh *adj* रूखा
harshly *adv* कठोरता पूर्वक
harshness *n* रूखापन
harvest *n* खेती
harvest *v* खेती करना
hashish *n* भांग
hassle *v* परेशान करना
hassle *n* झंझट
haste *n* शीघ्रता
hasten *v* गतिवान बनाना
hastily *adv* हड़बड़ी में
hasty *adj* उतावला
hat *n* टोपी
hatchet *n* गड़ासा
hate *v* घृणा
hateful *adj* घृणास्पद
hatred *n* घृणा

H

haughty 82

H

haughty *adj* घमंडी
haul *v* घसीटना
haunt *v* तंग करना
have *iv* पास होना
have to *v* करना होगा
haven *n* स्वर्ग
havoc *n* विध्वंस
hawk *n* बाज
hay *n* सूखा घास
haystack *n* घास का ढेर
hazard *n* खतरा
hazardous *adj* जाखिमभरा
haze *n* धुंधलापन
hazelnut *n* हेजलनट
hazy *adj* धुंधला
he *pro* वह
head *n* माथा
head for *v* जाना
headache *n* सिरदर्द
heading *n* शिर्षक
head-on *adv* आमने-सामने
headphones *n* हेडफोन
headquarters *n* मुख्यालय
headway *n* प्रगती
heal *v* स्वस्थ होना
healer *n* स्वास्थ्यकर
health *n* स्वास्थ्य
healthy *adj* स्वस्थ
heap *n* ढेर
heap *v* ढेर लगाना
hear *iv* सुनना
hearing *n* सुनवाई
hearsay *n* सुनीसुनाई बात
hearse *n* अरथी
heart *n* हृदय
heartbeat *n* धड़कन
heartburn *n* इर्ष्या
hearten *v* प्रोत्साहित करना
heartfelt *adj* हार्दिक
hearth *n* चूल्हा
heartless *adj* हृदयहीन
hearty *adj* हार्दिक
heat *v* गर्म करना
heat *n* ऊष्मा
heater *n* हीटर
heathen *n* काफिर
heating *n* गर्माना
heatstroke *n* लू
heatwave *n* गर्म-लहर
heaven *n* स्वर्ग
heavenly *adj* स्वर्ग का
heaviness *n* भारीपन
heavy *adj* भारी
heckle *v* कंघी करना
hectic *adj* खलबलीपूर्ण
heed *v* ध्यान देना
heel *n* एड़ी
height *n* ऊंचाई
heighten *v* ऊंचा उठाना
heinous *adj* जघन्य
heir *n* उत्तराधिकारी
heist *n* चूराना
helicopter *n* हेलीकॉप्टर
hell *n* नर्क

83 hinge

hello *e* हेलो
helm *n* पतवार
helmet *n* शिरस्त्राण
help *v* मदद करना
help *n* मदद
helper *n* सहायक
helpful *adj* उपयोगी
helpless *adj* असहाय
hem *n* किनारी
hemorrhage *n* हैमरेज
hen *n* मुर्गी
hence *adv* इसलिए
henchman *n* परिचारक
her *adj* वह (स्त्री)
herald *v* उद्घोषणा करना
herald *n* उद्घोषणा
herb *n* जड़ीबूटी
here *adv* यहां
hereafter *adv* इसके बाद
hereby *adv* इसके द्वारा
hereditary *adj* वंशानुगत
heresy *n* विधर्म
heretic *adj* विधर्मी
heritage *n* धरोहर
hermetic *adj* जादुई
hermit *n* संन्यासी
hernia *n* आंत उतरना
hero *n* नायक
heroic *adj* वीरतापूर्ण
heroin *n* नायिका
heroism *n* नायकत्व
hers *pro* उसका
herself *pro* स्वयं
hesitant *adj* हिचकिचानेवाला
hesitate *v* हिकिचाना
hesitation *n* हिचकिचाहट
heyday *n* स्वर्ण युग
hiccup *n* हिचकी
hidden *adj* छुपाहुआ
hide *iv* छुपना
hideaway *n* पलायन
hideous *adj* कुरूप
hierarchy *n* श्रेणीबद्ध संस्थान
high *adj* ऊंचा
highlight *n* प्रकाशित करना
highly *adv* अत्यधिक
Highness *n* महामहीम
highway *n* मुख्य मार्ग
hijack *v* अपहरण करना
hijack *n* अपहरण
hijacker *n* अपहरणकर्ता
hike *v* उठाना
hike *n* पद यात्रा
hilarious *adj* प्रसन्नचित्त
hill *n* पहाड़ी
hillside *n* पहाड़ी क्षेत्र
hilltop *n* पर्वत शिखर
hilly *adj* पहाड़ी
hilt *n* हत्था
hinder *v* हड़चन डालना
hindrance *n* अवरोधन
hindsight *n* पश्चदृष्टि
hinge *v* कब्जा लगाना
hinge *n* कब्जा

H

H

hint *n* संकेत
hint *v* संकेत देना
hip *n* विजय।
hire *v* भाड़े पर देना
his *adj* उसका
his *pro* उसके लिए
Hispanic *adj* स्पेनी
hiss *v* फुफकारना
historian *n* इतिहासकार
history *n* इतिहास
hit *n* प्रहार; टक्कर
hit *iv* प्रहार करना
hit back *v* उलट प्रहार
hitch *n* झटका
hitch up *v* हिचकी
hitchhike *n* अनुरोधयात्रा
hitherto *adv* अब तक
hive *n* छत्ता
hoard *v* गोदाम
hoarse *adj* घटिया
hoax *n* प्रतारणा
hobby *n* शौक
hog *n* सूअर
hoist *v* फहराना
hoist *n* उठाना
hold *iv* थाम रखना
hold back *v* रोक
hold on to *v* जारी रखना
hold out *v* कायम रहना
holdup *n* उठना
hole *n* छेद
holiday *n* छुट्टी का दिन
holiness *n* पवित्रता
Holland *n* हॉलैंड
hollow *adj* खोखलापन
holocaust *n* आहुति
holy *adj* पवित्र
homage *n* श्रद्धांजली
home *n* घर
homeland *n* मातृभूमि
homeless *adj* गृहहीन
homely *adj* घरेलू
homemade *adj* घर का बना
homesick *adj* गृह वियोगी
hometown *n* गृह नगर
homework *n* गृह कार्य
homicide *n* नर हत्या
homily *n* प्रवचन
honest *adj* ईमारदार
honesty *n* ईमारदारी
honey *n* मधु
honeymoon *n* सुहाग सप्ताह
honk *v* कां-कां
honor *n* सम्मान
hood *n* हुड, ढक्कन
hoodlum *n* लफंगा
hoof *n* खुर
hook *n* अंकुश; कंटिया
hooligan *n* गुंडा
hop *v* फुदकना
hope *n* आशा
hopeful *adj* आशावान
hopefully *adv* आशा है कि
hopeless *adj* निराशा

85 hurricane

horizon *n* क्षितिज
horizontal *adj* क्षैतिज
hormone *n* हार्मोन
horn *n* सींग
horrendous *adj* भयानक
horrible *adj* डरावना
horrify *v* भयभीत करना
horror *n* भय
horse *n* घोड़ा
hose *n* चुस्त बिरजिस
hospital *n* अस्पताल
hospitality *n* मेहमाननिवाजी
host *n* मेजबान
hostage *n* बंधक
hostess *n* सत्कारिणी
hostile *adj* शत्रुतापूर्ण
hostility *n* शत्रुता
hot *adj* गर्म
hotel *n* सराय
hound *n* शिकारी कुत्ता
hour *n* घंटा
hourly *adv* प्रति घंटा
house *n* घर
household *n* घरेलू सामान
housekeeper *n* गृहसेवक
housewife *n* गृह स्वामिनी
housework *n* घरेलू काम
hover *v* लटके रहना
how *adv* कैसे
however *c* फिर भी
howl *v* चीखना
howl *n* चीख
hub *n* केंद्र
huddle *v* छिपा देना
hug *v* गले लगना
hug *n* अलिंगन
huge *adj* विशाल
hull *n* आवरण
hum *v* भिनभिनाना
human *adj* मानव
human being *n* इंसान
humanities *n* मानवशास्त्र
humankind *n* मानवजाति
humble *adj* विनम्र
humbly *adv* विनम्रतापूर्ण
humid *adj* नम
humidity *n* नमी
humility *n* अपमान
humor *n* मजाक
humorous *adj* मजाकिया
hump *n* उभार
hunch *n* कूबड़
hunchback *n* कुबड़ा
hunched *adj* कुबड़ा वाला
hundred *adj* सौ
hundredth *adj* सौंवा
hunger *n* भूख
hungry *adj* भूखा
hunt *v* खोजना
hunter *n* शिकारी
hunting *n* शिकार
hurdle *n* बाधा
hurl *v* तेजी से फेंकना
hurricane *n* प्रभंजन

H

hurriedly 86

hurriedly *adv* उतावली
hurry *v* जल्दी करना
hurry up *v* जल्दी करो
hurt *iv* दु:ख देना
hurt *adj* दु:ख
hurtful *adj* दु:खपूर्ण
husband *n* पति
hush *n* चुप
hush up *v* छिपाना
husky *adj* सूखा
hustle *n* धक्कमधक्का
hut *n* झोपड़ी
hydraulic *adj* द्रव चालित
hydrogen *n* हाइड्रोजन
hyena *n* लकड़बग्घा
hymn *n* भजन
hyphen *n* कृत्रिम उत्तेजना
hypnosis *n* फिलबीन रोग
hypnotize *v* संमोहित करना
hypocrisy *n* आडंबर
hypocrite *adj* मिथ्याचारी
hypothesis *n* परिकल्पना
hysteria *n* हिस्टीरिया

I

I *pro* मैं
ice *n* बर्फ
ice cream *n* आइसक्रिम
ice cube *n* बर्फ का टुकड़ा
ice skate *v* बर्फ पर स्केटिंग
iceberg *n* हिम शैल
icebox *n* प्रशीतक
ice-cold *adj* बर्फ जैसा ठंड़ा
icon *n* प्रतिमा
icy *adj* शीतल
idea *n* विचार
ideal *adj* आदर्श
identical *adj* एकसमान
identify *v* पहचान करना
identity *n* पहचान
ideology *n* सिद्धांत
idiom *n* मुहावरा
idiot *n* मुर्ख
idiotic *adj* मुर्खता
idle *adj* बेकार
idol *n* मूर्ति
idolatry *n* प्रतिमा पूजा
if *c* यदि
ignite *v* आग लगाना
ignorance *n* अज्ञानता
ignorant *adj* अज्ञान
ignore *v* ध्यान न देना
ill *adj* बीमार
illegal *adj* गैरकानूनी

87 import

illegible *adj* योग्य
illegitimate *adj* अवैध
illicit *adj* अनुचित
illiterate *adj* अशिक्षित
illness *n* बीमारी
illogical *adj* अतार्किक
illuminate *v* प्रदिप्त करना
illusion *n* भ्रम
illustration *n* अलंकरण
illustrious *adj* ज्यातिर्मय
image *n* प्रतिबिंब
imagination *n* कल्पना
imagine *v* कल्पना करना
imbalance *n* असंतुलित
imitate *v* नकल करना
imitation *n* नकल
immaculate *adj* निर्मल
immature *adj* अपरिपक्व
immaturity *n* अपरिपक्वता
immediately *adv* शीघ्र
immense *adj* असीम
immensity *n* अपरिमेयता
immerse *v* डुबोना
immersion *n* डुबाना
immigrant *n* आप्रवासी
immigrate *v* आप्रवास करना
immigration *n* आप्रवास
imminent *adj* सन्निकट
immobile *adj* निश्चल
immobilize *v* निश्चलता
immoral *adj* अनैतिक
immorality *n* अनैतिकता
immortal *adj* अनश्वर
immortality *n* अनश्वरता
immune *adj* प्रतिरक्षित
immunity *n* रोधक्षमता
immunize *v* रोधक्षम बनाना
immutable *adj* अपरिवर्तनीय
impact *n* प्रभाव
impact *v* प्रभाव डालना
impair *v* कम करना
impartial *adj* निष्पक्ष
impatience *n* अधीरता
impatient *adj* अधीर
impeccable *adj* निर्दोष
impediment *n* बाधा
impending *adj* लटका हुआ
imperfection *n* अपूर्णता
imperial *adj* साम्राज्य संबंधी
imperialism *n* साम्राज्यवाद
impersonal *adj* अव्यक्तिक
impertinence *n* असंगती
impertinent *adj* असंगत
impetuous *adj* उतावला
implacable *adj* कठोर
implant *v* रोपना
implement *v* लागू करना
implicate *v* फंसाना
implication *n* निहितार्थ
implicit *adj* निहित
implore *v* अनुनय-विनय
imply *v* इंगित करना
impolite *adj* अभद्र
import *v* आयात करना

I

importance 88

importance *n* महत्व
importation *n* आयात
impose *v* लागू करना
imposing *adj* प्रभावशालिता
imposition *n* अधिरोपन
impossibility *n* असंभवता
impossible *adj* असंभव
impotent *adj* नपुंसक
impoverished *adj* निर्धन बनाना
impractical *adj* अव्यवहारिक
imprecise *adj* अयथार्थ
impress *v* प्रभावित करना
impressive *adj* प्रभावी
imprison *v* कारावास जाना
improbable *adj* असंभाव्य
impromptu *adv* तात्कालिक
improper *adj* अनुपयुक्त
improve *v* सुधारना
improvement *n* सुधार
impulse *n* स्पंदन
impulsive *adj* आवेगी
impunity *n* सुरक्षा
impure *adj* अशुद्ध
in *pre* में; भीतर
in depth *adv* गहराई में
inability *n* अयोग्यता
inaccessible *adj* अनधिगम्य
inaccurate *adj* अयथार्थ
inadequate *adj* अपर्याप्त
inadmissible *adj* अस्वीकार्य
inappropriate *adj* अनुपयुक्त
inasmuch as *c* ऐसी अवस्था में
inaugurate *v* उद्घाटन करना
inauguration *n* उद्घाटन
incalculable *adj* अगणनीय
incapable *adj* असमर्थ
incapacitate *v* अक्षम करना
incarcerate *v* कैद करना
incense *n* सुगंधि
incentive *n* प्रोत्साहक
inception *n* प्रारंभ
incessant *adj* सतत
inch *n* इंच
incident *n* घटना
incidentally *adv* प्रसंगवश
incision *n* चीरा
incite *v* प्रेरित करना
incitement *n* भड़काना
inclination *n* झुकाव
incline *v* झुकना
include *v* शामिल करना
inclusive *adv* संलग्नक
incoherent *adj* असंसक्त
income *n* आय
incoming *adj* आगामी
incompatible *adj* असंगम
incompetence *n* अयोग्यता
incompetent *adj* अयोग्य
incomplete *adj* अपूर्ण
inconsistent *adj* परिवर्तनीय
incontinence *n* असंयम
inconvenient *adj* असुविधाजनक
incorporate *v* मिला लेना
incorrect *adj* गलत

infirmary

incorrigible *adj* असुधार्य
increase *v* बड़ना
increase *n* वृद्धि
increasing *adj* बड़ता हुआ
incredible *adj* अविश्वसनीय
increment *n* तरक्की
incur *v* ग्रस्त होना
incurable *adj* असाध्य
indecency *n* अशिष्टता
indecision *n* अनिर्णय
indecisive *adj* अनिर्णायक
indeed *adv* वास्तव में
indefinite *adj* अनिश्चित
indemnify *v* क्षतिपूर्ति करना
indemnity *n* हर्जाना
independence *n* स्वतंत्रता
independent *adj* स्वतंत्र
index *n* तर्जनी
indicate *v* इशारा करना
indication *n* संकेत
indict *v* अभ्यारोपण करना
indifference *n* उदासीनता
indifferent *adj* उदासीन
indigent *adj* दरिद्र
indigestion *n* अपच
indirect *adj* जटिल
indiscreet *adj* अविवेकी
indiscretion *n* विवेकहीनता
indispensable *adj* अपरिहार्य
indisposed *adj* अनिच्छुक
indisputable *adj* अविवाद्य
indivisible *adj* अभाज्य

indoor *adv* भीतरी
induce *v* प्रेरित करना
indulge *v* लिप्त होना
indulgent *adj* भोगी
industrious *adj* मेहनती
industry *n* उद्योग
ineffective *adj* अप्रभावी
inefficient *adj* अक्षम
inept *adj* अनुपयुक्त
inequality *n* असमता
inevitable *adj* अपरिहार्य
inexcusable *adj* अक्षम्य
inexpensive *adj* मितव्ययी
inexperienced *adj* अनुभवहीन
inexplicable *adj* अव्याख्येय
infallible *adj* अचूक
infamous *adj* बदनाम
infancy *n* शैशव
infant *n* शिशु
infantry *n* पैदल सेना
infect *v* छूत लगना
infection *n* संक्रमण
infectious *adj* संक्रामक
infer *v* अनुमान लगाना
inferior *adj* निकृष्ट
infertile *adj* बंजर
infested *adj* बाधा पहुंचाना
infidelity *n* नास्तिकता
infiltrate *v* छानना
infiltration *n* घुसपैठ
infinite *adj* अनंत
infirmary *n* जीर्णरोगी शाला

inflammation

inflammation *n* प्रज्जवलन
inflation *n* मुद्रास्फीति
inflexible *adj* हठीला
inflict *v* कारण बनना
influence *n* प्रभाव
influential *adj* प्रभावी
influenza *n* इन्फ्लूएन्जा
influx *n* अंतरप्रवाह
inform *v* सूचित करना
informal *adj* अनौपचारिक
informality *n* अनौपारिकता
informant *n* सूचनादाता
information *n* सूचना
informer *n* मुकबिर
infraction *n* उल्लंघन
infrequent *adj* असमान्य
infuriate *v* गुस्सा करना
infusion *n* पानी डालना
ingenuity *n* पटुता
ingest *v* अंतर्ग्रहण करना
ingot *n* सिल्ली
ingrained *adj* अंतर्निहित
ingratitude *n* अकृतज्ञयता
ingredient *n* संघटक
inhabit *v* वास करना
inhabitable *adj* निवास अयोग्य
inhabitant *n* निवासी
inhale *v* अन्दर सांस लेना
inherit *v* उत्तराधिकारी होना
inheritance *n* उत्तराधिकार
inhibit *v* निषेध करना
inhuman *adj* अमानवीय

initial *adj* प्रारंभिक
initially *adv* प्रारंभ में
initials *n* आद्याक्षर
initiate *v* प्रारंभ करना
initiative *n* प्रस्तावना
inject *v* भीतर डालना
injection *n* सूई
injure *v* चोट पहुंचाना
injurious *adj* क्षतिशील
injury *n* चोट
injustice *n* अन्याय
ink *n* स्याही
inkling *n* आभास
inlaid *adj* जड़ा हुआ
inland *adj* अंतर्देशीय
in-laws *n* वैवाहिक संबंधी
inmate *n* सहवासी
inn *n* सराय
innate *adj* अंतर्जात
inner *adj* आंतरिक
innocence *n* मासूमियत
innocent *adj* निर्दोष
innovation *n* नवोन्मेषण
innuendo *n* व्यंग करना
innumerable *adj* असंख्य
input *n* योगदान
inquest *n* पूछताछ
inquire *v* पूछताछ करना
inquiry *n* जांच
inquisition *n* जांच-पड़ताल
insane *adj* पागल
insanity *n* पागलपन

intercede

insatiable *adj* अपरितोष्य
inscription *n* अभिलेख
insect *n* कीट
insecurity *n* असुरक्षा
insensitive *adj* असंवेदनशील
inseparable *adj* अवियोज्य
insert *v* अंतर्निविष्ट करना
insertion *n* निवेशन
inside *adj* भीतरी
inside *pre* के भीतर
inside out *adv* उल्टा
insignificant *adj* निरर्थक
insincere *adj* कपटी
insincerity *n* बेवफाई
insinuate *v* संकेत देना
insinuation *n* परोक्ष संकेत
insipid *adj* स्वादहीन
insist *v* आग्रह करना
insistence *n* आग्रह
insolent *adj* गुस्ताख
insoluble *adj* अविलेय
insomnia *n* अनिद्रा
inspect *v* परीक्षण करना
inspection *n* परीक्षण
inspector *n* परीक्षक
inspiration *n* प्रेरणा
inspire *v* सांस लेना
instability *n* अस्थिरता
install *v* पदारूढ़ करना
installation *n* संस्थापन
installment *n* किश्त
instance *n* अवसर
instant *n* तात्कालिक
instantly *adv* तुरंत
instead *adv* के स्थान पर
instigate *v* उकसाना
instil *v* में गिराना
instinct *n* नैसर्गिक वृत्ति
institute *v* संस्थापना
institution *n* संस्थापन
instruct *v* प्रशिक्षित करना
instructor *n* प्रशिक्षक
insufficient *adj* अपर्याप्त
insulate *v* पृथक करना
insulation *n* पृथक्करण
insult *v* अपमान करना
insult *n* अपमान
insurance *n* बीमा
insure *v* सुनिश्चित करना
insurgency *n* बगावत
insurrection *n* विद्रोह
intact *adj* संपूर्ण
intake *n* अंतर्गृहीत
integrate *v* समग्र करना
integration *n* एकीकरण
integrity *n* अखंडता
intelligent *adj* बुद्धिमान
intend *v* इरादा करना
intense *adj* प्रबल
intensify *v* प्रबल करना
intensity *n* प्रबलता
intensive *adj* तीव्रकारी
intention *n* मंशा
intercede *v* मध्यस्त होना

I

intercept

intercept *v* विच्छिन्न करना
intercession *n* मध्यस्थता
interchange *v* विनिमय करना
interchange *n* विनिमय
interest *n* अभिरुचि
interesting *adj* दिलचस्प
interfere *v* हस्तक्षेप करना
interference *n* हस्तक्षेप
interior *adj* आंतरीक
interlude *n* अंतराल
intermediary *n* मध्यस्त
intern *v* नजरबंद करना
interpret *v* अनुवाद करना
interpretation *n* अनुवाद
interpreter *n* अनुवादक
interrogate *v* पूछ-ताछ करना
interrupt *v* बाधा डालना
interruption *n* रुकावट
intersect *v* विभाजित करना
intertwine *v* गुंथना
interval *n* अंतराल
intervene *v* हस्तक्षेप करना
intervention *n* अंतराक्षेपण
interview *n* साक्षात्कार
intestine *n* आंत
intimacy *n* अंतरंगता
intimate *adj* अंतरंग
intimidate *v* भयभीत करना
intolerable *adj* असह्य
intolerance *n* असहिष्णुता
intoxicated *adj* दूषित
intravenous *adj* अंत:शिरा

intrepid *adj* निर्भीक
intricate *adj* जटिल
intrigue *n* षड्यंत्र
intriguing *adj* षड्यंत्रकारी
intrinsic *adj* निजी
introduce *v* परिचय कराना
introduction *n* परिचय
introvert *adj* अंतर्मुखी
intrude *v* अतिक्रमण करना
intruder *n* घुसपैठिया
intrusion *n* घुसपैठ
intuition *n* सहज बोध
inundate *v* आप्लावित करना
invade *v* चढ़ाई करना
invader *n* हमलावर
invalid *n* अमान्य
invalidate *v* अमान्य करना
invaluable *adj* अमूल्य
invasion *n* आक्रमण
invent *v* आविष्कार करना
invention *n* आविष्कार
inventory *n* आविष्कारी
invest *v* निवेश करना
investigation *n* जांच-पड़ताल
investment *n* निवेश
investor *n* निवेशक
invincible *adj* अपराजेय
invisible *adj* अदृश्य
invitation *n* आमंत्रण
invite *v* आमंत्रित करना
invoice *n* बीजक
invoke *v* आह्वान करना

jealousy

involve v सम्मिलित करना
involved v सम्मिलित
involvement n उलझाव
inward adj आंतरिक
inwards adv भीतर की ओर
iodine n आयोडीन
irate adj खीझा हुआ
Ireland n आयरलैंड
Irish adj आयरलैंड का
iron n लोहा
iron v लोहा करना
ironic adj विडंबनापूर्ण
irony n विडंबना
irrational adj अतार्किक
irrefutable adj अखंड्य
irregular adj अनियमित
irrelevant adj अप्रासंगिक
irreparable adj असुधार्य
irresistible adj प्रतिरोधरहित
irreversible adj अप्रत्यावर्ती
irrevocable adj अटल
irrigate v सींचना
irrigation n सींचाई
irritate v क्षुब्ध कर देना
irritating adj क्षुब्ध करने वाला
Islamic adj इस्लाम का
island n टापू
isle n द्वीप
isolate v विलग करना
isolation n पृथक्करण
issue n मुद्दा
Italian adj इतालवी

italics adj तिर्यगक्षर
Italy n इटली
itch v खुजली
itchiness n खुजलाहट
item n वस्तु
itemize v मदवाद देना
itinerary n यात्राशील
ivory n हाथी दांत

J

jackal n गीदड़
jacket n जाकेट
jackpot n जौकपॉट; घोटाना
jaguar n जागुआर
jail n कैदखाना
jail v कारावास जाना
jailer n जेलर
jam n जकड़न; संकुलन
janitor n द्वारपाल
January n जनवरी
Japan n जापान
Japanese adj जापानी
jar n मर्तबान
jasmine n जैस्मिन
jaw n जबड़ा
jealous adj ईर्ष्यालु
jealousy n ईर्ष्या

jeans 94

jeans *n* जीन्स
jeopardize *v* खतरे में डालना
jerk *v* झटका लगना
jerk *n* झटका
jersey *n* जर्सी
Jew *n* यहूदी
jewel *n* रत्न
jeweler *n* जौहरी
jewelry store *n* आभूषण भंडार
Jewish *adj* यहूदी
jigsaw *n* चौखटी आरा
job *n* नौकरी
jobless *adj* बेरोजगार
join *v* मिलाना
joint *n* संयोजन; जोड़
jointly *adv* संयुक्त रूप से
joke *n* मजाक
joke *v* मजाक करना
jolly *adj* प्रसन्नचित्त
jolt *v* धक्का देना
jolt *n* झटका
journal *n* पत्रिका
journalist *n* पत्रकार
journey *n* यात्रा
jovial *adj* प्रसन्नचित्त
joy *n* हर्ष
joyful *adj* हर्षित
joyfully *adv* प्रसन्नतापूर्वक
jubilant *adj* उल्लासपूर्ण
Judaism *n* यहूदीवाद
judge *n* न्यायाधीश
judgment *n* न्याय निर्णय
judicious *adj* विवेक-सम्मत
jug *n* जग
juggler *n* बाजीगर
juice *n* फल का रस
juicy *adj* रसीला
July *n* जुलाई
jump *v* कूदना
jump *n* छलांग
jumpy *adj* कूदने वाला
junction *n* जंक्शन; जोड़
June *n* जून
jungle *n* जंगल; वन
junior *adj* कनिष्ठ
junk *n* कबाड़
jury *n* अभिनिर्णायक
just *adj* न्याय्य
justice *n* न्याय
justly *adv* न्यायसंगत
juvenile *n* किशोर
juvenile *adj* किशोर

K

kangaroo *n* कंगारू
karate *n* कराटे
keep *iv* रखना
keep on *v* लगे रहना
keep up *v* शक्ति बनाए रखना

J K

keg *n* छोटा पीपा
kettle *n* केतली
key *n* कुंजी; स्वर
key ring *n* ताली का गुच्छा
keyboard *n* कुंजी पटल
kick *v* लात मारना
kickback *n* रिश्वत
kid *n* मेमना; नांद
kidnap *v* अगवा करना
kidnapper *n* अपहरणकर्ता
kidnapping *n* अपहरण
kidney *n* गुर्दा
kidney bean *n* मोथा
kill *v* हत्या करना
killer *n* हत्यारा
killing *n* हत्या
kilogram *n* किलोग्राम
kilometer *n* किलोमीटर
kilowatt *n* किलोवाट
kind *adj* उदार
kindle *v* सुलगाना
kindly *adv* उदारतापूर्वक
kindness *n* उदारता
king *n* राजा
kingdom *n* राज्य
kinship *n* बादशाहत
kiosk *n* छतरी
kiss *v* चुम्बन करना
kiss *n* चुम्बन
kitchen *n* रसोईघर
kite *n* पतंग
kitten *n* बिल्ली का बच्चा
knee *n* घुटना
kneecap *n* जानु फलक
kneel *iv* घुटने टेकना
knife *n* चाकू
knight *n* रात
knit *v* बुनना
knob *n* मूठ
knock *v* ठोंकना
knot *n* गांठ
know *iv* जानना
know-how *n* जानकारी
knowingly *adv* जानबूझकर
knowledge *n* ज्ञान

L

lab *n* प्रयोगशाला
label *n* लेबल
labor *n* श्रम
laborer *n* मजदूर
labyrinth *n* भूल-भूलैया
lace *n* फीता
lack *v* का आभाव होना
lack *n* आभाव
lad *n* लड़का
ladder *n* सीढ़ी
laden *adj* लदा हुआ
lady *n* स्त्री

ladylike

ladylike *adj* स्त्री समान
lagoon *n* छोटी खाड़ी
lake *n* झील
lamb *n* भेड़
lame *adj* पंगु; त्रुटिपूर्ण
lament *v* विलाप करना
lament *n* विलाप
lamp *n* लालटेन
lamppost *n* दीप स्तंभ
lampshade *n* दीप छादक
land *n* जमीन
land *v* जमीन पर उतरना
landfill *n* लैंडफिल
landlord *n* मकानमालिक
landscape *n* भूदृश्य
lane *n* गली
language *n* भाषा
languish *v* दु:खी होना
lantern *n* लालटेन
lap *n* गोद; पल्ला
lapse *n* समाप्ति; पतन
lapse *v* समाप्त होना
larceny *n* चोरी
lard *n* सूअर की चर्बी
large *adj* बड़ा
larynx *n* कंठ
laser *n* लेसर (युक्ति)
lash *n* बरौनी
lash *v* चाबुक से मारना
last *v* खत्म करना
last *adj* अंतिम
last name *n* अंतिम नाम

last night *adv* पिछली रात
lasting *adj* स्थाई
lastly *adv* अंतत:
latch *n* सिटकनी
late *adv* विलंब
lately *adv* हाल में
later *adv* बाद में
later *adj* बाद वाला
lateral *adj* पार्श्वीय
latest *adj* नवीनतम
lather *n* झाग
latitude *n* चौड़ाई
latter *adj* बाद का
laugh *v* हंसना
laugh *n* हंसी
laughable *adj* हास्जनक
laughing stock *n* हास्यासपद
laughter *n* खिलखिलाहट
launch *n* प्रक्षेपण
launch *v* फेंकना
laundry *n* लांड्री
lavatory *n* शौचालय
lavish *adj* फिजूलखर्ची
law *n* कानून
law-abiding *adj* विधिपालक
lawful *adj* न्यायपूर्ण
lawmaker *n* विधि निर्माता
lawn *n* लॉन
lawsuit *n* मुकदमा
lawyer *n* वकील
lax *adj* शिथिल
laxative *adj* स्वतंत्रताप्रद

lense

lay *n* लेटने की जगह
lay *iv* लिटाना
lay off *v* काम बंदी
layer *n* परत
layman *n* आम आदमी
lay-out *n* प्रारूप
laziness *n* आलस
lazy *adj* आलसी
lead *iv* नेतृत्व करना
lead *n* नेतृत्व; सीसा
leaded *adj* सीसायुक्त
leader *n* नेता
leadership *n* नेतृत्व
leading *adj* मार्ग दर्शन
leaf *n* पत्र; पत्ता
leaflet *n* पर्चा
league *n* संघ
leak *v* रिसना
leak *n* रिसन रेखा
leakage *n* रिसाव
lean *adj* निर्बल
lean *iv* झुकना
lean back *v* पीछे झुकना
lean on *v* पर झुकना
leaning *n* प्रवृत्ति
leap *iv* छलांग लगाना
leap *n* छलांग
leap year *n* लीप वर्ष
learn *iv* सीखना
learned *adj* ज्ञानी
learner *n* शिक्षार्थी
learning *n* जानकारी

lease *v* ठेके पर देना
lease *n* ठेका
leash *n* पट्टा
least *adj* न्यूनतम
leather *n* चमड़ा
leave *iv* अवकाश
lecture *n* व्याख्यान
ledger *n* खाता-बही
leech *n* जोंक
leftovers *n* छोड़ा हुआ
leg *n* पैर
legacy *n* वसीयत संपदा
legal *adj* कानूनी
legality *n* वैधता
legalize *v* वैध बनाना
legend *n* पौराणिक कथा
legible *adj* सुपाठ्य
legion *n* सेना
legislate *v* विधि बनाना
legislation *n* विधि निर्माण
legislature *n* विधानपालिका
legitimate *adj* विधिसम्मत
leisure *n* अवकाश
lemon *n* नींबू
lemonade *n* नींबू का शरबत
lend *iv* उधार देना
length *n* लंबाई
lengthen *v* लंबाई बढ़ाना
lengthy *adj* लंबा
leniency *n* नरमी
lenient *adj* मृदुल
lense *n* लेंस

L

Lent 98

Lent *n* पतझड़
lentil *n* मसूर
leopard *n* चीता
leper *n* कुष्ठ
leprosy *n* कुष्ठरोग
less *adj* न्यूनतर
lessee *n* पट्टेदार
lessen *v* कम करना
lesser *adj* कम
lesson *n* अध्याय
lessor *n* पट्टाकर्ता
let *iv* छोड़ना
let down *v* गिरने देना
let go *v* जाने देना
let in *v* प्रवेश करने देना
let out *v* जाने देना
lethal *adj* घातक
letter *n* अक्षर
lettuce *n* सलाद
leukemia *n* अधि श्वेतरक्तता
level *v* समतल करना
level *n* स्तर; हैसियत
lever *n* उत्तोलक
leverage *n* लाभ
levy *v* ऊगाहना
lewd *adj* अज्ञानी
liability *n* दायित्व
liable *adj* उत्तरदायी
liaison *n* संपर्क
liar *adj* झूठा
liberate *v* स्वतंत्र करना
liberation *n* मुक्ति
liberty *n* स्तंत्रता
librarian *n* पुस्तकाध्यक्ष
library *n* पुस्तकालय
lice *n* जूं
licence *n* अनुज्ञापत्र
license *v* अनुज्ञापत्र देना
lick *v* चाटना
lid *n* ढक्कन
lie *iv* झूठ
lie *v* झूठ बोलना
lie *n* लेटना
lieu *n* स्थान
lieutenant *n* लेफ्टिनेंट
life *n* जीवन
lifeguard *n* अंगरक्षक
lifeless *adj* निर्जीव
lifestyle *n* जीवनशैली
lifetime *adj* जीवनकाल
lift *v* उठाना
lift off *v* उपर उठाना
lift-off *n* उड़ान भरना
ligament *n* बंधन
light *iv* हल्का करना
light *adj* हल्का
light *n* प्रकाश
lighthouse *n* प्रकाश स्तंभ
lighting *n* प्रकाशित करना
lightly *adv* हल्केपन से
lightning *n* आकाशीय बिजली
lightweight *n* हल्का भार
likable *adj* अच्छा
like *pre* के समान

like *v* पसंद करना
likelihood *n* समानता
likely *adv* संभवत:
likeness *n* पसंद
likewise *adv* उसी तरह
liking *n* प्रेम
limb *n* हाथ-पांव
lime *n* नींबू
limestone *n* चूना पत्थर
limit *n* सीमा; मर्यादा
limit *v* सीमित करना
limitation *n* सीमा
limp *v* लंगड़ाना
limp *n* लंगड़ापन
linchpin *n* धुरे की कील
line *n* तूमने का सूत
line up *v* पंक्तिबद्ध
linen *n* लिनेन; अस्तर
linger *v* ठहर जाना
lingerie *n* अधोवस्त्र
lingering *adj* विलंब
lining *n* रेखांकन
link *v* संपर्क करना
link *n* संपर्क
lion *n* शेर
lioness *n* शेरनी
lip *n* होठ
liqueur *n* मदिरा
liquid *n* तरल
liquidate *v* बेच देना
liquidation *n* भुगतान
liquor *n* घोल
list *v* सूची बद्ध करना
list *n* सूची
listen *v* सुनना
listener *n* श्रोता
litany *n* कीर्तन
liter *n* लिटर
literal *adj* शाब्दिक
literally *adv* शब्दश:
literate *adj* शिक्षित
literature *n* साहित्य
litigate *v* मुकदमा लड़ना
litigation *n* मुकदमा
litre *n* लिटर (माप)
litter *n* कूड़ा-कचरा
little *adj* छोटा
little bit *n* थोड़ा-बहुत
liturgy *n* प्रार्थना विधि
live *adj* जीवित
live *v* जीवन जीना
livelihood *n* जीवन-यापन
lively *adj* जीवंत
liver *n* यकृत
livestock *n* मवेशी
livid *adj* नीलाम
living room *n* बैठक
lizard *n* छिपकली
load *v* भार उठाना
load *n* भार
loaded *adj* भरा हुआ
loaf *n* रोटी
loan *v* कर्ज देना
loan *n* कर्ज

loathe 100

loathe *v* नफरत करना
loathing *n* घृणा
lobby *n* लॉबी
lobster *n* महामिंगट
local *adj* स्थानीय
localize *v* स्थानीय बनाना
located *adj* स्थित
location *n* स्थान निर्धारण
lock *v* बन्द करना
lock *n* ताला
lock up *v* हवालात
locker room *n* लॉकर रूम
locksmith *n* तालेसाज
locust *n* टिड्डी
lodge *v* ठहरना
lodging *n* रिहायश
lofty *adj* उदात्त
log *n* लट्ठा
log *v* लट्ठे बनाना
log in *v* लॉग इन
log off *v* लॉग ऑफ
logic *n* तर्क
logical *adj* तर्कपूर्ण
loin *n* पुट्ठे का गोश्त
loiter *v* मटरगश्ती करना
loneliness *n* अकेलापन
lonely *adv* अकेला होना
loner *n* अकेला
lonesome *adj* असहाय
long *adj* लंबा
long for *v* इच्छा करना
longing *n* लालसा
longitude *n* लंबाई
long-standing *adj* पुराना
long-term *adj* दीर्घ कालिक
look *n* देखना; सौंदर्य
look *v* देखना
look after *v* देख-भाल करना
look at *v* निगरानी करना
look down *v* नीचा समझना
look for *v* प्रत्याशा करना
look forward *v* आशा करना
look into *v* ध्यान से देखना
look out *v* सतर्क होना
look over *v* निरीक्षण करना
look through *v* पार देखना
looking glass *n* चश्मा
looks *n* रूप
loom *n* यंत्र
loophole *n* बचाव का रास्ता
loose *v* ढीलेपन से
loose *adj* ढीला
loosen *v* ढीला करना
loot *v* डकैती करना
loot *n* डकैती का माल
lord *n* मालिक
lordship *n* प्रभुत्व
lose *iv* खो देना
loser *n* हारने वाला
loss *n* घाटा
lot *adv* ढेर
lotion *n* लोशन
lots *adj* बहुत सारा
lottery *n* लॉटरी

L

101 magician

loud *adj* ऊंचा
loudly *adv* जोर से
loudspeaker *n* लाउडस्पीकर
lounge *n* बैठकखाना
louse *n* जूं
lovable *adj* प्यारा
love *v* प्यार करना
love *n* प्यार
lovely *adj* कामुक
lover *n* प्रेमी
loving *adj* स्नेही
low *adj* निचला
lower *adj* निचेका
lowkey *adj* निम्न स्वर
lowly *adj* विनम्र
loyal *adj* निष्ठावान
loyalty *n* निष्ठा
lubricate *v* चिकना करना
lubrication *n* चिकनाना
lucid *adj* पारदर्शी
luck *n* भग्य
lucky *adj* सौभाग्यशाली
lucrative *adj* लुभावना
ludicrous *adj* विनोदी
luggage *n* सामान
lukewarm *adj* गुनगुना
lull *n* शांति
lumber *n* काठ-कबाड़
luminous *adj* चमकदार
lump *n* ढेला; सूजन
lump sum *n* एक मुश्त
lump together *v* ढेर लगाना
lunacy *n* पागलपन
lunatic *adj* पागल
lunch *n* दोपहर का भोजन
lung *n* फेफड़ा
lure *v* प्रलोभन
lurid *adj* पीला
lush *adj* रसीला
lust *n* कामुकता
lustful *adj* कामुक
luxurious *adj* विलासितापूर्ण
luxury *n* विलासिता
lynx *n* विंडाल
lyrics *n* गीत के बोल

M

machine *n* यंत्र
machine gun *n* मशीन गन
mad *adj* पागल
madam *n* महोदया
madden *v* पागल होना
madly *adv* पागलों की तरह
madman *n* पागल
madness *n* पागलपन
magazine *n* पत्रिका
magic *n* जादू
magical *adj* जादुई
magician *n* जादुगर

magistrate *n* मजिस्ट्रेट
magnet *n* चुंबक
magnetic *adj* चुंबकीय
magnetism *n* चुंबकत्व आकर्षण
magnificent *adj* भव्य
magnify *v* बड़ा करना
magnitude *n* परिमाण
maid *n* नौकरानी
maiden *n* कुंआरी
mail *v* पत्र भेजना
mail *n* पत्र
mailbox *n* मेल बाक्स
mailman *n* डाकिया
maim *v* अपंग करना
main *adj* अंगहीनता
mainland *n* मुख्य भूभाग
mainly *adv* मुख्यत:
maintain *v* बनाए रहना
maintenance *n* भरण-पोषण
majestic *adj* तेजस्वी
majesty *n* तेजस्विता
major *n* मेजर
major *adj* प्रधान
majority *n* बहुमत
make *n* आकार
make *iv* बनाना
make up *v* व्यवस्थित करना
make up for *v* क्षतिपूर्ति करना
maker *n* निर्माता
makeup *n* साज-श्रृंगार
malaria *n* मलेरिया
male *n* पुरुष
malevolent *adj* द्वेषपूर्ण
malfunction *v* अपक्रिया करना
malfunction *n* अपक्रिया
malice *n* मैलिक (अम्ल)
malign *v* बुराई करना
malignancy *n* हानि
malignant *adj* हानिकर
mall *n* मुंगरा
malnutrition *n* कुपोषित
malpractice *v* भ्रष्टाचार करना
mammal *n* स्तनधारी
mammoth *n* मैमथ (हाथी)
man *n* पुरुष
manage *v* संभालना
manageable *adj* संभालने योग्य
management *n* प्रबंधन
manager *n* प्रबंधक
mandate *n* आदेश
mandatory *adj* आज्ञा
maneuver *n* युद्धाभ्यास
manger *n* नांद
mangle *v* धज्जियां उड़ाना
manhunt *n* वर की खोज
maniac *adj* सनकी
manifest *v* सुस्पष्ट करना
manipulate *v* चालबाजी करना
mankind *n* मानवजाति
manliness *n* पुरुषत्व
manly *adj* पुरुषोचित
manner *n* तौर-तरीका
mannerism *n* कृत्रिमता
manners *n* आचरण

M

103 maternity

manpower *n* मानव शक्ति
mansion *n* हवेली
manslaughter *n* नर हत्या
manual *n* नियम पुस्तिका
manual *adj* हाथ का
manufacture *v* निमार्ण करना
manure *n* उर्वरक
manuscript *n* पांडुलिपि
many *adj* कई
map *n* नक्शा
marble *n* संगमरमर
march *v* मार्च करना
march *n* मार्च
March *n* मार्च (महीना)
mare *n* घोड़ी
margin *n* हाशिया
marginal *adj* हाशिया संबंधी
marinate *v* नमक
marine *adj* समुद्रीय
marital *adj* वैवाहिक
mark *n* चिन्ह
mark *v* चिन्ह लगाना
mark down *v* निखना
marker *n* चिन्हक
market *n* बाजार
marksman *n* निशानेबाज
marmalade *n* मुरब्बा
marriage *n* विवाह
married *adj* विवाहित
marrow *n* मज्जा
marry *v* खुश होना
Mars *n* मंगल ग्रह
marshal *n* मार्शल
martyr *n* शहीद
martyrdom *n* शहादत
marvel *n* अचंभा
marvelous *adj* आशचर्यजनक
marxist *adj* मार्क्सवादी
masculine *adj* पुरुषवत्
mash *v* मिलाना
mask *n* मुखौटा
masochism *n* स्वपीड़न
mason *n* राजगीर
masquerade *v* नकाब पहनना
mass *n* पिंड; जनसाधारण
massacre *n* कत्लेआम
massage *n* मालिश
massage *v* मालिश करना
massive *adj* व्यापक
mast *n* मस्तूल
master *n* मालिक
master *v* हावी होना
mastermind *n* नेता
mastermind *v* योजना बनाना
masterpiece *n* उत्कृष्ट कृति
mastery *n* निपुणता
mat *n* चटाई
match *n* जोड़; प्रतियोगिता
match *v* जोड़ा लगाना
mate *n* मात किया हुआ
material *n* भौतिक
materialism *n* भौतिकवाद
maternal *adj* मातृवत
maternity *n* प्रसूति

M

math *n* गणित
matriculate *v* पंजीकरण
matrimony *n* विवाह बंधन
matter *n* पदार्थ
mattress *n* गद्दा
mature *adj* परिपक्वता
maturity *n* परिपक्व
maul *v* गदा
maxim *n* कहावत
maximum *adj* अधिकतम
May *n* मई
may *iv* सकना
may-be *adv* शायद
mayhem *n* अंग भंग
mayor *n* मेयर
maze *n* भुलभुलैया
meadow *n* चारागाह
meager *adj* कंजूस
meal *n* आहार
mean *iv* अर्थ रखना
mean *adj* मध्य
meaning *n* अर्थ
meaningful *adj* अर्थपूर्ण
meaningless *adj* अर्थहीन
meanness *n* नीचता
means *n* माध्यम
meantime *adv* बीच में
meanwhile *adv* इस बीच
measles *n* खसरा
measure *v* मापना
measurement *n* मापन
meat *n* मांस
meatball *n* मीटबॉल
mechanic *n* मिस्त्री
mechanism *n* यंत्र रचना
mechanize *v* यंत्रकृत बनाना
medal *n* पदक
medallion *n* बड़ा तमगा
meddle *v* पदक लेना
mediate *v* मध्यस्थता करना
mediator *n* मध्यस्थ
medication *n* औषधिकरण
medicinal *adj* औषधीय
medicine *n* औषधि
medieval *adj* मध्यकालीन
mediocre *adj* औसत
mediocrity *n* औसतता
meditate *v* विचारना
meditation *n* गंभीर चिंतन
medium *adj* माध्यम
meek *adj* दब्बू
meekness *n* दब्बूपन
meet *iv* मिलना
meeting *n* बैठक
melancholy *n* अवसाद
mellow *adj* नरम
mellow *v* नरम पड़ना
melodic *adj* रागात्मक
melody *n* राग
melon *n* तरबूज
melt *v* पिघलना
member *n* सदस्य
membership *n* सदस्यता
membrane *n* झिल्ली

M

migraine

memento *n* यादगार
memo *n* ज्ञापन
memoirs *n* स्मृतियां
memorable *adj* स्मरणीय
memorize *v* याद करना
memory *n* स्मृति
men *n* आदमी
menace *n* घुड़की
mend *v* सुधारना
meningitis *n* मेनेनजाइटिस
menopause *n* रजो निवृति
menstruation *n* रजो धर्म
mental *adj* मानसिक
mentality *n* मानसिकता
mentally *adv* मानसिक रूप से
mention *v* उल्लेख करना
mention *n* उल्लेख
menu *n* सूची
merchandise *n* वाणिज्य वस्तु
merchant *n* व्यापारी
merciful *adj* दयालु
merciless *adj* निष्ठुर
mercury *n* मर्करी
mercy *n* दया
merely *adv* बमुश्किल
merge *v* विलय करना
merger *n* विलय
merit *n* योग्यता
merit *v* योग्य होना
mermaid *n* जलपरी
merry *adj* प्रसन्नता
mesh *n* जाली
mess *n* भोजन; गड़मड़
mess around *v* चोंच अड़ाना
mess up *v* झंझट करना
message *n* संदेश
messenger *n* संदेशवाहक
Messiah *n* मसीहा
messy *adj* अव्यवस्था
metal *n* धातु
metallic *adj* धात्विक
metaphor *n* रूपक
meteor *n* उल्का
meter *n* मीटर
method *n* पद्धति
methodical *adj* सुव्यवस्थित
meticulous *adj* अतिसावधान
metric *adj* मीट्रिक
metropolis *n* राजधानी
Mexican *adj* मेक्सिकी
mice *n* चूहे
microbe *n* सूक्ष्म जीवाणु
microphone *n* माइक्रोफोन
microscope *n* सूक्ष्मदर्शी
microwave *n* सूक्ष्म तरंग
midday *n* दोपहर
middle *n* मध्य
middleman *n* बिचौलिया
midget *n* बौना
midnight *n* आधी रात
midsummer *n* मध्य ग्रीष्म
midwife *n* दाई
mighty *adj* शक्तिशाली
migraine *n* अधसीसी

M

migrant 106

migrant *n* प्रवासी
migrate *v* प्रवास करना
mild *adj* सौम्य
mildew *n* मधुरस
mile *n* मील
mileage *n* लंबाई (मील में)
milestone *n* मील का पत्थर
militant *adj* अतंकवादी
milk *n* दूध
milky *adj* दूध का बना
mill *n* कारखाना
millennium *n* सहस्त्राब्द
milligram *n* मिलीग्राम
millimeter *n* मिलीमीटर
million *n* दस लाख
millionaire *n* लखपति
mime *v* स्वांग करना
mince *v* टुकड़े करना
mind *v* याद दिलाना
mind *n* मन; स्मृति
mindful *adj* चिंतनशील
mindless *adj* लापरवाही
mine *n* खान
mine *v* खानन
mine *pro* मेरे
minefield *n* खान का मैदान
miner *n* खनिक
mineral *n* खनिज
mingle *v* मिल जाना
miniature *n* लघु चित्र
minimize *v* न्यूनतम करना
minimum *n* न्यूनतम
miniskirt *n* छोटा स्कर्ट
minister *n* मंत्री; धर्माध्यक्ष
minister *v* शासन करना
ministry *n* मंत्रालय
minor *adj* नाबालिग
minority *n* अल्पसंख्यक
mint *n* टकसाल
mint *v* सिक्के ढालना
minus *adj* नकारात्मक
minute *n* मिनट
miracle *n* चमत्कार
miraculous *adj* चमात्कारिक
mirage *n* मरीचिका
mirror *n* आईना
misbehave *v* दुर्व्यवहार
miscarriage *n* गर्भपात
miscarry *v* गर्भपात होना
mischief *n* शरारत
mischievous *adj* शरारती
misconduct *n* दुराचरण
misdemeanor *n* कदाचार
miser *n* कंजूस
miserable *adj* दु:खद
misery *n* दु:ख
misfit *adj* बेमेल
misfortune *n* दुर्भाग्य
misgiving *n* अविश्वास
misguided *adj* पथ भ्रष्ट
misjudge *v* गलत निर्णय
mislead *v* गुमराह करना
misleading *adj* भ्रामक
mismanage *v* कुप्रबंधन

M

misprint *n* गलत छपाई
miss *v* चूकना
miss *n* कुमारी
missile *n* प्रक्षेपी
missing *adj* अनुपस्थित
mission *n* मिशन
missionary *n* मिशनरी
mist *n* कोहरा
mistake *iv* गलती करना
mistake *n* गलती
mistaken *adj* गलत होना
mister *n* श्रीमान
mistreat *v* दुर्व्यवहार करना
mistreatment *n* दुर्व्यवहार
mistress *n* स्वामिनी
mistrust *n* अविश्वास
mistrust *v* अविश्वास करना
misty *adj* धुंधला
misuse *n* दुरुपयोग
mitigate *v* शांत करना
mix *v* मिलाना
mixed-up *adj* मिला-जुला
mixer *n* पीसने वाला
mixture *n* मिश्रण
mix-up *n* भीड़-भड़क्का
moan *v* पछतावा करना
moan *n* पछतावा
mob *v* जमघट लग जाना
mob *n* जनसाधारण
mobile *adj* गतिशील
mobilize *v* लामबंदी करना
mock *v* उपहास करना
mockery *n* उपहास
mode *n* प्राणाली
model *n* आदर्श
moderate *adj* तीव्रता कम करना
moderation *n* संयमन
modern *adj* आधुनिक
modernize *v* आधुनिकीकरण
modest *adj* उदार
modesty *n* उदारता
modify *v* सुधार करना
moisten *v* नम करना
moisture *n* नमी
molar *n* मोलर
mold *v* ढ़ालना
mold *n* ढ़लाई
moldy *adj* ढला हुआ
mole *n* तिल; छछूंदर
molecule *n* अणु
molest *v* तंग करना
mom *n* मां
moment *n* क्षण
momentarily *adv* क्षणिक
momentous *adj* महत्वपूर्ण
monarch *n* राजा
monarchy *n* राजतंत्र
monastery *n* मठ
monastic *adj* मठ संबंधी
Monday *n* सोमवार
money *n* धन
money order *n* मनीआर्डर
monitor *v* जांच करना
monk *n* संयासी

M

monkey 108

monkey *n* बंदर
monogamy *n* एक संगमन
monologue *n* एकालाप
monopoly *n* एकाधिकार
monotonous *adj* नीरस
monotony *n* नीरसता
monster *n* दैत्य
monstrous *adj* भयानक
month *n* महीना
monthly *adv* मासिक
monument *n* स्मारक
monumental *adj* स्मारकीय
mood *n* मनोदशा
moon *n* चांद
moor *v* अनुपजाऊ भुमि
mop *v* मुख विकृत होना
moral *adj* आचार संबंधी
moral *n* नैतिक
morality *n* नैतिकता
more *adj* अधिक
moreover *adv* इसके अतिरिक्त
morning *n* सुबह
moron *adj* मूढ़
morphine *n* मॉरफिन
morsel *n* ग्रास
mortal *adj* मर्त्य
mortality *n* नश्वरता
mortar *n* मोर्टार
mortgage *n* बंधक
mortification *n* मृत्यु
mortify *v* मार डालना
mortuary *n* शवगृह
mosaic *n* मोजेइक
mosque *n* मस्जिद
mosquito *n* मच्छर
moss *n* मॉस (पादप)
most *adj* सर्वाधिक
mostly *adv* अधिकतर
motel *n* मोटल
moth *n* कीट
mother *n* मां
motherhood *n* मातृत्व
mother-in-law *n* सास
motion *n* गति
motionless *adj* गतिहीन
motivate *v* प्रेरित करना
motive *n* उद्देश्य
motor *n* मोटर
motorcycle *n* मोटरसाइकिल
motto *n* आदर्श वाक्य
mouldy *adj* फफूंददार
mount *n* पहाड़ी
mount *v* ऊपर चढ़ना
mountain *n* पहाड़
mountainous *adj* पहाड़ी क्षेत्र
mourn *v* शोक करना
mourning *n* शोक
mouse *n* चूहा
mouth *n* मुंह
move *n* गति
move *v* गति में लाना
move back *v* पीछे हटना
move forward *v* आगे बड़ना
move out *v* बाहर जाना

M

move up *v* आगे बढ़ जाना
movement *n* गति
movie *n* सिनेमा
mow *v* उदास होना
much *adv* काफी
mucus *n* श्लेष्म
mud *n* कीचड़
muddle *n* गड़बड़ी
muddy *adj* पंकिल
muffle *v* ढ़क लेना
muffler *n* गुलुबंद
mug *n* परिश्रमी विद्यार्थी
mug *v* पीछे से वार करना
mugging *n* सीधा-साधा
mule *n* खच्चर
multiple *adj* बहुविध
multiplication *n* गुणा
multiply *v* गुणा करना
multitude *n* बाहुल्य
mumble *v* धीमे बोलना
mummy *n* मम्मी
mumps *n* गिल्टीयां
munch *v* चबाना
munitions *n* किलाबंदी
murder *n* हत्या
murderer *n* हत्यारा
murky *adj* धुंधला
murmur *v* भुनभुनाना
murmur *n* भुनभुनाहट
muscle *n* मांस-पेशी
museum *n* संग्रहालय
mushroom *n* कुकुरमुत्ता
music *n* संगीत
musician *n* संगीतकार
Muslim *adj* मुसलमान
must *iv* जरूरी
mustache *n* मूछ
mustard *n* सरसों
muster *v* नामांकित करना
mutate *v* उत्परिवर्तन
mute *adj* मौन
mutilate *v* विकलांग करना
mutiny *n* सिपाही विद्रोह
mutually *adv* पारस्परिक
muzzle *v* शांत करना
muzzle *n* थूथन; मोहरा
my *adj* मेरा
myopic *adj* दूर दृष्टि दोष
myself *pro* मैं
mysterious *adj* रहस्यमय
mystery *n* रहस्य
mystic *adj* रहस्यवादी
mystify *v* रहस्य बनाना
myth *n* मिथक

M

N

nag *v* तंग करना
nagging *adj* तंग होना
nail *n* नाखुन
naive *adj* सीधा-साधा
naked *adj* नंगा
name *n* नाम
namely *adv* नामशः
nanny *n* दायी
nap *n* अल्पनिद्रा
napkin *n* रूमाल
narcotic *n* मादक द्रव्य
narrate *v* आख्यान करना
narrow *adj* संकीर्ण
narrowly *adv* संकीर्णतापूर्ण
nasty *adj* दुष्ट
nation *n* राष्ट्र
national *adj* राष्ट्रीय
nationality *n* राष्ट्रीयता
nationalize *v* राष्ट्रीकरण करना
native *adj* मूल निवासी
natural *adj* प्राकृतिक
naturally *adv* प्राकृतिकरूप से
nature *n* प्रकृति
naughty *adj* शरारती
nausea *n* मतली
nave *n* मध्यभाग
navel *n* नाभि
navigate *v* नौपरिवहन करना
navigation *n* नौपरिवहन
navy *n* नौसेना
navy blue *adj* गाढ़ा नीला
near *pre* नजदीक
nearby *adj* नजदीक का
nearly *adv* निकटतः
neat *adj* स्वच्छ
neatly *adv* स्वच्छता से
necessary *adj* जरूरी
necessitate *v* आवश्यक बनाना
necessity *n* आवश्यकता
neck *n* गला
necklace *n* गले का हार
necktie *n* नेकटाई
need *v* जरूरी होना
need *n* जरूरत
needle *n* सूई
needless *adj* सूई के बीना
needy *adj* जरूरतमंद
negative *adj* नकारात्मक
neglect *v* उपेक्षा करना
neglect *n* उपेक्षा
negligence *n* लापरवाही
negligent *adj* लापरवाह
negotiation *n* समझौता-वार्त
neighbor *n* पड़ोसी
neighborhood *n* पड़ोस
neither *adv* न तो
nephew *n* भानजा
nerve *n* तन्त्रिका
nervous *adj* अधीर
nest *n* घोंसला
net *n* जाल

111 nostril

Netherlands *n* निदरलैंड
network *n* नेटवर्क
neurotic *adj* मनस्तापी
neutral *adj* तटस्थ
neutralize *v* निष्प्रभावी करना
never *adv* कभी नहीं
nevertheless *adv* किन्तु
new *adj* नया
newborn *n* नवजात
newcomer *n* नवागंतुक
newly *adv* नया-नया
newlywed *adj* नवविवाहित
news *n* समाचार
newscast *n* समाचार अंश
newsletter *n* समाचार-पत्रक
newspaper *n* समाचारपत्र
next *adj* अगला
next door *adj* सामने वाला
nibble *v* लघुग्रास लेना
nice *adj* अच्छा
nicely *adv* अच्छी तरह
nickel *n* रूपा
nickname *n* पुकारने का नाम
nicotine *n* निकोटीन
niece *n* भतीजी
night *n* रात
nightfall *n* शाम
nightingale *n* बुलबुल
nightmare *n* दुःस्वप्न
nine *adj* नौ
nineteen *adj* उन्निस
ninety *adj* नब्बे
ninth *adj* नौवां
nip *n* ताना
nip *v* ताना कसना
nipple *n* स्तनमुख
nitrogen *n* नाइट्रोजन
no one *pro* कोई भी नहीं
nobility *n* अभिजात वर्ग
noble *adj* अभिजात
nobleman *n* कुलीन व्यक्ति
nobody *pro* कोई भी नहीं
nocturnal *adj* रात्रिकालीन
nod *v* निद्रालु होना
noise *n* शोर
noisily *adv* कोलाहल के साथ
noisy *adj* कोलाहल भरा
none *pre* कोई नहीं
nonetheless *c* इतना ही नहीं
nonsense *n* निरर्थक
nonstop *adv* निरंतर
noon *n* दोपहर
noose *n* बन्धन
nor *c* न तो
norm *n* मानक
normal *adj* सामान्य
normally *adv* सामान्यत
north *n* उत्तर
northeast *n* उत्तर-पूर्व
northern *adj* उत्तर का
Norway *n* नॉरवे
nose *n* नाक
nostalgia *n* घर की याद
nostril *n* नासारन्ध्र

N

nosy *adj* बड़ी नाक वाला
not *adv* नहीं
notable *adj* स्मरणीय
notably *adv* विशेषत:
notary *n* लेख प्रमाणक
notation *n* स्वरलिपि
note *v* अंकित करना
notebook *n* स्मरण-पुस्तिका
nothing *n* कुछ भी नहीं
notice *v* ध्यान देना
notice *n* सूचना; ध्यान
noticeable *adj* विचारणीय
notification *n* अधिसूनचा
notify *v* अधिसूचित करना
notion *n* अन्तर्बोध
notorious *adj* कुख्यात
noun *n* संज्ञा
nourishment *n* पोषण
novel *n* उपन्यास
novelist *n* उपन्यासकार
novelty *n* असाधारण वस्तु
November *n* नवम्बर
novice *n* अन्यभ्यस्त
now *adv* अब
nowadays *adv* इन दिनों
nowhere *adv* कहीं नहीं
noxious *adj* अनिष्टकारक
nozzle *n* थुथुना
nuance *n* यूक्ष्म अर्थान्तर
nuclear *adj* नाभिकीय
nude *adj* नग्न
nudism *n* नग्नवाद
nudist *n* नग्नपूजावादी
nudity *n* नग्नता
nuisance *n* उत्पात
null *adj* शून्य
nullify *v* निष्फल करना
numb *adj* संज्ञासुन्न
number *n* संख्या
numbness *n* संज्ञासुन्नता
numerous *adj* अगणित
nun *n* संयासिनी
nurse *n* उपचारिका
nurse *v* देख-भाल करना
nursery *n* शिशुपालगृह
nut *n* काष्ठफल
nutrition *n* पोषण
nutritious *adj* पौष्टिक
nut-shell *n* कठोर-त्वचा
nutty *adj* सिरफिरा

O

oak *n* शाहबलूत
oar *n* पतवार
oasis *n* मरूद्यान
oath *n* शपथ
oatmeal *n* जई का दलिया
obedience *n* आज्ञापालन
obedient *adj* आज्ञाकारिता

N O

113 offset

obese *adj* मोटा
object *v* आपत्ति करना
object *n* वस्तु
objection *n* आपत्ति
objective *n* वसतुनिष्ठा
obligate *v* आभार करना
obligation *n* आभार
obligatory *adj* बाध्यकर
oblige *v* आभारी करना
obliged *adj* आभारी
oblique *adj* तिर्यक
obliterate *v* मिटाना
oblivion *n* विस्मरण
oblivious *adj* विस्मृतिकर
oblong *adj* चौकोर
obnoxious *adj* बेहूदा
obscene *adj* अश्लील
obscenity *n* अश्लीलता
obscure *adj* मलिन
obscurity *n* अल्पदृश्यता
observation *n* अवलोकन
observatory *n* वेधशाला
observe *v* प्रेक्षण करना
obsess *v* दिवाना हो जाना
obsession *n* दिवानगी
obsolete *adj* अप्रचलित
obstacle *n* बाधा
obstinacy *n* हठधर्मिता
obstinate *adj* हठी
obstruct *v* बाधा डालना
obstruction *n* रुकावट
obtain *v* प्राप्त करना
obvious *adj* सुस्पष्ट
obviously *adv* निश्चय ही
occasion *n* मौका
occasionally *adv* यदा-कदा
occult *adj* गुप्त
occupant *n* अधिभोक्ता
occupation *n* उपजीविका
occupy *v* स्थान घेरना
occur *v* घटना
ocean *n* महासागर
October *n* अक्टूबर
octopus *n* ऑक्टोपस
ocurrence *n* घटना
odd *adj* विषम
oddity *n* विचित्र वस्तु
odds *n* वैषम्य
odious *adj* घृणित
odometer *n* ओडोमीटर
odor *n* गंध
odyssey *n* भ्रमण कथा
of *pre* का
off *adv* परे
offend *v* अपराध करना
offense *n* आक्रमक आचरण
offensive *adj* आक्रमक
offer *n* प्रस्ताव
offering *n* भेंट
office *n* कार्यालय
officer *n* अधिकारी
official *adj* आधिकारिक
officiate *v* स्थानापन्न
offset *v* क्षतिपूर्ति

O

offspring 114

offspring *n* सन्तान
often *adv* अक्सर
oil *n* तेल
ointment *n* मरहम
okay *adv* ठीक
old *adj* वृद्ध
old age *n* वृद्धावस्था
olive *n* जैतून
olympics *n* ओलंपिक
omelette *n* आमलेट
omen *n* शकुन
ominous *adj* अपशकुन
omission *n* लुप्ति
omit *v* मिटाना
on *pre* के ऊपर
once *adv* एक बार
once *c* एक बार
one *adj* एक
oneself *pre* स्वयं
ongoing *adj* जारी
onion *n* प्याज
onlooker *n* दर्शक
only *adv* सिर्फ
onset *n* धावा
onslaught *n* भीषण आक्रमण
onwards *adv* आगे की ओर
opaque *adj* अपारदर्शी
open *v* खोलना
open *adj* खुला हुआ
open up *v* उद्घाटित करना
opening *n* उद्घाटन
openness *n* खुलापन
opera *n* गीत-नाट्य
operate *v* प्रचालन करना
operation *n* शल्य क्रिया
opinion *n* राय
opinionated *adj* हठधर्मी
opium *n* अफीम
opponent *n* विरोधी
opportune *adj* सयोचित
opportunity *n* अवसर
oppose *v* विरोध करना
opposite *adj* विपरीत
opposite *adv* विपरीत दिशा में
opposite *n* विरोधी
opposition *n* विपक्षता
oppress *v* सताना
oppression *n* अत्याचार
opt for *v* चयन करना
optical *adj* दृष्टि संबंधी
optician *n* दृष्टि परीक्षक
optimism *n* आशावाद
optimistic *adj* आशावादी
option *n* विकल्प
optional *adj* वैकल्पिक
opulence *n* समृद्धि
or *c* या
oracle *n* देववाणी
orally *adv* मौखिक रूप से
orange *n* संतरा
orangutan *n* ओरंगोटैंग
orbit *n* परिक्रमा-पथ
orchard *n* फल-वाटिका
orchestra *n* ऑरकेस्ट्रा

O

outrun

ordeal *n* कठिन परिक्षा
order *n* आदेश; क्रम
ordinarily *adv* सामान्यरूप से
ordinary *adj* साधारण
ordination *n* विधायन
ore *n* अयस्क
organ *n* अंग
organism *n* जीवित प्राणी
organist *n* वंशीवादक
organization *n* संगठन
organize *v* संगठित करना
orient *n* पूर्वदेशीय
oriental *adj* प्राच्य
orientation *n* अभिमुखीकरण
oriented *adj* अभिमुख
origin *n* उत्पत्ति
original *adj* मूल
originally *adv* मूल रूप से
originate *v* उत्पन्न होना
ornament *n* आभूषण
ornamental *adj* सजावटी
orphan *n* अनाथ
orphanage *n* आनाथालय
orthodox *adj* रूढ़िवादी
ostentatious *adj* आडंबरपूर्ण
ostrich *n* शुतुरमुर्ग
other *adj* अन्य
otherwise *adv* अन्यथा
otter *n* ऊदबिलाव
ought to *iv* चाहिए
ounce *n* औंस
our *adj* हमरा
ours *pro* हम लोगों का
ourselves *pro* हम सभी का
oust *v* बहिष्कृत करना
out *adv* बाहर
outbreak *n* फूट पड़ना
outburst *n* विस्फोट
outcast *adj* जातिच्युत
outcome *n* परिणाम
outcry *n* चीत्कार
outdated *adj* पुराना
outdoor *adv* बाहरी
outdoors *adv* खुले मैदान में
outer *adj* बाह्य
outfit *n* परिधान
outgoing *adj* निर्गामी
outgrow *v* हद से बड़ जाना
outing *n* सैर
outlaw *v* कानून तोड़ना
outlet *n* निकास
outline *n* रूपरेखा; खाखा
outline *v* रूपनेखा देना
outlive *v* ज्यादा जीना
outlook *n* दृष्टिकोण
outmoded *adj* फैशन बाहर
outnumber *v* अधिक होना
outpatient *n* बाह्य रोगी
outpouring *n* भावोद्गार
output *n* प्राप्ति
outrage *n* हिंसा
outrageous *adj* अनाचारी
outright *adj* सीधा
outrun *v* पीछे छोड़ देना

O

outset 116

outset *n* शुरुआत
outshine *v* प्रसिद्ध होना
outside *adv* बाह्य
outsider *n* बाहरी
outskirts *n* सीमावर्ती प्रांत
outspoken *adj* स्पष्ट भाषी
outstanding *adj* असाधारण
outstretched *adj* विस्तृत
outward *adj* निर्गामी
oval *adj* अण्डाकार
ovary *n* अण्डाशय
ovation *n* अभिनंदन
oven *n* चूल्हा
over *pre* ऊपर
overall *adv* समग्र
overbearing *adj* अभिमानी
overboard *adv* जहाज पर
overcast *adj* घिरा हुआ
overcoat *n* ओवरकोट
overcome *v* उबर जाना
overdose *n* अधिक मात्र
overdue *adj* अति देर
overflow *v* बह निकलना
overhaul *v* मरम्मत करना
overlook *v* अनदेखी करना
overnight *adv* रातोरात
overpower *v* हावी हो जाना
overrule *v* रद्द कर देना
overrun *v* कुचलना
overseas *adv* समुद्र पार
oversee *v* निगरानी करना
overshadow *v* बचाव करना
oversight *n* निगरानी
overtake *v* जा पकड़ना
overthrow *v* हरा देना
overthrow *n* पराभव
overtime *adv* अतिरिक्त समय
overturn *v* समाप्त कर देना
overview *n* संक्षिप्त विवरण
overweight *adj* मोटापा
overwhelm *v* अभिभूत करना
owe *v* ऋणी होना
owing to *adv* के कारण
owl *n* उल्लू
own *v* स्वामी होना
own *adj* स्वामित्व में
owner *n* मालिक
ownership *n* मालिकाना
ox *n* बैल
oxen *n* कई बैल
oxygen *n* ऑक्सीजन
oyster *n* घोंघा

OP

P

pace *n* कदम
pacify *v* शांत करना
pack *v* सामान कसना
package *n* गट्ठर
pact *n* समझौता

117 parish

pad *v* गद्दे की तह देना
padding *n* भराई
paddle *v* चप्पू से खेना
padlock *n* ताला
pagan *adj* मूर्तिपूजक
page *n* पृष्ठ; चाकर
pail *n* कलश
pain *n* पीड़ा
painful *adj* पीड़ादायक
painkiller *n* पीड़ाहारक
painless *adj* दु:खहीन
paint *v* रंग करना
paint *n* रंग
paintbrush *n* कूची
painter *n* चित्रकार
painting *n* चित्रकारी
pair *n* जोड़ा
pajamas *n* पजामा
pal *n* दोस्त
palace *n* प्रासाद
palate *n* तालु
pale *adj* पीला
paleness *n* पीलापन
palm *n* हथेली
palpable *adj* स्पर्शदर्शी
paltry *adj* तुच्छ
pamphlet *n* पर्चा
pan *n* कड़ाही
pancreas *n* पाचक ग्रन्थि
pang *n* यातना
panic *n* भगदड़
panorama *n* दृश्यपटल
panther *n* तंदुआ
pantry *n* पैंट्री
pants *n* पतलून
pantyhose *n* चुस्त बिरजिस
papacy *n* पोपतन्त्र
paper *n* कागज
paperclip *n* पेपरक्लिप
paperwork *n* कागजी काम
parable *n* दृष्टान्त-कथा
parachute *n* पैराशूट
parade *n* परेड
paradise *n* स्वर्ग
paradox *n* विरोधाभास
paragraph *n* अनुच्छेद
parakeet *n* सुग्गा
parallel *n* समानान्तर
paralysis *n* लकवा
paralyze *v* लकवा मारना
parameters *n* माप-दंड
paramount *adj* सर्वोपरी
paranoid *adj* संविभ्रमी
parasite *n* परजीवी
paratrooper *n* छतरी सैनिक
parcel *n* पार्सल
parcel post *n* पार्सल डाक
parch *v* झुलसना; भूनना
parchment *n* चिमड़ा कागज
pardon *v* क्षमा करना
pardon *n* क्षमा
parenthesis *n* लघु बंधनी
parents *n* अभिभावक
parish *n* खैराती

P

parishioner 118

parishioner *n* ग्रामवासी
parity *n* समानता
park *v* गाड़ी खड़ी करना
park *n* उपवन
parliament *n* संसद
parochial *adj* स्थानीय
parrot *n* तोता
parsley *n* अजवायन
parsnip *n* चुकन्दर
part *v* हिस्सा होना
part *n* हिस्सा
partial *adj* आंशिक
partially *adv* आंशिक रूप से
participate *v* हिस्सा लेना
participation *n* भागीदारी
participle *n* कृदंतक
particle *n* कण
particular *adj* विशिष्ट
particularly *adv* विशिष्ट रूप से
parting *n* विभाजन
partisan *n* पक्षधर
partition *n* बंटवारा
partly *adv* अंशत:
partner *n* सहभागी
partnership *n* साझेदारी
partridge *n* तीतर
party *n* पार्टी; पक्ष
pass *n* प्रवेशपत्र
pass *v* पास होना
pass around *v* वितरित करना
pass away *v* मृत्यु होना
pass out *v* चला जाना
passage *n* गली; उद्धरण
passenger *n* यात्री
passer-by *n* राही
passion *n* भाव संवेग
passionate *adj* आवेशाकुल
passive *adj* निष्क्रिय
passport *n* पासपोर्ट
password *n* पासवर्ड
past *adj* भूतपूर्व
paste *v* पेस्ट
paste *n* लेप
pastime *n* मनोरंजन
pastor *n* चरवाहा
pastoral *adj* ग्रामीण
pastry *n* पेस्ट्री
pasture *n* चरागाह
pat *n* थपकी
patch *v* पैबन्द लगाना
patch *n* पैबन्द
patent *n* पेटेंट
patent *adj* सुस्पष्ट
paternity *n* पितृत्व
path *n* पथ
pathetic *adj* मार्मिक
patience *n* सहनशक्ति
patient *adj* रोगी
patio *n* ड्योढ़ी
patriarch *n* कुलपिता
patrimony *n* पितृसत्तात्मक
patriot *n* देशभक्त
patriotic *adj* देशभक्तिपूर्ण
patrol *n* पेट्रोल

P

patron *n* संरक्षक; ग्राहक
patronage *n* संरक्षण
patronize *v* संरक्षण देना
pattern *n* प्रतिमान
pavement *n* खड़ंजा
pavilion *n* मंडप
paw *n* पंजा
pawn *v* गिरवी रखना
pay *n* भुगतान
pay *iv* भुगतान करना
pay back *v* वापस करना
pay off *v* चुकाता करना
payable *adj* देय
paycheck *n* भुगतान चेक
payee *n* प्राप्तिकर्ता
payment *n* भुगतान
payroll *n* पेरोल
payslip *n* भुगतान रसीद
pea *n* मटर
peace *n* शान्ति
peaceful *adj* शान्तिपूर्ण
peach *n* सताल्
peacock *n* मोर
peak *n* शिखर
peanut *n* मूंगफली
pear *n* नाशपाती
pearl *n* मोती
peasant *n* किसान
pebble *n* कंकड़
peck *v* चोंच मारना
peck *n* दो गैलन की माप
peculiar *adj* विशिष्ट
pedagogy *n* शिक्षा-शास्त्र
pedal *n* पायदान
pedantic *adj* अतिसिद्धांतवादी
pedestrian *n* पैदल यात्री
peel *v* छिलका उतारना
peel *n* छिलका
peep *v* ताक-झांक करना
peer *n* समकक्ष
pelican *n* श्वेत-जलपक्षी
pellet *n* छर्रा
pen *n* कलम
penalize *v* दण्डित करना
penalty *n* दंड; जुर्माना
penance *n* तपस्या
penchant *n* पसंदगी
pencil *n* पेन्सिल
pendant *n* लटकन
pending *adj* निलंबित
pendulum *n* दोलक
penetrate *v* वेधन करना
penguin *n* पेंग्विंग
penicillin *n* पैनिसिलिन
peninsula *n* प्रायद्वीपीय
penitent *n* पछतानेवाला
penniless *adj* दरिद्र
penny *n* कौड़ी
pension *n* निवृत्ति वेतन
pentagon *n* पंचभुज
pent-up *adj* परिसीमित
people *n* लोग
pepper *n* काली मिर्च
per *pre* प्रति

P

percent *adv* प्रतिशत
percentage *n* प्रतिशतता
perception *n* प्रत्यक्ष ज्ञान
perennial *adj* निरंतर
perfect *adj* सम्पूर्ण
perfection *n* पूर्णता
perforate *v* छेद करना
perforation *n* छिद्रण
perform *v* प्रदर्शन करना
performance *n* प्रदर्शन; निष्पादन
perfume *n* सुगंध
perhaps *adv* शायद
peril *n* जोखिम
perilous *adj* जोखिम भरा
perimeter *n* परिमापी
period *n* काल
perish *v* नष्ट करना
perishable *adj* क्षीण होने वाला
permanent *adj* स्थाई
permeate *v* परागमन करना
permission *n* अनुज्ञा
permit *v* आज्ञा देना
pernicious *adj* दुष्ट
perpetrate *v* अपराध करना
persecute *v* अत्याचार करना
persist *v* आग्रह करना
persistence *n* अनुलम्बन
persistent *adj* आग्रही
person *n* व्यक्ति
personal *adj* व्यक्तिगत
personality *n* व्यक्तित्व
personnel *n* कर्मचारी-वर्ग
perspective *n* परिप्रेक्ष
perspiration *n* पसीना
perspire *v* पसीना बहना
persuade *v* समझाना
persuasion *n* अनुनय-विनय
persuasive *adj* अनुनयी
pertain *v* संबंध होना
pertinent *adj* प्रासंगिक
perturb *v* परेशान होना
perverse *adj* विकृत
pervert *v* पथभ्रष्ट होना
pervert *adj* पथभ्रष्ट
pessimism *n* निराशावाद
pessimistic *adj* निराशावादी
pest *n* नाशक कीट
pester *v* पीड़ा देना
pesticide *n* पेस्टीयाइड
pet *n* पालतु पशु
petal *n* पंखुडी
petition *n* याचिका
petrified *adj* अश्मीभूत
petroleum *n* पेट्रोलियम
pettiness *n* तुच्छता
petty *adj* निम्न
pew *n* मंच
phantom *n* बेताल
pharmacist *n* औषधकारक
phase *n* काल
pheasant *n* वनमुर्गी
phenomenon *n* परिघटना
philosopher *n* दार्शनिक
philosophy *n* दर्शन

P

pitfall

phobia *n* भय
phone *n* टेलीफोन
phone *v* टेलीफोन करना
phoney *adj* मनगढ़न्त
phosphorus *n* फासफोरस
photo *n* चित्र
photocopy *n* फोटो प्रति
photograph *v* तस्वीर
photographer *n* छायाकार
photography *n* फोटोचित्रण
phrase *n* वाक्यांश
physician *n* चिकित्सक
physics *n* भौतिकी
pianist *n* पियानोवादक
piano *n* पियानो
pick *v* चयन करना
pick up *v* खोदना
pickpocket *n* पाकेटमार
pickup *n* चुनना
picture *n* तस्वीर
picture *v* तस्वीर बनाना
picturesque *adj* चित्रसदृश
pie *n* पाई, मिठाई
piece *n* टुकड़ा
piecemeal *adv* टुकड़ा-टुकड़ा
pier *n* स्तम्भ
pierce *v* छेदना
piercing *n* वेधन
piety *n* धर्मनिष्ठा
pig *n* सुअर
pigeon *n* कबूतर
piggy bank *n* गुल्लक

pile *v* ढेर लगाना
pile *n* ढेरी
pile up *v* ढेर लगना
pilfer *v* चुराना
pilgrim *n* तीर्थयात्री
pilgrimage *n* तीर्थयात्रा
pill *n* गोली
pillage *v* लूटमार करना
pillar *n* खम्भा
pillow *n* तकिया
pilot *n* विमान-चालक
pimple *n* मुहासा
pin *n* पिन
pincers *n* संड़सी
pinch *v* चिकोटी काटना
pinch *n* चिकोटी
pine *n* चीड़
pineapple *n* अनानास
pink *adj* गुलाबी
pinpoint *v* रेखांकित करना
pint *n* पिंट
pioneer *n* पथप्रदर्शक
pious *adj* पवित्र
pipe *n* नली
pipeline *n* पाइप लाइन
piracy *n* समुद्री डकैती
pirate *n* समुद्री डकैत
pistol *n* बन्दुक
pit *n* गढ़ा
pitch-black *adj* गाड़ा-काला
pitchfork *n* पंजा
pitfall *n* अन्धकूप

P

pitiful 122

pitiful *adj* दयनीय
pity *n* तरस
placard *n* प्लेकार्ड
placate *v* सांत्वना देना
place *n* स्थान
placid *adj* शांत
plague *n* प्लेग
plain *n* मैदान
plain *adj* सादा; साधारण
plainly *adv* सीधे तरीके से
plaintiff *n* वादी
plan *v* योजना बनाना
plan *n* योजना
plane *n* समतल
planet *n* ग्रह
plant *v* रोपना
plant *n* पौधा
plaster *n* पलस्तर
plaster *v* पलस्तर लगाना
plastic *n* प्लास्टिक
plate *n* तश्तरी
plateau *n* पठार
platform *n* मंच
platinum *n* प्लेटिनम
platoon *n* पलटन
plausible *adj* सत्याडंबरी
play *v* खेलना
play *n* खेल; मनोरंजन
player *n* खिलाड़ी
playful *adj* विनोदप्रिय
playground *n* क्रीड़ा-स्थल
plea *n* याचना
plead *v* वकलात करना
pleasant *adj* मनोहर
please *v* संतुष्ट करना
pleasing *adj* सुखकर
pleasure *n* आनंद
pleat *n* क्रीज
pleated *adj* क्रीज लगा
pledge *v* शपथ लेना
pledge *n* शपथ
plentiful *adj* प्रचुर
plenty *n* बाहुल्य
pliable *adj* लचीला
pliers *n* प्लास
plot *v* योजना बनाना
plot *n* भूमि का टुकड़ा
plow *v* हल चलाना
ploy *n* कार्य
pluck *v* तोड़ना
plug *v* बन्द करना
plug *n* ठेपी; प्लग
plum *n* आलुबुखारा
plumber *n* प्लंबर
plumbing *n* प्लंबरी
plummet *v* तेजी से गिरना
plump *adj* मोटा
plunder *v* लूटना
plunge *v* डुबकी लगाना
plunge *n* डुबकी; छलांग
plural *n* अनेक
plus *adj* जोड़
plush *adj* मखमल का
plutonium *n* प्लुटोनियम

pneumonia *n* निमोनिया
pocket *n* पाकेट
poem *n* कविता
poet *n* कवि
poetry *n* पद्य
poignant *adj* कसैला
point *n* बिन्दु; स्थान
point *v* नुकीला बनाना
pointed *adj* नुकीला
pointless *adj* अर्थहीन
poise *n* संतोल
poison *v* जहर देना
poison *n* जहर
poisoning *n* जहरीला
poisonous *adj* जहरीला
Poland *n* पोलैंड
polar *adj* ध्रुवीय
pole *n* खम्भा
police *n* पुलिस
policy *n* नीति
Polish *adj* पौलैंड का
polish *n* पौलैंड निवासी
polish *v* चमकाना
polite *adj* विनम्र
politeness *n* विनम्रता
politician *n* राजनीतिज्ञ
politics *n* राजनीति
poll *n* मतदान
pollen *n* पराग
pollute *v* दूषित करना
pollution *n* प्रदूषण
polygamist *adj* बहुपत्नीवादी
polygamy *n* बहुपत्नीत्व
pomegranate *n* अनार
pomposity *n* शब्दाडंबर
pond *n* तालाब
ponder *v* विचारना
pontiff *n* धर्माध्यक्ष
pool *n* कुण्ड; पोखरा
pool *v* साझा करना
poor *n* गरीब
poorly *adv* बहुत बुरी तरह
Pope *n* पोप
poppy *n* पोस्ता
popular *adj* प्रचलित
popularize *v* प्रचलित बनाना
populate *v* निवास करना
population *n* आबादी
porch *n* वरामदा
porcupine *n* शल्यक
pore *n* रन्ध्र
pork *n* सुअर का मांस
porous *adj* छिद्रपूर्ण
port *n* बन्दरगाह
portable *adj* छोटा
portent *n* शकुन
porter *n* द्वारपाल
portion *n* अंश
portrait *n* छविचित्र
portray *v* शब्दचित्रण करना
Portugal *n* पुर्तुगाल
Portuguese *adj* पुर्तुगाल का
pose *v* मुद्र बनाना
pose *n* मुद्र

posh *adj* टीम-टाम वाला
position *n* अवस्थिति
positive *adj* सकारात्मक
possess *v* आधिपत्य रखना
possession *n* कब्ज़ा
possibility *n* सम्भावना
possible *adj* सम्भव
post *n* खम्भा; थम्ब
post office *n* डाकघर
postage *n* डाक-भार
postcard *n* पोस्टकार्ड
poster *n* पोस्टर
posterity *n* सन्तान
postman *n* डाकिया
postmark *n* डाकचिन्ह
postpone *v* निलंबित करना
postponement *n* निलंबन
pot *n* पात्र; प्याला
potato *n* आलू
potent *adj* जननक्षम
potential *adj* संभाव्य
pothole *n* जलगर्तिका
poultry *n* मुर्गी-पालन
pound *v* कूटना
pound *n* कांजीहाउस
pour *v* उंडेलना
poverty *n* गरीबी
powder *n* चूर्ण
power *n* शक्ति
powerful *adj* शक्तिशाली
powerless *adj* शक्तिहीन
practical *adj* व्यवहारिक
practice *n* व्यवहार
practise *v* व्यवहार में लाना
practising *adj* व्यवहार
pragmatist *adj* उपयोगितावादी
praise *v* प्रशंसा करना
praise *n* प्रशंसा
praiseworthy *adj* प्रशंसनीय
prank *n* अठखेलियां
prawn *n* झींगा
pray *v* प्रार्थना करना
prayer *n* प्रार्थना
preach *v* उपदेश देना
preacher *n* उपदेशक
preaching *n* उपदेश
preamble *n* प्रस्तावना
precarious *adj* परमुखापेक्षी
precaution *n* एहतियात
precede *v* पूर्वगमन करना
precedent *n* पूर्वोदाहरण
preceding *adj* पूर्वगामी
precept *n* आदेश
precious *adj* बहुमूल्य
precipice *n* खड़ी चट्टान
precipitate *v* अवक्षेप
precise *adj* परिशुद्ध
precision *n* परिशुद्धता
precocious *adj* अकालप्रौढ़
precursor *n* पुरोवर्ती
predecessor *n* पूर्वाधिकारी
predicament *n* विधेयमान वस्तु
predict *v* भविष्यवाणी करना
prediction *n* भविष्यवाणी

P

125 **priest**

predilection *n* पक्षपात
predisposed *adj* उन्मुख
preempt *v* पूर्वाधिकार करना
preface *n* प्राक्कथन
prefer *v* वरीयता देना
preference *n* वरीयता
prefix *n* उपसर्ग
pregnancy *n* गर्भावस्था
pregnant *adj* गर्भवती
prehistoric *adj* प्रागैतिहासिक
prejudice *n* पूर्वाग्रह
preliminary *adj* प्रारम्भिक
prelude *n* प्रस्तावना
premature *adj* समयपूर्व
premeditate *v* पूर्वविचार करना
premeditation *n* पूर्वविचारण
premier *adj* प्रथम प्रदर्शन
premise *n* आधार वाक्य
premises *n* परिसर
premonition *n* पूर्वाभास
preoccupation *n* पूर्वव्यस्तता
preoccupy *v* चिन्ता
preparation *n* तैयारी
prepare *v* तैयार करना
preposition *n* उपसंज्ञा
prerequisite *n* पूर्वशर्त
prerogative *n* सर्वोच्चाधिकार
prescribe *v* निर्धारित करना
prescription *n* नुस्खा
presence *n* उपस्थिति
present *adj* वर्तमान
present *v* उपस्थित रहना
presentation *n* प्रस्तुति
preserve *v* संरक्षण
preside *v* अध्यक्षता करना
presidency *n* अध्यक्षता
president *n* अध्यक्ष
press *n* छापाखाना; दबाव
press *v* छापना; दबाना
pressing *adj* दबाना
pressure *v* दबाव डालना
pressure *n* दबाव
prestige *n* प्रतिष्ठा
presume *v* परिकल्पना करना
presumption *n* स्वीकरण
presupposition *n* पूर्वगृहीत
pretend *v* बहाना करना
pretense *n* बहाना
pretension *n* अभियोग
pretty *adj* प्यारा
prevail *v* व्याप्त होना
prevalent *adj* व्याप्त
prevent *v* रोकथाम करना
prevention *n* निवारण
preventive *adj* निवारक
preview *n* पूर्वदृश्य
previous *adj* पिछला
previously *adv* पूर्वत:
prey *n* शिकार
price *n* कीमत
pricey *adj* कीमती
prick *v* चुभोना
pride *n* गर्व
priest *n* पुजारी

P

priestess 126

priestess *n* पुजारिन
priesthood *n* पुरोहिताई
primacy *n* प्रधानता
primarily *adv* मुख्यत:
prime *adj* प्रधान
primitive *adj* आदिम
prince *n* राजकुमार
princess *n* राजकुमारी
principal *adj* प्रधान
principle *n* सिद्धांत
print *v* छापना
print *n* छपाई
printer *n* मुद्रक
printing *n* छपाई
prior *adj* मठाधीश
priority *n* प्रथमिकता
prism *n* स्तम्भ
prison *n* कारावास
prisoner *n* बन्दी
privacy *n* एकातंता
private *adj* निजी
privilege *n* विशेषाधिकार
prize *n* इनाम
probability *n* सम्भाविता
probable *adj* सम्भाव्य
probe *v* खेजबीन करना
probing *n* गहराई नापना
problem *n* समस्या
problematic *adj* समस्यापूर्ण
procedure *n* कार्य पद्धति
proceed *v* आगे बढ़ना
proceedings *n* कार्यवाई
proceeds *n* बिक्री की रकम
process *v* प्रक्रिया में लाना
process *n* प्रक्रिया
procession *n* शोभा यात्रा
proclaim *v* उद्घोषणा करना
proclamation *n* उद्घोषणा
procrastinate *v* विलंब करना
procreate *v* जन्म देना
procure *v* प्राप्त करना
prod *v* चुभोना
prodigious *adj* अलौकिक
prodigy *n* विलक्षण
produce *v* उत्पादन करना
produce *n* उत्पादित
product *n* उत्पाद
production *n* उत्पादन
productive *adj* उत्पादक
profane *adj* अपवित्र
profess *v* दम्भ भरना
profession *n* व्यवसाय
professional *adj* पेशेवर
professor *n* प्रोफेसर
proficiency *n* प्रवीणता
proficient *adj* प्रवीण
profile *n* रूपरेखा
profit *v* लाभ होना
profit *n* लाभ
profitable *adj* लाभदायक
profound *adj* अगाध
program *n* कार्यक्रम
progress *v* विकास करना
progress *n* विकास

P

progressive *adj* विकासशील
prohibit *v* निषेध करना
prohibition *n* निषेध
project *v* प्रक्षेपण करना
project *n* निर्माण-योजना
projectile *n* प्रक्षेप्य
prologue *n* प्रस्तावना
prolong *v* विलम्बित करना
promenade *n* विहार
prominent *adj* प्रमुख
promiscuous *adj* बेतरतीब
promise *n* प्रतिज्ञा
promote *v* प्रोत्साहित करना
promotion *n* प्रोत्साहन
prompt *adj* शीघ्र
prone *adj* अधोमुख
pronoun *n* सर्वनाम
pronounce *v* उच्चारण करना
proof *n* सबूत
propaganda *n* प्रचार
propagate *v* प्रचार करना
propel *v* प्रेरित करना
propensity *n* रुझान
proper *adj* उचित
properly *adv* उचित तौर पर
property *n* संपत्ति
prophecy *n* भविष्यवाणी
prophet *n* भविष्यद्रष्टा
proportion *n* अनुपात
proposal *n* प्रस्ताव
propose *v* प्रस्तावीत करना
proposition *n* तर्कवाक्य
prose *n* गद्य
prosecute *v* अभियोजन करना
prosecutor *n* अभियोजक
prospect *n* भविष्य
prosper *v* समृद्ध होना
prosperity *n* समृद्धी
prosperous *adj* समृद्ध
prostate *n* पुर:स्थग्रन्थि
prostrate *adj* धाराशायी
protect *v* सुरक्षा करना
protection *n* सुरक्षा
protein *n* प्रोटीन
protest *v* विरोध करना
protest *n* विरोध
protocol *n* प्रोटोकॉल
prototype *n* आदिप्रारूप
protract *v* विलम्बित करना
protracted *adj* विलम्बित
protrude *v* उभारना
proud *adj* अहंकार
proudly *adv* अहंकार पूर्वक
prove *v* सिद्ध करना
proven *adj* सिद्ध किया हुआ
proverb *n* लोकोक्ति
provide *v* प्रदान करना
providence *n* पूर्व-विवेचना
providing that *c* बशर्ते कि
province *n* प्रांत
provision *n* प्रावधान
provisional *adj* सामयिक
provocation *n* उत्तेजना
provoke *v* उत्तेजित करना

prowl *v* खोज करना
prowler *n* शिकारी
proximity *n* सामीप्य
proxy *n* परोक्षी
prudence *n* प्रज्ञा
prudent *adj* ज्ञानी
prune *v* छांटना
prune *n* सूखा बेर
prurient *adj* कामातुर
pseudonym *n* छद्मनाम
psychiatrist *n* मनोवैज्ञानिक
psychic *adj* मानसिक
psychology *n* मनोविज्ञान
psychopath *n* मनोरोगी
puberty *n* प्रौढ़ता
public *adj* सार्वजनिक
publication *n* प्रकाशण
publicity *n* प्रचार
publish *v* प्रकाशित करना
publisher *n* प्रकाशक
pudding *n* पुडिंग
puerile *adj* बालसुलभ
puff *n* फूंकना
puffy *adj* फूला हुआ
pull *v* खींचना
pull ahead *v* आगे खींचना
pull down *v* ध्वस्त करना
pulley *n* घिरनी
pulp *n* गूदा
pulpit *n* आसन
pulsate *v* कम्पित होना
pulse *n* नाड़ी

pulverize *v* सम्पोषित करना
pump *v* हवा भरना
pump *n* पम्प
pumpkin *n* कुम्हड़ा
punch *v* घूंसा मारना
punch *n* मुक्का; गोदन
punctual *adj* समयपरायण
puncture *n* पंक्चर, छेद
punish *v* साजा देना
punishable *adj* सजा देने योग्य
punishment *n* साजा
pupil *n* शिष्य
puppet *n* कठपुतली
puppy *n* कुत्ते का बच्चा
purchase *v* खरीदना
purchase *n* खरीदारी
pure *adj* शुद्ध
puree *n* प्यूरी
purgatory *n* पापमोचन
purge *n* संस्कार
purge *v* शुद्ध करना
purification *n* शुद्धि
purify *v* शोधन करना
purity *n* शुद्धता
purple *adj* बैंगनी
purpose *n* प्रयोजन
purposely *adv* प्रयोजनार्थ
purse *n* थैला
pursue *v* पीछा करना
pursuit *n* अनुसरण; खोज
pus *n* पीप
push *v* धक्का देना

129 quotient

pushy *adj* पीछे पड़ने वाला
put *iv* रखना
put away *v* तलाक देना
put off *v* स्थगित करना
put up *v* लगाना
put up with *v* नतमस्तक होना
putrid *adj* दुर्गन्धित
puzzle *n* पेचीदा मामला
pyramid *n* पिरामिड
python *n* अजगर

Q

quagmire *n* दलदल
quail *n* बटेर
quake *v* कांपना
quality *n* गुणवत्ता
qualm *n* चिन्ता
quandery *n* अनिश्चितता
quantity *n* मात्रा
quarrel *v* झगड़ा करना
quarrel *n* झगड़ा
quarrelsome *adj* झगड़ालू
quarry *n* खदान
quarter *n* क्वाटर
quarterly *adj* त्रैमासिक
quarters *n* निवास
quash *v* खण्डित करना
queen *n* रानी
queer *adj* विलक्षण
quell *v* दमन करना
quench *v* शमन करना
quest *n* अन्वेषण
question *v* प्रश्न पूछना
question *n* प्रश्न
questionable *adj* शंकास्पद
questionnaire *n* प्रश्नावली
queue *n* कतार
quick *adj* शीघ्र
quicken *v* उत्तेजित करना
quickly *adv* जल्दी-जल्दी
quicksand *n* बलुआ दलदल
quiet *adj* शांत
quietness *n* शांति
quilt *n* रजाई
quit *iv* छोड़ना
quite *adv* पूर्णतया
quiver *v* थरथराहट
quiz *v* प्रश्नोत्तरी
quotation *n* उद्धरण
quote *v* उद्धरित करना
quotient *n* लाभफल

R

rabbi *n* यहूदी धर्मशाला
rabbit *n* खरगोश
rabies *n* रेबीज
raccoon *n* रैकून
race *v* दौड़ना
race *n* दौड़; यात्रा
racism *n* रंगभेद
racist *adj* जातिवादी
racket *n* तिकड़म; गिरोह
racketeering *n* लूटपाट
radar *n* रडार
radiation *n* विकिरण
radiator *n* विकीरक
radical *adj* उग्र
radio *n* रेडियो
radish *n* मूली
radius *n* त्रिज्या
raffle *n* लॉटरी
raft *n* बेड़ा
rag *n* जीर्णशीर्ण वस्त्र
rage *n* रोष
ragged *adj* फटेहाल
raid *n* छापा; हमला
raid *v* छापा मारना
raider *n* आक्रमणकारी
rail *n* रेल; सरिया
railroad *n* रेलमार्ग
rain *n* वर्षा
rain *v* बारिश होना
rainbow *n* इंद्रधनुश
raincoat *n* बरसाती
rainfall *n* वर्षा
rainy *adj* बरसाती
raise *n* वेतन-वृद्धि
raise *v* ऊंचा करना
raisin *n* किशमिश
rake *n* पंजा
rally *n* रैली
ram *v* टक्कर मारना
ramp *n* ढलान
rampage *v* टूट पड़ना
rampant *adj* प्रचण्ड
ramson *v* फिरौती मांगना
ranch *n* पशुपालन केंद्र
rancor *n* मनमुटाव
randomly *adv* बेतरतीब ढंग से
range *n* क्षेत्र
rank *n* पद; दर्जा
rank *v* दर्जा देना
ransack *v* लूटना
rape *v* बलात्कार करना
rape *n* बलात्कार
rapid *adj* द्रुत
rapist *n* बलात्कारी
rapport *n* घनिष्टता
rare *adj* दुर्लभ
rarely *adv* मुश्किल से
rascal *n* लफंगा
rash *n* अविवेकपूर्ण
raspberry *n* रसबरी
rat *n* चूहा

131 **receive**

rate *n* दर; भाव
rather *adv* दरसल
ratification *n* सत्यांकन
ratify *v* अनुमोदित करना
ratio *n* अनुपात
ration *v* रसद लेना
ration *n* रसद
rational *adj* तार्किक
rationalize *v* सिद्ध करना
rattle *v* झुनझुनाना
ravage *v* विध्वंस करना
ravage *n* विध्वंस
rave *v* विध्वंस करना
raven *n* काला कौवा
ravine *n* लूटखसोट
raw *adj* कच्चा
ray *n* किरण
raze *v* खुरचना
razor *n* उस्तुरा
reach *v* पहुंचना
reach *n* पहुंच
react *v* प्रतिक्रिया देना
reaction *n* प्रतिक्रिया
read *iv* पढ़ना
reader *n* पाठक
readiness *n* तैयारी
reading *n* पठन
ready *adj* तैयार
real *adj* वास्तविक
realism *n* यथार्थवाद
reality *n* वास्तिकता
realize *v* साकार करना
really *adv* वास्तव में
realm *n* परिमण्डल
realty *n* अचल सम्पत्ति
reap *v* फसल काटना
reappear *v* रीपर
rear *v* शिक्षित करना
rear *n* पृष्ठ भाग
rear *adj* पिछला
reason *v* तर्क करना
reason *n* तर्क
reasonable *adj* युक्तियुक्त
reasoning *n* तर्कना
reassure *v* विश्वास दिलाना
rebate *n* कटौती
rebel *v* विद्रोह करना
rebel *n* विद्रोही
rebellion *n* विद्रोह
rebirth *n* पुनर्जन्म
rebound *v* टकरा कर लौटना
rebuff *v* अवरुद्ध करना
rebuff *n* अवरुद्ध
rebuild *v* पुनर्निमाण करना
rebuke *v* निन्दा करना
rebuke *n* निन्दा
rebut *v* खण्डन करना
recall *v* याद करना
recant *v* बात वापस लेना
recap *v* संक्षेप में दिखाना
recapture *v* पुन:बंदीकरण
recede *v* पीछे हटना
receipt *n* रसीद
receive *v* प्राप्त करना

R

recent 132

recent *adj* अभिनव
reception *n* स्वागत
receptionist *n* स्वागती
receptive *adj* संग्रहणशील
recess *n* अवकाश
recession *n* सुस्ती
recharge *v* रिचार्ज करना
recipe *n* पर्ची
reciprocal *adj* पारस्परिक
recital *n* प्रस्तुति
recite *v* प्रस्तुत करना
reckless *adj* दु:साहसी
reckon *v* गिनना
reckon on *v* पर भरोसा करना
reclaim *v* सभ्य बनाना
recline *v* सहारा देना
recluse *n* सन्यासी
recognition *n* मान्यता
recognize *v* मान्यता देना
recollect *v* याद करना
recollection *n* यादगार
recommend *v* सिफारिश करना
recompense *v* हरजाना देना
recompense *n* हरजाना
reconcile *v* समाधान करना
reconsider *v* पुन:विचार करना
reconstruct *v* पुन:निर्माण करना
record *v* रिकार्ड करना
record *n* अभिलेख; रिकार्ड
recorder *n* रिकार्डर
recording *n* अभिलेखन
recount *n* फिर से गिनना
recoup *v* क्षतिपूर्ति करना
recourse *v* उपचार करना
recourse *n* उनचार
recover *v* वसूल करना
recovery *n* वसूली
recreate *v* पुनर्निर्मित करना
recreation *n* मनोरंजन
recruit *v* सेना में भर्ती
recruitment *n* भर्ती
rectangle *n* आयत
rectangular *adj* आयताकार
rectify *v* भूल सुधारना
rector *n* अधिशिक्षक
rectum *n* मलाशय
recuperate *v* पुन:स्वस्थ होना
recur *v* पुनरावृत्ति होना
recurrence *n* पुनरावृत्ति
recycle *v* रिसाइकल करना
red *adj* लाल
red tape *n* लाल फिताशाही
redden *v* शर्माना
redeem *v* छुड़ाना
redemption *n* विमोचन करना
red-hot *adj* कामुक
redo *v* रीडू
redouble *v* दुगुना करना
redress *v* निवारण करना
reduce *v* घटाना
redundant *adj* बेकार
reed *n* नरकुल
reef *n* समुद्री चट्टान
reel *n* चर्खी; रील

R

rejection

reentry *n* पुन:प्रवेश
refer to *v* को पास भेजना
referee *n* रेफ्री
reference *n* संदर्भ
referendum *n* जनमत संग्रह
refill *v* दुबारा भरना
refinance *v* पुनरवित्त
refine *v* परिष्कृत करना
refinery *n* परिष्करण शाला
reflect *v* परावर्तित होना
reflection *n* परावर्तन
reflexive *adj* प्रतिवर्ती
reform *v* सुधार करना
reform *n* सुधार
refrain *v* रोकना
refresh *v* तरो ताजा होना
refreshing *adj* तरो ताजगी भरा
refreshment *n* जलपान
refrigerate *v* रेफ्रिजरेटर
refuel *v* पुन:इंधन भरना
refuge *n* शरण
refugee *n* शरणार्थी
refund *v* धन वापस करना
refund *n* धन वापसी
refurbish *v* परिष्कार करना
refusal *n* अस्वीकरण
refuse *v* अस्वीकार करना
refuse *n* अस्वीकृति
refute *v* खण्डन करना
regain *v* पुन:प्राप्त करना
regal *adj* राजोचित
regard *v* सम्मान देना
regarding *pre* के बारे में
regardless *adv* विरक्त
regards *n* आदर
regeneration *n* पुनर्जनन
regent *n* राज्यप्रतिनिधि
regime *n* शासन
regiment *n* पल्टन
region *n* प्रदेश
regional *adj* प्रादेशिक
register *v* पंजीकरण
registration *n* पंजीकृत
regret *v* पछताना
regret *n* पछतावा
regrettable *adj* खेद का विषय
regularity *n* नियमितता
regularly *adv* नियमित
regulate *v* नियंत्रित करना
regulation *n* नियंत्रण
rehabilitate *v* पुनर्वास करना
rehearsal *n* पूर्वाभ्यास
rehearse *v* पूर्वाभ्यास करना
reign *v* आधिपत्य करना
reign *n* साम्राज्य
reimburse *v* प्रतिपूर्ति करना
reimbursement *n* प्रतिपूर्ति
rein *v* किनारा; चक्का
rein *n* बागडोर
reindeer *n* रेण्डियर
reinforce *v* पुन:लागु करना
reiterate *v* बार-बार कहना
reject *v* खारिज करना
rejection *n* नामंजूरी

R

rejoice v आनंदित करना
rejoin v प्रतिउत्तर देना
rejuvenate v नवजीवन देना
relapse n दोहराव
related adj संबंधित
relationship n संबंध
relative adj सापेक्ष
relative n संबंधी
relax v छूट देना
relaxation n रियायत
relay v योजना
release v मुक्त करना
relegate v बहिष्कार करना
relent v नरम पड़ना
relentless adj निर्ममता
relevant adj सुसंगत
reliable adj विश्वसनीय
reliance n भरोसा
relic n अवशेष
relief n राहत
relieve v भारमुक्त करना
religion n धर्म
religious adj धार्मिक
relinquish v त्याग करना
relish v आस्वादन करना
relive v पुनःजीवन पाना
reluctant adj संकोची
reluctantly adv संकोच से
rely on v पर भरोसा करना
remain v शेष रहना
remainder n शेषफल
remaining adj शेषभोगी

remains n शेष भाग
remake v पुरनिर्माण करना
remark v टिप्पणी करना
remark n टिप्पणी
remarkable adj असाधारण
remarry v पुनःविवाह करना
remedy v उपचार करना
remedy n उपचार
remember v याद करना
remembrance n यादगार
remind v याद दिलाना
reminder n तकादा
remission n क्षमा
remit v परिहार करना
remittance n भेजी गई रकम
remnant n शेषांश
remodel v पुनर्निर्माण
remorse n पश्चात्ताप
remorseful adj पश्चात्ताप
remote adj दूरवर्ती
removal n हटाया जाना
remove v हटाना
remunerate v पारिश्रमिक देना
renew v नूतन करना
renewal n नवीकरण
renounce v परित्याग करना
renovate v नवीकरण करना
renovation n नवीकरण
renowned adj विख्यात
rent v किराया देना
rent n किराया
repair v मरम्मत करना

135 resignation

reparation *n* क्षतिपूर्ति
repatriate *v* देश को लौटना
repay *v* लौटाना
repayment *n* वापसी अदायगी
repeal *v* निरस्त करना
repeal *n* निरसन
repeat *v* दोहराना
repel *v* प्रतिकर्षित करना
repent *v* पछताना
repentance *n* पश्चाताप
repetition *n* दोहराव
replace *v* बदलना
replacement *n* प्रतिस्थापन
replay *n* फिर से चलाना
replenish *v* पुनर्भरण करना
replete *adj* परिपूर्ण
replica *n* प्रतिकृति
replicate *v* प्रतिलिपि बनाना
reply *v* जवाब देना
reply *n* जवाब
report *v* रिपोर्ट करना
report *n* रिपोर्ट
reportedly *adv* सूचित करते हुए
reporter *n* संवाददाता
repose *v* विश्राम करना
repose *n* विश्राम
represent *v* प्रस्तुत करना
repress *v* दमन करना
repression *n* दमन
reprieve *n* प्राणदंड रोकना
reprint *v* पुनर्मुद्रित करना
reprint *n* पुनर्मुद्रण
reprisal *n* प्रतिशोध
reproach *v* निन्दा करना
reproach *n* निन्दा
reproduction *n* पुनरुत्पादन
reptile *n* सरिसृप
republic *n* गणतंत्र
repudiate *v* प्रत्याखान करना
repugnant *adj* प्रतिकूलता
repulse *v* विकर्षित करना
repulse *n* विकर्षण
repulsive *adj* विकर्षणशील
reputation *n* ख्याति
reputedly *adv* ख्यातिप्राप्त
request *v* अनुरोध करना
request *n* अनुरोध
requirement *n* आवश्यकता
rescue *v* बचाव करना
rescue *n* बचाव
research *v* शोध करना
research *n* शोध
resemblance *n* साम्य
resemble *v* साम्य होना
resent *v* नाराज होना
resentment *n* नाराजगी
reservation *n* आरक्षण
reserve *v* आरक्षित करना
reservoir *n* जलाशय
reside *v* निवास करना
residence *n* आवास
residue *n* अवशिष्ट
resign *v* त्यागपत्र देना
resignation *n* त्यागपत्र

R

resilient

resilient *adj* लचीला
resist *v* प्रतिरोध करना
resistance *n* प्रतिरोध
resolute *adj* दृढ़संकल्प
resolution *n* संकल्प
resort *v* आश्रय लेना
resounding *adj* प्रतिध्वनिशील
resource *n* स्रोत
respect *v* आदर देना
respect *n* आदर
respectful *adj* आदरणीय
respective *adj* आदरपूर्वक
respiration *n* श्वसन
respite *n* आराम करना
respond *v* प्रत्युत्तर देना
response *n* प्रत्युत्तर
responsibility *n* जिम्मेदारी
responsible *adj* जिम्मेदार
responsive *adj* प्रत्युत्तरशील
rest *v* आराम करना
rest *n* आराम
rest room *n* आराम कक्ष
restaurant *n* रेस्त्रां
restful *adj* आरामदेह
restitution *n* वापसी
restless *adj* बेचैन
restoration *n* पुनर्स्थापना
restore *v* पुर्नस्थापन करना
restrain *v* संयम रखना
restraint *n* संयम
restrict *v* प्रतिबंध
result *n* परिणाम

resumption *n* प्रत्यादान
resurface *v* सतह पर आना
resurrection *n* पुनरुत्थान
retain *v* प्रतिधारण करना
retaliate *v* प्रतिशोध करना
retaliation *n* प्रतिशोध
retarded *adj* धीमा
retention *n* अधिकार में रखना
retire *v* पीछे हटना
retirement *n* सेवानिवृत्ति
retract *v* पीछे खींचना
retreat *v* पीछे हटना
retreat *n* पलायन
retrieval *n* पुन:प्राप्ति
retrieve *v* पुन:प्राप्त करना
retroactive *adj* प्रतिक्रियापूर्ण
return *v* वापसी करना
return *n* वापसी
reunion *n* मित्र-मिलन
reveal *v* उजागर करना
revel *v* वृद्धि करना
revelation *n* रहस्योद्घाटन
revenge *v* प्रतिशोध लेना
revenge *n* प्रतिशोध
revenue *n* राजस्व
reverence *n* सम्मान
reversal *n* उल्टा जाना
reverse *n* उल्टा
reversible *adj* उत्क्रमणीय
revert *v* पीछे करना
review *v* समीक्षा करना
review *n* समीक्षा

robber

revise *v* दोहराना
revision *n* दोहराव
revoke *v* उकसाना
revolt *v* विद्रोह करना
revolt *n* विद्रोह
revolting *adj* विद्रोहकारी
revolve *v* परिक्रमा करना
revolver *v* घूर्णन करना
revue *n* विश्रृंखल नाटक
revulsion *n* घृणा
reward *v* पुरस्कृत करना
reward *n* पुरस्कार
rewarding *adj* पुरस्करणीय
rheumatism *n* गठिया
rhinoceros *n* गेंड़ा
rhyme *n* तुकान्त कविता
rhythm *n* लय
rib *n* पसली
ribbon *n* फीता
rice *n* चावल
rich *adj* धनी
rid of *iv* छुटकारा पाना
riddle *n* वेदी का पर्दा
ride *iv* सवारी करना
ridge *n* पर्वतमाला
ridicule *v* मजाक बनाना
ridicule *n* उपहास
ridiculous *adj* मजाकिया
rifle *n* रायफल
rift *n* दरार
right *adv* बिलकुल
right *adj* उचित; सीधा
right *n* अधिकार
rigid *adj* कठोर
rigor *n* कंपकंपी
rim *n* घेरा; किनारा
ring *iv* घंटी बजाना
ring *n* अंगूठी; बाली
rinse *v* खंगालना
riot *v* दंगा करना
riot *n* दंगा
rip *v* चीरना
rip off *v* चीर-फाड़ देना
ripe *adj* पका हुआ
ripen *v* पकाना
ripple *n* लहर पैदा करना
rise *iv* उदय होना
risk *v* जोखिम में डालना
risk *n* जोखिम
risky *adj* जोखिम भरा
rite *n* धार्मिक कृत्य
rival *n* प्रतिद्वंद्वी
rivalry *n* प्रतिद्वंद्विता
river *n* नदी
rivet *v* गाड़ना
riveting *adj* रिपिट लगाना
road *n* रास्ता
roam *v* सैर करना
roar *v* गुर्राना
roar *n* गुर्राहट
roast *v* भूनना
roast *n* कबाव
rob *v* लूटना
robber *n* लुटेरा

R

robbery *n* लूट
robe *n* परिधान
robust *adj* हट्टाकट्टा
rock *n* पत्थर
rocket *n* रॉकेट
rocky *adj* शैलमय
rod *n* छड़
rodent *n* कुतरनेवाला जीव
roll *v* लपेटना
romance *n* रोमांस
roof *n* छत
room *n* कमरा
roomy *adj* खुला
rooster *n* घरेलू
root *n* जड़
rope *n* रस्सी
rosary *n* गुलाब की क्यारी
rose *n* गुलाब
rosy *adj* गुलाबी
rot *v* सड़ना
rot *n* सड़न
rotate *v* घूर्णन करना
rotation *n* घूर्णनन
rotten *adj* सड़ा हुआ
rough *adj* खुरदरा
round *adj* गोलाकार
roundup *n* बटोरना
rouse *v* उत्तेजित करना
rousing *adj* उत्तेजनापूर्ण
route *n* रास्ता
routine *n* नित्यचर्या
row *v* नाव खेना
row *n* कतार
rowdy *adj* दंगाई
royal *adj* राजशाही
royalty *n* स्वामित्व
rub *v* रगड़ना
rubber *n* रबर
rubbish *n* कूड़ाकरकट
rubble *n* अनगढ़े पत्थर
ruby *n* माणिक
rudder *n* सुखान
rude *adj* बदतमीज
rudeness *n* बदतमीजी
rudimentary *adj* प्रारम्भिक
rug *n* गलीचा
ruin *v* बरबाद करना
ruin *n* खण्डहर
rule *v* शासन करना
rule *n* नियम
ruler *n* शासक
rum *n* मदिरा
rumble *v* खोज निकालना
rumble *n* गड़गड़ाहट
rumor *n* अफवाह
run *iv* दौड़ना
run away *v* भाग जाना
run into *v* अभ्यस्त होना
run out *v* खत्म हो जाना
run over *v* कुचल देना
run up *v* रन उप
runner *n* धावक
runway *n* रनवे
rupture *n* टूट-फूट

rupture *v* टूट-फूट होना
rural *adj* ग्रामीण
ruse *n* छल
rush *v* धकियाना
Russia *n* रूस
Russian *adj* रूसी
rust *v* जंग लगना
rust *n* जंग
rustic *adj* गांववाला
rust-proof *adj* जंग-रोधी
rusty *adj* जीर्ण-शीर्ण
ruthless *adj* कठोर
rye *n* राई

S

sabotage *v* तोड़-फोड़ करना
sabotage *n* तोड़-फोड़
sack *v* बोरे में भरना
sack *n* बोरी; लूटपाट
sacrament *n* संस्कार
sacred *adj* पवित्र
sacrifice *n* त्याग
sad *adj* उदास
sadden *v* उदास करने वाला
saddle *n* जीन
sadist *n* परपीड़क
sadness *n* उदासी

safe *adj* सुरक्षित
safeguard *n* रक्षात्मक
safety *n* सुरक्षा
sail *v* समुद्रीयात्रा करना
sail *n* पाल
sailboat *n* पालनाव
sailor *n* जहाजी
saint *n* संत
salad *n* सलाद
salary *n* वेतन
sale *n* बिक्री
sale slip *n* बिक्री रसीद
salesman *n* विक्रेता
saliva *n* लार
salmon *n* सामन
saloon *n* सैलून
salt *n* नमक
salty *adj* नमकीन
salvage *v* उबारना
salvation *n* परित्राण
same *adj* समान
sample *n* नमूना
sanctify *v* पावन बनाना
sanction *v* मंजूरी देना
sanction *n* मंजूरी
sanctity *n* पवित्रता
sanctuary *n* शारण-स्थान
sand *n* रेत
sandal *n* चंदन की लकड़ी
sandpaper *n* सिकता-पत्र
sandwich *n* सैंडविच
sane *adj* ठीक बुद्धि का

sanity 140

sanity *n* स्वस्थता
sap *n* रस
sap *v* रस निचोड़ना
saphire *n* नीलम
sarcasm *n* ताना
sarcastic *adj* व्यंगपूर्ण
sardine *n* हरिमीन
satanic *adj* दैत्य की भांति
satellite *n* उपग्रह
satire *n* व्यंगकाव्य
satisfaction *n* संतोष
satisfactory *adj* संतोषपूर्ण
satisfy *v* संतुष्ट करना
saturate *v* संतृप्त होना
Saturday *n* शनिवार
sauce *n* सॉस
saucepan *n* डेगची
saucer *n* चाय की तश्तरी
sausage *n* सॉसेज
savage *adj* जंगली
savagery *n* जंगलीपन
save *v* जमा करना
savings *n* बचत
savor *v* सरस बनाना
saw *iv* आरा चलाना
saw *n* आरा
say *iv* कहना
saying *n* कहावत
scaffolding *n* मचान
scald *v* झुलसना
scale *v* मापदण्ड
scale *n* क्रम; सोपानपद्धति
scalp *n* सिर की त्वचा
scam *n* घोटाला
scan *v* जांच करना
scandal *n* घोटाला
scandalize *v* बदनाम करना
scapegoat *n* बलि का बकरा
scar *n* दाग
scarce *adj* दुर्लभ
scarcely *adv* मुश्किल से
scarcity *n* कमी
scare *v* डराना
scare *n* भय
scare away *v* दुर भगना
scarf *n* स्कार्फ
scary *adj* भयानक
scatter *v* बिखराना
scenario *n* परिदृश्य
scene *n* दृश्य
scenery *n* प्राकृतिक दृश्य
scenic *adj* चित्र सादृश्य
scent *n* सुगन्ध
sceptic *adj* शंकाशील
schedule *v* अनुसूचित करना
schedule *n* तालिका
scheme *n* योजना
schism *n* भेद
scholar *n* विद्वान
scholarship *n* छात्रवृति
school *n* विद्यालय
science *n* विज्ञान
scientific *adj* वैज्ञानिक
scientist *n* वैज्ञानिक

S

secret

scissors *n* कैंची
scoff *v* व्यंग करना
scold *v* डाटना
scolding *n* डाट
scooter *n* स्कूटर
scope *n* अवसर
scorch *v* झुलसाना
score *n* प्राप्तांक
score *v* अंक प्राप्त करना
scorn *v* तिरस्कार करना
scornful *adj* तिरस्कारपूर्ण
scorpion *n* बिच्छु
scoundrel *n* आवारा
scour *v* रगड़कर चमकाना
scourge *n* महामारी
scout *n* स्काउट
scramble *v* खींचातानी करना
scrap *n* हाथापाई
scrap *v* हाथापाई करना
scrape *v* रगड़ना
scratch *v* पंजा मारना
scratch *n* पंजा
scream *v* चीखना
scream *n* चीख
screen *n* पर्दा; रक्षावरण
screen *v* शरण देना
screw *v* पेंच कसना
screw *n* पेंच
screwdriver *n* पेंचकश
scribble *v* मोटा सूत बनाना
script *n* लिपि
scroll *n* वर्ति-लेख
scrub *v* रगड़ना
scruples *n* झिझक
scrupulous *adj* सरलताप्रिय
scrutiny *n* समीक्षण
scuffle *n* हाथपाई
sculptor *n* शिल्पी
sculpture *n* मूर्तिकला
sea *n* समुद्र
seafood *n* सीफूड
seagull *n* सीगल
seal *v* मोहर लगाना
seal *n* मुहर; मुद्रा
seal off *v* बन्द कर देना
seam *n* जोड़
seamless *adj* बिना सियन के
seamstress *n* दर्जिन
search *v* खोजना
search *n* खोज
seashore *n* समुद्री तट
seaside *adj* समुद्री क्षेत्र
season *n* मौसम
seasonal *adj* मौसमी
seasoning *n* पकायी
seat *n* आसन
seated *adj* बैठा हुआ
secede *v* अलग होना
secluded *adj* विजन
seclusion *n* सूनी जगह
second *n* द्वितीय
secondary *adj* दूसरा दर्जा
secrecy *n* गोपनीयता
secret *n* गोपनीय

S

secretary 142

secretary *n* सचिव
secretly *adv* गोपनीय ढ़ंग से
sect *n* पंथ
section *n* हिस्सा
sector *n* खण्ड
secure *v* निश्चिन्त करना
secure *adj* निश्चिन्त
security *n* सुरक्षा
sedate *v* सौम्य होना
sedation *n* शान्तीकरण
seduce *v* प्रलुब्ध करना
seduction *n* प्रलोभन
see *iv* देखना
seed *n* बीज
seedless *adj* निर्बीज
seedy *adj* चीथड़ों में
seek *iv* ढुंढना; मांगना
seem *v* प्रतीत होना
segment *n* खण्ड
segregation *n* अलगाव
seize *v* अभिग्रहण करना
seizure *n* कब्जा
seldom *adv* यदाकदा
select *v* चयन करना
selection *n* चयन
self-concious *adj* अत्मसजग
self-esteem *n* आत्मसम्मान
self-evident *adj* स्वयंसिद्ध
self-interest *n* आत्महित
selfish *adj* स्वार्थी
selfishness *n* स्वार्थपरता
self-respect *n* स्वाभिमान
sell *iv* बेचना
seller *n* विक्रेता
sellout *n* बिका हुआ
semblance *n* झलक
semester *n* सत्र
seminary *n* पादरी विद्यालय
senate *n* सीनेट
senator *n* सीनेटर
send *iv* भेजना
sender *n* प्रेषक
senile *adj* जराकालीन
senior *adj* वरिष्ठ
seniority *n* वरिष्ठता
sensation *n* संवेदन
sense *v* इन्द्रिय
sense *n* बोध करना
senseless *adj* संज्ञाहीन
sensible *adj* संवेदनशील
sensitive *adj* संवेदी
sensual *adj* कामुक
sentence *v* सजा देना
sentence *n* वाक्या; सजा
sentiment *n* भावना
sentimental *adj* भावुक
sentry *n* सन्तरी
separate *v* पृथक करना
separate *adj* पृथक्कारण
separation *n* वियोजन
September *n* सितम्बर
sequel *n* शोषभाग
sequence *n* क्रम
serenade *n* वेदनागीत

S

143 shareholder

serene *adj* अविचलित
serenity *n* प्रशान्तता
sergeant *n* सारजेण्ट
series *n* धरावाही
serious *adj* गंभीर
seriousness *n* गंभीरता
sermon *n* प्रवचन
serpent *n* सांप
serum *n* सीरम, रक्तोद
servant *n* नौकर
serve *v* उपयोगी होना
service *n* नौकरी
service *v* नौकरी करना
session *n* अधिवेशन
set *n* समुच्चय
set *iv* ठीक बिठाना
set about *v* आरम्भ करना
set off *v* सामने का दावा
set out *v* शुरुआत करना
set up *v* स्थापना करना
setback *n* झटका
setting *n* लगाना
settle *v* स्थापना करना
settle down *v* निपटारा करना
settle for *v* छुटकारा पाना
settlement *n* बन्दोबस्ती
settler *n* अधिवासी
setup *n* व्यवस्था
seven *adj* सात
seventeen *adj* सतरह
seventh *adj* सातवां
seventy *adj* सत्तर
sever *v* अलग करना
several *adj* अनेक
severance *n* खण्डन
severe *adj* भीषण
severity *n* भीषणता
sew *v* सीना
sewage *n* मलमूत्र
sewer *n* मलसुरंग
sewing *n* सिलाई का काम
sex *n* लिंग
sexuality *n* लिंगिता
shabby *adj* अस्तव्यस्ता
shack *n* कुटिया
shackle *n* हथकड़ी
shade *n* छाया; आभा
shadow *n* प्रतिच्छाया
shady *adj* छायामय
shake *iv* हिलाना
shaken *adj* हिला हुआ
shaky *adj* दुर्बल
shallow *adj* छिछला
sham *n* दिखावा
shambles *n* पशुवधशाला
shame *v* लज्जा आना
shame *n* लज्जा
shameful *adj* शर्मिंदगी भरा
shameless *adj* निर्लज्ज
shape *v* आकार देना
shape *n* आकार
share *v* साझा करना
share *n* साझेदारी; अंश
shareholder *n* अंशधारक

S

shark 144

shark *n* शार्क
sharp *adj* पैना; तीक्ष्ण
sharpen *v* पैना करना
sharpener *n* तेज करने वाला
shatter *v* ध्वस्त करना
shattering *adj* टूटकर बिखरना
shave *v* हजामत बनाना
she *pro* वह, स्त्री
shear *iv* कैंची से कतरना
shed *iv* छितराना
sheep *n* भेड़
sheets *n* चादर
shelf *n* ताक
shell *n* खोल
shellfish *n* कवच प्राणी
shelter *v* आसरा लेना
shelter *n* आसरा
shepherd *n* गड़ेरिया
sherry *n* शेरी
shield *v* रक्षा देना
shield *n* ढाल
shift *n* स्थानांतरण
shift *v* स्थानांतरण करना
shine *iv* चमकना
shiny *adj* चमकीला
ship *n* जहाज
shipment *n* पोत-भरण
shipwreck *n* पोतभंग
shipyard *n* शिप-यार्ड
shirk *v* त्याग करना
shirt *n* कमीज
shiver *v* कांपना
shiver *n* कंपकंपाहट
shock *v* झटका लगना
shock *n* झटका; धक्का
shocking *adj* दहलानेवाला
shoddy *adj* रद्दी
shoe *n* जूता
shoelace *n* जूते का फीता
shoepolish *n* जूते का पालिश
shoestore *n* जूते की दुकान
shoot *iv* गोली मारना
shoot down *v* मार गिराना
shop *v* खरीदारी करना
shop *n* दुकान
shoplifting *n* चोरी
shopping *n* खरीदारी
shore *n* तट
short *adj* छोटा; लघु
shortage *n* कमी
shortcoming *n* आगामी
shortcut *n* छोट रास्ता
shorten *v* कम पड़ना
shorthand *n* शार्टहैंड
shortlived *adj* अल्पजीवी
shortly *adv* जल्दी
shorts *n* जांघिया
shortsighted *adj* अदूरदृष्टा
shot *n* छर्रा
shotgun *n* छर्रे वाली बन्दुक
shoulder *n* कन्धा
shout *v* चिल्लाना
shout *n* चित्कार
shouting *n* चीख

S

145 similarity

shove *v* बेलचे से उठाना
shove *n* धक्का
shovel *n* बेलचा
show *iv* प्रदर्शन
show off *v* दिखावा
show up *v* नजर आना
showdown *n* प्रदर्शन
shower *n* फुहार
shred *v* टुकड़े करना
shred *n* अल्प मात्रा
shrewd *adj* चालाक
shriek *v* चीखना
shriek *n* चीख
shrimp *n* झींगा
shrine *n* तीर्थस्थान
shrink *iv* सिकुड़ना
shroud *n* आवरण
shrouded *adj* ढंका हुआ
shrub *n* झाड़ी
shrug *v* कंधे उचकाना
shudder *n* रोमांच
shudder *v* रोंगटे खड़े होना
shuffle *v* उथल-पुथल करना
shun *v* ध्यान देना
shut *iv* बन्द करना
shut off *v* रोक लेना
shut up *v* कामबन्दी
shuttle *v* आना-जाना
shy *adj* शर्मीला
shyness *n* शर्मीलापन
sick *adj* बीमार
sickening *adj* घृणसप्रद
sickle *n* हंसिया
sickness *n* मतली
side *n* पक्ष
sidestep *v* पायदान
sidewalk *n* पगडंडी
sideways *adv* किनारा
siege *n* घेरा
siege *v* घेरेबंदी
sift *v* चालना
sigh *n* हाय
sigh *v* आहें भरना
sight *n* दृष्टि
sightseeing *v* सैर-सपाटा
sign *v* चिन्ह लगाना
sign *n* चिन्ह; प्रतीक
signal *n* संकेत
signature *n* हस्ताक्षर
significance *n* महत्व
significant *adj* महत्वपूर्ण
signify *v* महत्वपूर्ण होना
silence *n* शांती
silence *v* होना
silent *adj* शांत
silhouette *n* छायाकृति
silk *n* सिल्क
silly *adj* मुर्ख
silver *n* चांदी
silverplated *adj* चांदी चढ़ा
silversmith *n* चांदी शिल्कार
silverware *n* चांदी के बर्तन
similar *adj* समान
similarity *n* समानता

S

simmer 146

simmer *v* खदबदाना
simple *adj* सरल
simplicity *n* सरता
simplify *v* सरल करना
simply *adv* सहज ही
simulate *v* नकल करना
simultaneous *adj* समकालिक
sin *v* पाप करना
sin *n* पाप
since *c* चूंकि
since *pre* तब से
since then *adv* अमुक समय से
sincere *adj* ईमानदार
sincerity *n* ईमानदारी
sinful *adj* पापी
sing *iv* गाना
singer *n* गायक
single *n* अकेला
single *adj* अकेला; एकाकी
singlehanded *adj* अकेले
singleminded *adj* एकाग्रचित्त
singular *adj* विचित्र
sinister *adj* कुटिल
sink *iv* डूबना
sink in *v* जज्ब करना
sinner *n* पापी
sip *v* चुस्की लेना
sip *n* चुस्की
sir *n* महोदय
siren *n* खतरे की घंटी
sirloin *n* पुट्ठा
sister *n* बहन
sister-in-law *n* साली, भाभी
sit *iv* बैठना
site *n* स्थल
sitting *n* बैठक
situated *adj* स्थित
situation *n* परिस्थिति
six *adj* छह
sixteen *adj* सोलह
sixth *adj* छठा
sixty *adj* साठ
sizable *adj* बड़े आकार का
size *n* आकार
skate *v* स्केटिंग करना
skate *n* स्केट
skeleton *n* कंकाल
skeptic *adj* संदेहवादी
sketch *v* रेखाचित्र बनाना
sketch *n* रेखाचित्र
sketchy *adj* अस्पष्ट
ski *v* स्की करना
skill *n* कौशल
skillful *adj* दक्षता से
skim *v* मलाई उतारना
skin *v* चमड़ा उतारना
skin *n* त्वचा
skinny *adj* दुर्बल
skip *v* कूदना
skip *n* कूद
skirmish *n* मुठभेड़
skirt *n* लहंगा
skull *n* खोपड़ी
sky *n* आकाश

S

smoke

skylight *n* रोशनदान
skyscraper *n* गगलचुंबी
slab *n* शिलापट्टी
slack *adj* उदासीन
slacken *v* धीमी करना
slacks *n* पाजामा
slam *v* दरवाजा पटकना
slander *n* अपवचन
slanted *adj* ढलवां
slap *n* तमांचा
slap *v* तमांचा मारना
slash *n* लम्बी चीर
slash *v* काटना
slate *n* स्लेट
slaughter *v* हत्या करना
slaughter *n* हत्या
slave *n* गुलाम
slavery *n* गुलामी
slay *iv* कत्ल करना
sleazy *adj* झीना
sleep *iv* सोना
sleep *n* नींद
sleeve *n* आस्तीन
sleigh *n* बर्फ गाड़ी
slender *adj* पतला
slice *v* काटना
slice *n* टुकड़ा
slide *iv* सरकना
slightly *adv* हल्का सा
slim *adj* पतला; चालाक
slip *v* फिसलना
slip *n* फिसलन; चूक

slipper *n* चप्पल
slippery *adj* फिसलन भरा
slit *iv* लंबाई में चीरना
slob *adj* दलदली जमीन
slogan *n* नारा
slope *n* ढाल
sloppy *adj* बेतुका
slot *n* खांचा
slow *adj* मन्द
slow down *v* मन्दा पड़ना
slowly *adv* धीरे-धीरे
sluggish *adj* मन्थर
slum *n* गंदी बस्ती
slump *v* गिरावट आना
slump *n* गिरावट
slur *v* बदनाम करना
sly *adj* मक्कार
smack *n* झलक, बू
smack *v* घोंपना
small *adj* छोटा
small print *n* छोटे अक्षर
smallpox *n* चेचक
smart *adj* होशियार
smash *v* चकनाचूर करना
smear *n* लेपन
smear *v* लेप लगाना
smell *iv* गंध
smelly *adj* बूदार
smile *v* मुस्कुराना
smile *n* मुस्कान
smith *n* लोहार
smoke *v* सिगरेट पीना**

S

smoked *adj* धुंएं पर भुना
smooth *v* चिकना करना
smooth *adj* चिकना
smoothly *adv* आसानी से
smoothness *n* चिकनापन
smother *v* गला घोंटना
smuggler *n* तस्कर
snail *n* घोंघा
snake *n* सांप
snapshot *n* फोटो
snare *v* फांसना
snare *n* फंदा
snatch *v* छीनना
sneak *v* चुगली करना
sneeze *v* छींकना
sneeze *n* छींक
sniff *v* सूंघना
sniper *n* सूंघने वाला
snitch *v* झटक लेना
snooze *v* झपकी
snore *v* खर्राटा लेना
snore *n* खर्राटा
snow *v* बर्फ से मारना
snow *n* बर्फ
snowfall *n* बर्फबारी
snowflake *n* हिमपुष्प
snub *v* झिड़की देना
snub *n* झिड़की
soak *v* सोखना
soak in *v* जज्ब करना
soak up *v* धूप लेना
soar *v* चढ़ना
sob *v* सिसकी लेना
sob *n* सिसकी
sober *adj* स्थिरचित्त
so-called *adj* तथा कथित
sociable *adj* सामाजिक
socialism *n* समाजवाद
socialist *adj* समाजवादी
socialize *v* मिलना-जुलना
society *n* समाज
sock *n* जुर्राब
soda *n* सोडा
sofa *n* सोफा
soft *adj* कोमल
soften *v* नरम करना
softly *adv* आराम से
softness *n* कोमलता
soggy *adj* भीगा हुआ
soil *v* गंदा करना
soil *n* मिट्टी
soiled *adj* मलिन
solace *n* सांत्वना
solar *adj* सौर
solder *v* टाकां लगना
soldier *n* सिपाही
sold-out *adj* बिका-हुआ
sole *n* तल
sole *adj* एकमात्र
solely *adv* अकेले
solemn *adj* गम्भीर
solicit *v* याचना करना
solid *adj* ठोस
solidarity *n* एकता

149 spark plug

solitary *adj* एकल
solitude *n* एकांत
soluble *adj* विलयशील
solution *n* समाधान
solve *v* सामधान करना
solvent *adj* विलायक
somber *adj* श्याम
some *adj* कोई
somebody *pro* कोई व्यक्ति
someday *adv* किसी दिन
somehow *adv* किसी तरह
someone *pro* कोई एक
something *pro* कुछ
sometimes *adv* कभी
someway *adv* किसी तरह
somewhat *adv* कुछ इस प्रकार
son *n* बेटा
song *n* गीत
son-in-law *n* दामाद
soon *adv* जल्दी
soothe *v* आराम पहुंचाना
sorcerer *n* ओझा
sorcery *n* जादू-टोना
sore *n* घाव
sore *adj* तकलीफदेह
sorrow *n* दु:ख
sorrowful *adj* शोकपूर्ण
sorry *adj* माफी
sort *n* प्रकार
sort out *v* ढूढना
soul *n* आत्मा
sound *n* आवाज; सही
sound *v* आवाज करना
sound out *v* सुनाई पड़ना
soup *n* सूप
sour *adj* खट्टा
source *n* स्रोत
south *n* दक्षिण
southbound *adv* दक्षिण की ओर
southeast *n* दक्षिण पूर्व
southern *adj* दक्षिण का
southwest *n* दक्षिण पश्चिम
souvenir *n* स्मारिका
sovereign *adj* प्रभुत्व-सम्पन्न
sovereignty *n* प्रभुता
soviet *adj* सोवियत
sow *iv* बोना
spa *n* खनिज स्रोत
space *n* जगह
space out *v* जगह बनाना
spacious *adj* खुली जगह
spade *n* फावड़ा
Spain *n* स्पेन
span *v* विस्तार करना
span *n* विस्तार; अवधि
Spanish *adj* स्पेन का
spank *v* चूतड़ों पर मारना
spanking *n* चूतड़ों पर मार
spare *v* छोड़ना
spare *adj* छोड़ा हुआ
sparingly *adv* किफायत से
spark *n* चिनगारी
spark off *v* फूट पड़ना
spark plug *n* स्पार्क प्लग

S

sparkle

sparkle *v* चमचमाना
sparrow *n* गौरैया
sparse *adj* अव्यवस्थित
spasm *n* ऐंठन
speak *iv* बोलना
speaker *n* वक्ता; अध्यक्ष
spear *n* भाला
spearhead *v* भाले की नोक
special *adj* विशेष
specialty *n* विशिष्टता
species *n* नस्ल
specific *adj* विशिष्ट
specimen *n* नमूना
speck *n* चित्ती
spectacle *n* चश्मा
spectator *n* दर्शक
speculate *v* अनुमान लगाना
speculation *n* अनुमान
speech *n* भाषा
speechless *adj* मौन
speed *iv* तेज चलना
speed *n* गति
speedily *adv* तेजी से
speedy *adj* तेज
spell *iv* हिज्जे लगाना
spell *n* आवेग
spelling *n* वर्तनी
spend *iv* खर्च करना
spending *n* खर्चा
sperm *n* शुक्राणु
sphere *n* गोला
spice *n* मसाला

spicy *adj* मसालेदार
spider *n* मकड़ा
spiderweb *n* मकड़जाल
spill *iv* पछाड़ना
spill *n* खूंटा
spin *iv* तेजी से घूमना
spine *n* रीढ़
spineless *adj* रीढ़विहीन
spinster *n* कुवांरी
spirit *n* आत्मा
spiritual *adj* आध्यात्मिक
spit *iv* थूकना
spite *n* विद्वेष
spiteful *adj* ईर्ष्यालू
splash *v* छपछपाना
splendid *adj* शानदार
splendor *n* वैभव
splint *n* खपच्ची
splinter *n* कमांची
splinter *v* विभंजित होना
split *n* भंग
split *iv* भंग होना
split up *v* एकता भंग
spoil *v* सड़ना
spoils *n* लूट
sponge *n* स्पंज
sponsor *n* प्रायोजक
spontaneity *n* स्वतःस्फूर्तता
spontaneous *adj* स्वतःस्फूर्त
spooky *adj* भूत-जैसा
spool *n* चर्खी
spoon *n* चम्मच

spoonful *n* चम्मच भर
sporadic *adj* कहीं-कहीं
sport *n* क्रीड़ा
sportman *n* खिलाड़ी
sporty *adj* खिलाड़ीपन
spot *v* पता लगा लेना
spot *n* दाग; जगह
spotless *adj* बेदाग
spotlight *n* बिन्दू-प्रदीप
spouse *n* पत्नी
sprain *v* मोच
sprawl *v* बेकायदा फैलना
spray *v* फुहार मारना
spread *iv* फैलना
spring *iv* उछलना; फूटना
spring *n* वसंत; सोता
sprinkle *v* छिड़कना
sprout *v* अंकुरन
spruce up *v* संवारना
spur *v* उत्तेजित करना
spur *n* प्रेरणा; ठोकर
spy *v* जासूसी करना
spy *n* जासूस
squalid *adj* घिनौना
squander *v* गंवाना
square *adj* चौरस; ईमानदार
square *n* आयत; वर्गाकार
squash *v* निचोड़ना
squeak *v* चरमराना
squeaky *adj* चीखवाला
squeamish *adj* तुनकमिजाज
squeeze *v* निचोड़ना

squid *n* स्याही छोड़
squirrel *n* गिलहरी
stab *v* चाकू मरना
stab *n* आघात
stability *n* स्थिरता
stable *adj* स्थिर होना
stable *n* स्थिर
stack *v* ढेर लगाना
stack *n* ढेर
staff *n* कर्मचारीवर्ग
stage *n* मंच; अवस्था
stage *v* अभिनय करना
stagger *v* लड़खड़ाना
staggering *adj* लड़खड़ाहट
stagnant *adj* गतिहीन
stagnate *v* गतिहीन होना
stagnation *n* गतिहीनता
stain *v* गंदा होना
stain *n* धब्बा
stair *n* सीढ़ी
staircase *n* सोपानकक्ष
stairs *n* सीढ़ियां
stake *n* खूंटा; दांव
stake *v* दांव लगाना
stale *adj* बासी
stalemate *n* मात
stalk *v* दबे पांव जाना
stalk *n* धड़
stall *n* दुकान
stall *v* बाधा डालना
stammer *v* हकलाना
stamp *v* ठप्पा लगाना

stamp 152

stamp *n* ठप्पा
stamp out *v* बर्बाद करना
stampede *n* भगदड़
stand *iv* खड़ा होना
stand *n* रखने की जगह
stand out *v* प्रतिरोध करना
stand up *v* मुकाबला करना
standard *n* मानक; ध्वजक
standing *n* स्थिति
standpoint *n* अवस्थिति
standstill *adj* गतिरोध
staple *v* वर्गीकरण करना
staple *n* मुख्य
stapler *n* स्टैपलर
star *n* तारा
starch *n* स्टार्च
starchy *adj* स्टार्च वाला
stare *v* घूरना
stark *adj* अटल
start *v* आरंभ करना
start *n* आरंभ
startle *v* चौंकाना
startled *adj* चकित
starvation *n* भुखमरी
starve *v* भुखो मरना
state *n* राज्य; अवस्था
state *v* कहना
statement *n* कथन
station *n* स्टेशन
stationary *adj* स्थिर
stationery *n* स्टेशनरी
statistic *n* सांख्यिकी
statue *n* मूर्ति
status *n* हैसियत; स्थिति
statute *n* अधिनियम
staunch *adj* दृढ़
stay *v* रहना
stay *n* ठहरा हुआ
steady *adj* अचर
steak *n* स्टीक
steal *iv* चुराना
stealthy *adj* छिपा
steam *n* भाप
steel *n* स्पात
steep *adj* खड़ी ढ़ाल
stem *n* तना
stem *v* बांधना
stench *n* बदबू
step *n* कदम
step down *v* नीचे आना
step out *v* बाहर निकलना
step up *v* तेज करना
stepbrother *n* सौतेला भाई
step-by-step *adv* कदम दर कदम
stepdaughter *n* सौतेली बेटी
stepfather *n* सौतेला पिता
stepladder *n* सीढ़ी
stepmother *n* सौतेली मां
stepsister *n* सौतेली बहन
stepson *n* सौतेला बेटा
sterile *adj* नपुंसक
sterilize *v* स्टेरलाइज
stern *adj* कठोर
sternly *adv* कठोरतापूर्वक

S

stew *n* शोरबा
stick *n* छड़ी
stick *iv* चिपकना
stick out *v* डटे रहना
stick to *v* पालन करना
sticker *n* स्टिकर
sticky *adj* चिपचिपा
stiff *adj* सख्त
stiffen *v* कठिन बनाना
stiffness *n* कड़ापन
stifle *v* दबाना
stifling *adj* घुटन भरा
still *adj* ठहरा हुआ
still *adv* तो भी
stimulant *n* उत्तेजक
stimulate *v* स्फुर्ति देना
stimulus *n* उद्दीपन
sting *iv* डंक
sting *n* डंक मारना
stinging *adj* डंक मारना
stingy *adj* मक्खीचूस
stink *iv* बदबू करना
stink *n* तेज बदबू
stinking *adj* बदबूदार
stipulate *v* शर्त लगाना
stir *v* चलाना
stir up *v* उत्साहित करना
stitch *v* टांका लगाना
stitch *n* टांका
stock *v* ढेर लगना
stock *n* समान; पशुधन
stocking *n* बड़ी जुर्राब
stockroom *n* स्टॉक रूम
stoic *adj* उदासी
stomach *n* पेट
stone *n* पत्थर
stone *v* रूकावट डालना
stool *n* तिपाई; मल
stop *v* रूकना
stop *n* रूकावट
stop over *v* ठहरना
storage *n* भण्डार
store *v* संचय करना
store *n* भण्डार कक्ष
stork *n* सारस पक्षि
storm *n* तूफान
stormy *adj* तूफानी
story *n* कहनी; समाचार
stove *n* चूल्हा
straight *adj* सरल
straighten out *v* सरल किया हुआ
strain *n* तनाव
strained *adj* तनावग्रस्त
strainer *n* छलनी
strait *n* जल संधी
stranded *adj* आपत्तिग्रस्त
strange *adj* विचित्र
stranger *n* अजनबी
strangle *v* गला घोंटना
strap *n* फीता
strategy *n* युद्धनीति
straw *n* भूसा
strawberry *n* स्ट्राबेरी
stray *v* भटकना

stream *n* धारा; सरिता
street *n* गलि
streetcar *n* स्ट्रीटकार
streetlight *n* स्ट्रीटलाइट
strength *n* ताकत
strengthen *v* बलवान होना
strenuous *adj* परिश्रमी
stress *n* तनाव; भार
stressful *adj* तनावपूर्ण
stretch *n* कसाव
stretch *v* खींचना
stretcher *n* स्ट्रेचर
strict *adj* नियमनिष्ठ
stride *iv* लम्बी डग भरना
strife *n* संघर्ष
strike *n* हड़ताल
strike *iv* हड़ताल करना
strike back *v* प्रत्युत्तर देना
strike out *v* काट देना
strike up *v* याद आ जाना
striking *adj* आश्चर्यजनक
string *n* डोरी; बन्धक
stringent *adj* कठोर
strip *n* पट्टी
strip *v* नंगा करना
stripe *n* धारी
striped *adj* धारीदार
strive *iv* प्रयास करना
stroke *n* आघात; धक्का
stroll *v* इधर-उधर घूमना
strong *adj* मजबूत
structure *n* बनावट
struggle *v* संघर्ष करना
struggle *n* संघर्ष
stub *n* पड़ का ठूंठ
stubborn *adj* जिद्दी
student *n* छात्र
study *v* अध्ययन करना
stuff *n* पदार्थ; सामग्री
stuff *v* भरना
stuffing *n* भरवां मसाला
stuffy *adj* दम घोंटनेवाला
stumble *v* डगमगाना
stun *v* संज्ञहीन
stunning *adj* शानदार
stupendous *adj* विरक्षण
stupid *adj* मूर्ख
stupidity *n* मूर्खता
sturdy *adj* हृष्टपुष्ट
stutter *v* हकलाना
style *n* तरीका
subdue *v* पराजित करना
subdued *adj* परास्त
subject *v* अधिकार करना
subject *n* प्रजा; विषय
sublime *adj* प्रभावशाली
submerge *v* जलमग्न करना
submissive *adj* दब्बूपन
submit *v* पेश करना
subpoena *n* आदेशपत्र
subscribe *v* ग्राहक बनना
subscription *n* अभिदान; कीमत
subsequent *adj* उत्तरवर्ति
subsidiary *adj* सहायक

S

subsidize *v* अनुदान देना
subsidy *n* आर्थिक सहायता
subsist *v* प्रचलित रहना
substance *n* पदार्थ
substandard *adj* मानक से कम
substantial *adj* पर्याप्त
substitute *v* बदलना
substitute *n* प्रतिस्थापक
subtitle *n* उपनाम
subtle *adj* व्यापक
subtract *v* घटाना
subtraction *n* शेष प्रणाली
suburb *n* नगरपरिसर
subway *n* पारपथ
succeed *v* उत्तराधिकारी होना
success *n* सफलता
successful *adj* सफल
successor *n* उत्तराधिकारी
succulent *adj* सरस
succumb *v* हार मानना
such *adj* इस प्रकार का
suck *v* चूसना
sucker *adj* चूसनेवाला
sudden *adj* अचानक
suddenly *adv* अकस्मात
sue *v* वाद प्रस्तुत करना
suffer *v* सहन करना
suffer from *v* पीड़ित होना
suffering *n* पीड़ा
sufficient *adj* पर्याप्त
suffocate *v* दम घोंटना
sugar *n* चीनी
suggest *v* सलाह देना
suggestion *n* सलाह
suggestive *adj* सुझानेवाला
suicide *n* आत्महत्या
suit *n* मुकदमा
suitable *adj* उपयुक्त
suitcase *n* अटैची
sullen *adj* उदासीनता
sulphur *n* सल्फर
sum *n* योग
sum up *v* योग करना
summarize *v* याद करना
summary *n* संक्षेप
summer *n* ग्रीष्म
summit *n* शिखर
summon *v* सम्मन भेजना
sumptuous *adj* विशलपूर्ण
sun *n* सूरज
sunblock *n* सूर्यअवरोधी
sunburn *n* धूप-झुलसा
Sunday *n* रविवार
sundown *n* सूर्यास्त
sunglasses *n* धूप का चश्मा
sunken *adj* डूबा हुआ
sunny *adj* धूप से भरा
sunrise *n* सूर्योदय
sunset *n* सूर्यास्त
superb *adj* उत्कृष्ट
superfluous *adj* विपुल
superior *adj* उच्च
superiority *n* श्रेष्ठता
supermarket *n* सुपरमार्केट

S

superpower *n* महाशक्ति
supersede *v* बदलना
superstition *n* अंधविश्वास
supervision *n* पर्यवेक्षण
supper *n* निशाहार
supple *adj* दब्बू
supplier *n* पूर्तिकर्ता
supplies *n* रसद
supply *v* रसद देना
support *v* सहायता देना
supporter *n* सहायक
suppose *v* कल्पना करना
supposing *c* मान लिया
supposition *n* कल्पना
suppress *v* दमन करना
supremacy *n* आधिपत्य
supreme *adj* सर्वोच्च
surcharge *n* अधिभार
sure *adj* अवश्यम्भावी
surf *v* सर्फ करना
surface *n* सतह
surge *n* तरंग
surgeon *n* शल्यचिकित्सक
surname *n* उपनाम
surpass *v* अतिक्रमण करना
surplus *n* अतिरिक्त मूल्य
surprise *n* आश्चर्यचकित
surrender *n* आत्मसमर्पण
surround *v* घेरना
surroundings *n* आसपड़ोस
surveillance *n* निगरानी
survey *n* सर्वेक्षण
survival *n* उत्तरजीविता
survive *v* बचा रहना
survivor *n* उत्तरजीवी
susceptible *adj* ग्रहणशील होना
suspect *v* सन्देह करना
suspect *n* संदिग्ध
suspend *v* निलंबित करना
suspenders *n* लटकन
suspense *n* रहस्य
suspension *n* निलंबन
suspicion *n* संदेह
suspicious *adj* संदिग्ध
sustain *v* maintain
sustenance *n* निर्वाह
swallow *v* निगलना
swamp *n* दलदल
swamped *adj* दलदली
swan *n* हंस
swap *n* अदला-बदली
swarm *n* मधुमक्खी-झुंड
sway *v* झोंका
swear *iv* शपथ
sweat *n* पसीना
sweat *v* पसीना आना
sweater *n* ऊनी कपड़ा
Sweden *n* स्वीडेन
Sweedish *adj* स्वीडेन का
sweep *iv* झाड़ू लगाना
sweet *adj* मीठा
sweeten *v* मीठा करना
sweetheart *n* प्रेयसी
sweetness *n* मिठास

S

157 **take off**

sweets *n* मिठाई
swell *iv* उभरना
swelling *n* उभार
swift *adj* तीव्र
swim *iv* तैरना
swimmer *n* तैराक
swimming *n* तैराकी
swindle *v* धोखेबाजी करना
swindle *n* धोखेबाजी
swindler *n* धोखेबाज
swing *iv* झूलना
swing *n* झूला; दोलन
Swiss *adj* स्विडजरलैंड का
switch *v* इधर-उधर करना
switch *n* स्विच
switch off *v* स्विच जलाना
switch on *v* स्विच बुझाना
Switzerland *n* स्विडजरलैंड
swivel *v* भंवर कली
swollen *adj* स्वोल्न
sword *n* तलवार
swordfish *n* सोर्डफिश
syllable *n* अक्षर
symbol *n* प्रतीक
symbolic *adj* प्रतीकात्मक
symmetry *n* सामंजस्य
sympathy *n* सहानुभमति
symphony *n* सिम्फनी
symptom *n* लक्षण
synod *n* धर्मसभा
synonym *n* समानार्थक शब्द
synthesis *n* संश्लेषण
syphilis *n* सिफिलिस
syringe *n* सूई
syrup *n* सीरप
system *n* व्यवस्था
systematic *adj* व्यवस्थित

T

table *n* तालिका
tablecloth *n* मेजपोश
tablespoon *n* बड़ा चम्मच
tablet *n* गोली; तख्ती
tack *n* रुख
tackle *v* मुकाबला करना
tact *n* तरीका
tactful *adj* कुशल
tactical *adj* सामरिक
tactics *n* समर-तंत्र
tag *n* तमगा
tail *n* पूंछ
tailor *n* दर्जी
tainted *adj* दूषित
take *iv* लेना
take apart *v* अलग करना
take away *v* दूर ले जाना
take back *v* वापस लेना
take in *v* शरण में लेना
take off *v* उड़ान भरना

take out 158

take out *v* निकालना
take over *v* आगे निकलना
tale *n* कहानी
talent *n* प्रतिभा
talk *v* बात करना
talkative *adj* बातूनी
tall *adj* लम्बा
tame *v* काबू करना
tangent *n* स्पर्शरेखा
tangerine *n* संतरा
tangible *adj* स्पर्शगम्य
tangle *n* फंदा
tank *n* टंकी
tanned *adj* धूप में काला
tantamount to *adj* की तुलना में
tantrum *n* चिड़चिड़ापन
tap *n* टोंटी
tap into *v* टोंटी में लगाना
tape *n* फीता
tape recorder *n* टेप रिकार्डर
tapestry *n* पर्दा
tar *n* मांझी
tarantula *n* तरंतुला
tardy *adv* आगा-पीछा
target *n* लक्ष्य; निशाना
tariff *n* दरें
tarnish *v* मलिनता
tart *n* मेवे का समोसा
tartar *n* दांतों की मैल
task *n* काम
taste *v* चखना
taste *n* स्वाद
tasteful *adj* स्वादिष्ट
tasteless *adj* स्वादहीन
tasty *adj* स्वादिष्ट
tavern *n* ढाबा
tax *n* कर
tea *n* चाय
teach *iv* पढ़ाना
teacher *n* शिक्षक
team *n* टीम
teapot *n* चाय का प्याला
tear *iv* चीरना
tear *n* आंसू
tearful *adj* अस्रुपूर्ण
tease *v* परेशान करना
teaspoon *n* छोटा चम्मच
technical *adj* तकनीकी
technicality *n* कार्य-पद्धति
technician *n* मिस्तरी
technique *n* तकनीक
technology *n* तकनोलॉजी
tedious *adj* मुश्किल
tedium *n* उकताहट
teenager *n* किशोर
teeth *n* दांत
telegram *n* टेलिग्राम
telepathy *n* टेलिपैथी
telephone *n* टेलिफोन
telescope *n* दूरबीन
televise *v* प्रसारित करना
television *n* टेलिविजन
tell *iv* कहना
teller *n* गणक

T

159 theology

telling *adj* प्रभावपूर्ण
temper *n* मिजाज
temperature *n* तापमान
tempest *n* तूफान
temple *n* मंदिर
temporary *adj* अस्थाई
tempt *v* प्रेरित करना
temptation *n* प्रलोभन
tempting *adj* लुभावना
ten *adj* दस
tenacity *n* पट्टेदारी
tenant *n* किरायेदार
tendency *n* प्रवृत्ति
tender *adj* कोमल; प्रेमी
tenderness *n* कोमलता
tennis *n* टेनिस
tenor *n* कार्यगति
tense *adj* कालक्रम
tension *n* परेशानी
tent *n* टेंट
tentacle *n* संस्पर्शक
tentative *adj* अस्थाई
tenth *n* दसवां
tenuous *adj* सूक्ष्म
tepid *adj* अल्पष्ण
term *n* अवधि
terminate *v* समाप्त करना
terminology *n* शब्दावली
termite *n* दीमक
terms *n* सत्र
terrace *n* छत
terrain *n* भूभाग
terrestrial *adj* स्थलज
terrible *adj* भयानक
terrific *adj* भीषण
terrify *v* अतंकित करना
terrifying *adj* भयावह
territory *n* प्रदेश
terror *n* आतंक
terrorism *n* आतंकवाद
terrorist *n* आतंकवादी
terrorize *v* आतंकित करना
terse *adj* रूखा
test *v* परखना
test *n* परख
testament *n* धर्मादेश
testify *v* प्रमाणित करना
testimony *n* साक्ष्य
text *n* मूलपाठ
textbook *n* पाठ्यपुस्तक
texture *n* बनावट
thank *v* धन्यवाद देना
thankful *adj* कृतज्ञ
thanks *n* धन्यवाद
that *adj* ऐसा
thaw *v* हिमद्रव
thaw *n* द्रवित होना
theater *n* रंगशाला
theft *n* चोरी
theme *n* विषय
themselves *pro* वे सभी
then *adv* तब
theologian *n* धर्मशास्त्री
theology *n* धर्मशास्त्र

T

theory 160

theory *n* सिद्धांत
therapy *n* चिकित्सा
there *adv* वहां
therefore *adv* इसप्रकार
thermometer *n* थरमामीटर
thermostat *n* तापस्थापी
these *adj* ये
thesis *n* सिद्धांत
they *pro* वे
thick *adj* घना; स्थूल
thicken *v* घना होना
thickness *n* मोटाई
thief *n* लुटेरा
thigh *n* जांघ
thin *adj* पतला; महीन
thing *n* चीज
think *iv* सोचना
thinly *adv* हल्का सा
third *adj* तीसरा
thirst *v* प्यास लगना
thirsty *adj* प्यासा
thirteen *adj* तेरह
thirty *adj* तीस
this *adj* यह
thorn *n* कांटा
thorny *adj* कांटेदार
thorough *adj* पूरा
those *adj* वे
though *c* हालांकि
thought *n* विचार
thoughtful *adj* विचारशील
thousand *adj* हजार
thread *v* पिरोना
thread *n* धागा
threat *n* धमकी
threaten *v* धमकी देना
three *adj* तीन
thresh *v* कूटना; पटकना
threshold *n* देहली
thrifty *adj* किफायतशारी
thrill *v* रोमांचित होना
thrill *n* रोमांच
thrive *v* समृद्ध होना
throat *n* गला
throb *n* धड़कन
throb *v* भावाभिभूत होना
thrombosis *n* थ्रॉम्बॉसिस
throne *n* सिंहासन
throng *n* जनसमुदाय
through *pre* से हो कर
throw *iv* फेंकना
throw away *v* फेंक देना
throw up *v* चढ़ाना
thug *n* ठग
thumb *n* अंगूठा
thumbtack *n* ड्राइंग पिन
thunder *n* गर्जन
Thursday *n* बृहस्पतिवार
thus *adv* इस तरह
thwart *v* अवहेलना करना
thyroid *n* थाइराइड
tickle *v* गुदगुदी करना
tickle *n* गुदगुदी
ticklish *adj* गुदगुदीवाला

T

161 toothpick

tide *n* ज्वारभाटा
tidy *adj* सुव्यवस्थित
tie *v* बांधना; गांठ लगाना
tie *n* बंधन; तान
tiger *n* बाघ
tight *adj* सख्त
tighten *v* कसना
tile *n* खपड़ा; टोप
till *adv* तब तक
till *v* जोतना
tilt *v* झुकाव
timber *n* लकड़ी
time *n* समय
timeless *adj* अन्तहीन
timely *adj* समय पर
times *n* दौर
timetable *n* समय सारणी
timid *adj* कायर
timidity *n* कायरता
tin *n* रांगा
tiny *adj* छोटा
tip *n* नोक; संकेत
tiptoe *n* दबेपांव
tired *adj* थाका हुआ
tiredness *n* थकान
tireless *adj* अथक
tiresome *adj* थकाऊ
tissue *n* ऊतक
title *n* शीर्षक
to *pre* को
toad *n* टोड
toast *v* सेंकना
toast *n* सिकी डबलरोटी
toaster *n* टोस्टर
tobacco *n* तम्बाकू
today *adv* आज
toddler *n* छोटा बच्चा
toe *n* अंगूठा
toenail *n* अंगूठे का नाखुन
together *adv* एक साथ
toil *v* मशक्कत करना
toilet *n* शौचालय
token *n* टोकन
tolerable *adj* सहनीय
tolerance *n* सहश्णुता
tolerate *v* सहन करना
toll *n* पथकर; चोट
toll *v* कर लेना
tomato *n* टमाटर
tomb *n* समाधि
tombstone *n* समाधि का पत्थर
tomorrow *adv* आनेवाला कल
ton *n* टन
tone *n* स्वर
tongs *n* चिमटी
tongue *n* जीभ
tonic *n* टॉनिक
tonight *adv* आज रात
tonsil *n* गलसुआ
too *adv* भी
tool *n* औजार
tooth *n* दांत
toothache *n* दांतों का दर्द
toothpick *n* दंतखोदनी

T

top *n* शिखर
topic *n* विषय
topple *v* लुढ़कना
torch *n* मशाल
torment *v* यातना देना
torment *n* यातना
torrent *n* प्रचण्ड प्रपात
torrid *adj* तपता हुआ
torso *n* अधुरा काम
tortoise *n* कछुआ
torture *v* यातना देना
torture *n* यातना
toss *v* उछालना
total *adj* कुल
totalitarian *adj* सर्वाधिकारवादी
totality *n* सकलता
touch *n* स्पर्श; लगाव
touch *v* स्पर्श करना
touch up *v* दुरुस्त करना
touching *adj* मर्मस्पर्शी
tough *adj* कठिन
toughen *v* कठिन बनाना
tour *n* यात्रा
tourism *n* पर्यटन
tourist *n* पर्यटक
tournament *n* टूर्नामेंट
tow *v* घसीटना
tow truck *n* टो ट्रक
towards *pre* की ओर
towel *n* तौलिया
tower *n* मीनार
towering *adj* बुलन्द

town *n* शहर
town hall *n* टाउन हॉल
toxic *adj* विषैला
toxin *n* जीवविष
toy *n* खिलौना
trace *v* पता लगाना
track *n* पथ
track *v* पीछा करना
traction *n* खींचना
tractor *n* ट्रैक्टर
trade *n* व्यापार
trade *v* व्यापार करना
trademark *n* ट्रेडमार्क
trader *n* व्यापारी
tradition *n* परंपरा
traffic *n* यातायात
traffic *v* व्यापार करना
tragedy *n* त्रासदी
tragic *adj* त्रासद
trail *v* पीछे घसीटना
trail *n* लकीर
trailer *n* ट्रेलर
train *n* ट्रेन
train *v* प्रशिक्षण देना
trainee *n* प्रशिक्षु
trainer *n* प्रशिक्षक
training *n* प्रशिक्षण
trait *n* लक्षण
traitor *n* गद्दार
trajectory *n* प्रक्षेप-पथ
tram *n* ट्राम
trample *v* पैरों से कुचलना

trivial

trance *n* समाधि
tranquility *n* शांति
transaction *n* लेन-देन
transfer *v* स्थानांतरित करना
transfer *n* स्थानांतरण
transform *v* रूपांतरण करना
transformation *n* रूपांतरण
transfusion *n* रक्त संचारण
transient *adj* अस्थायी
transit *n* परगमन
transition *n* संक्रमण
translate *v* अनुवाद करना
translator *n* अनुवादक
transmit *v* संचार करना
transparent *adj* पारदर्शी
transplant *v* प्रतिरोपण करना
transport *v* निर्यात करना
trap *n* फन्दा
trash *n* कचरा
trash can *n* गन्ने की सीठी
traumatic *adj* अभिघाति
traumatize *v* आघातपूर्ण बनाना
travel *v* यात्रा
traveler *n* यात्री
tray *n* थाल
treacherous *adj* गद्दार
treachery *n* गद्दारी
tread *iv* पैदल चलना
treason *n* अभिद्रोह
treasure *n* खजाना
treasurer *n* खजांची
treat *v* आचरण करना

treat *n* समझौता
treatment *n* व्यवहार; उपचार
treaty *n* सन्धि
tree *n* पेड़
tremble *v* सिहरना
tremendous *adj* भयावह
tremor *n* प्रकम्प
trench *n* खाई
trend *n* प्रवृत्ति होना
trespass *v* अतिक्रमण करना
trial *n* परीक्षण; मुकदमा
triangle *n* त्रिभुज
tribe *n* जनजाति
tribulation *n* पीड़ा
tribunal *n* अधिकरण
tribute *n* योगदान
trick *v* धोखेबाजी करना
trick *n* मक्कारी; दांव
trickle *v* टपकना
tricky *adj* धूर्त
trigger *v* बंदूक चलना
trigger *n* बंदूक का घोड़ा
trim *v* छांटना
trimester *n* तिमाही
trimmings *n* सज्जा
trip *n* यात्रा; विहार
trip *v* यात्रा करना
triple *adj* तिगुना
tripod *n* तिपाई
triumph *n* विजय
triumphant *adj* विजयी
trivial *adj* मामूली

trivialize 164

trivialize *v* मामूली बनाना
trolley *n* ठेला
troop *n* जवान
trophy *n* विजयस्मारक
tropic *n* उष्णकटिबंध
tropical *adj* उष्णकटिबंधीय
trouble *n* समस्या
troublesome *adj* तकलीफदेह
trousers *n* पतलून
trout *n* चित्तीदार
truce *n* विरामसंधि
truck *n* ट्रक
trucker *n* ट्रक का मालिक
trumped-up *adj* गढ़ लेना
trumpet *n* तुरही
trunk *n* तना; संदूक
trust *v* विश्वास करना
trust *n* विश्वास
truth *n* सच्चाई
truthful *adj* सच्चा
try *v* कोशिश करना
tub *n* हौद
tuberculosis *n* तपेदिक
Tuesday *n* मंगलवार
tuition *n* शिक्षण
tulip *n* ट्युलिप
tummy *n* पेट
tumor *n* ग्रंथि
tumult *n* शोरगुल
tumultuous *adj* दंगेबाज
tune *n* धुन
tune *v* स्वर मिलाना
tunic *n* फौजी कोट
tunnel *n* सुरंग
turbine *n* अरबाइन
turbulence *n* फसाद
turf *n* जमीन
Turk *adj* तुर्क का
Turkey *n* तुर्की
turmoil *n* खलबली
turn *n* घुमाव
turn *v* घूम जाना
turn back *v* पीछे मुड़ना
turn down *v* नीचा दिखाना
turn in *v* झुकना
turn off *v* बुझाना
turn on *v* जलाना
turn out *v* बाहर भेजना
turn over *v* उलट देना
turn up *v* प्रकट होना
turret *n* कंगूरा
turtle *n* कछुआ
tusk *n* हाथी का दांत
tutor *n* शिक्षक
tweezers *n* चिमटी
twelfth *adj* बारहवां
twelve *adj* बारह
twentieth *adj* बीसवां
twenty *adj* बीस
twice *adv* दुगुना
twilight *n* गोधूली
twin *n* जुड़वा
twinkle *v* चमकना
twist *v* ऐंठना

T

165 undesirable

twist *n* ऐंठन
twisted *adj* ऐंठा हुआ
twister *n* ऐंठने वाला
two *adj* दो
tycoon *n* जपान का राजा
type *n* प्रकार; छाप
type *v* टाइप करना
typical *adj* प्रकारात्मक
tyranny *n* निरंकुशता
tyrant *n* निरंकुश

U

ugliness *n* भद्दापन
ugly *adj* बदसूरत
ulcer *n* फोड़ा
ultimate *adj* चरम
ultimatum *n* अंतिम चेतावनी
ultrasound *n* अल्ट्रासाउण्ड
umbrella *n* छाता
umpire *n* साम्राज्य
unable *adj* अक्षम
unanimity *n* सर्वसम्मति
unarmed *adj* निहत्था
unassuming *adj* सरल
unattached *adj* पृथक
unavoidable *adj* अपरिहार्य
unaware *adj* अनभिज्ञ
unbearable *adj* असह्य
unbeatable *adj* अपराजेय
unbelievable *adj* अविश्वसनीय
unbiased *adj* निराधार
unbroken *adj* अटूट
unbutton *v* बटन खोरना
uncertain *adj* अनिश्चित
uncle *n* चाचा
uncomfortable *adj* अविस्मरणीय
uncommon *adj* असाधारण
unconscious *adj* बेहोश
uncover *v* खोल देना
undecided *adj* विचाराधीन
undeniable *adj* निर्विवाद
under *pre* के मातहत
undercover *adj* सुरक्षाप्राप्त
underdog *n* अभाग व्यक्ति
undergo *v* अनुभव करना
underground *adj* जमीन के नीचे
underlie *v* नीचे होना
underline *v* रेखांकित करना
underlying *adj* दबाहुआ
undermine *v* क्षति पहुंचाना
underneath *pre* निचले स्थान पर
underpass *n* छोटा मार्ग
understand *v* समझना
understanding *n* समझ
undertake *v* नियंत्रण में लेना
underwear *n* अंदर के कपड़े
underwrite *v* बीमा करना
undeserved *adj* अनाधिकार
undesirable *adj* अवांछनीयता

undisputed 166

undisputed *adj* अविवादित
undo *v* अनडू
undoubtedly *adv* निस्संदेह
undress *v* कपड़े उतारना
undue *adj* अनुचित
unearth *v* पता लगाना
uneasiness *n* व्याकुलता
uneasy *adj* व्याकुल
uneducated *adj* अशिक्षित
unemployed *adj* बेरोजगार
unending *adj* अंतहीन
unequal *adj* असमान
unequivocal *adj* स्पष्ट
uneven *adj* बेतरतीब
uneventful *adj* नीरस
unexpected *adj* अप्रत्याशित
unfailing *adj* अचूक
unfair *adj* नावाजिब
unfairly *adv* अनीतिपूर्ण
unfairness *n* अनीतिपूर्णता
unfaithful *adj* बेवफा
unfamiliar *adj* अपरिचित
unfasten *v* खोलना
unfavorable *adj* प्रतिकूल
unfit *adj* अक्षम
unfold *v* रहस्योद्घाटन
unforeseen *adj* अनपेक्षित
unforgettable *adj* अविस्मरणीय
unfounded *adj* बेबुनियाद
unfriendly *adj* अमित्रता
unfurnished *adj* असज्जित
ungrateful *adj* एहसानफरामोश
unhappiness *n* उदासी
unhappy *adj* उदास
unharmed *adj* सलामत
unhealthy *adj* अस्वस्थ
unheard-of *adj* निराला
unhurt *adj* बचा हुआ
unification *n* एकता
uniform *n* वर्दी
uniformity *n* समानता
unify *v* एकरूप करना
unilateral *adj* एकपक्षीय
union *n* संघ
unique *adj* विचित्र
unit *n* इकाई
unite *v* एक होना
unity *n* एकता
universal *adj* सार्वभौमिक
universe *n* ब्रम्हांड
university *n* विश्वविद्यालय
unjust *adj* अन्याय
unjustified *adj* अन्यायसंगत
unknown *adj* अनजान
unlawful *adj* गैर कानूनी
unleaded *adj* बिना नेतृत्व
unleash *v* खोलना
unless *c* सिवाए इसके
unlike *adj* विषम
unlikely *adj* अविश्वास्य
unlimited *adj* असीम
unload *v* भार उतारना
unlock *v* ताला खोलना
unlucky *adj* अभाग्यशाली

U

167 urgency

unmarried *adj* अविवाहित
unmask *v* भेद खोलना
unmistakable *adj* अचूक
unnecessary *adj* अनावश्यक
unoccupied *adj* खाली
unpack *v* सामान खोलना
unpleasant *adj* अप्रिय
unplug *v* प्लग निकालना
unpopular *adj* अविख्यात
unpredictable *adj* अप्रत्याशित
unprofitable *adj* लाभहीन
unprotected *adj* अरक्षित
unravel *v* सुलझाना
unreal *adj* अवास्तविक
unrealistic *adj* अवास्तविक
unreasonable *adj* गलत
unrelated *adj* सम्बंध विच्छेद
unreliable *adj* अविश्वसनीय
unrest *n* अशांति
unsafe *adj* असुरक्षित
unselfish *adj* नि:स्वार्थ
unspeakable *adj* अकथनीय
unstable *adj* अस्थिर
unsteady *adj* अस्थिर
unsuccessful *adj* असफल
unsuitable *adj* अनुपयुक्त
unsuspecting *adj* नि:शंक
unthinkable *adj* अविचारनीय
untie *v* खोलना
until *pre* तब तक
untimely *adj* असमय
untouchable *adj* अस्पर्शनीय
untrue *adj* असत्य
unusual *adj* असमान्य
unveil *v* उघडना
unwillingly *adv* बिना मन के
unwind *v* उड़ाना
unwise *adj* मुर्खतापूर्ण
unwrap *v* खोलना
upbringing *n* पालन पोषण
upcoming *adj* आगामी
update *v* नया बनाना
upgrade *v* पदोन्नति देना
upheaval *n* उथल-पुथल
uphill *adv* पहाड़ी पर
uphold *v* रक्षा करना
upkeep *n* देखभाल करना
upon *pre* पर
upper *adj* ऊपर का
upright *adj* खड़ा
uprising *n* विद्रोह
uproar *n* गड़गड़ाहट
uproot *v* उखाड़ फेंकना
upset *v* उलट पुलट करना
upside-down *adv* सिरे से नीचे
upstairs *adv* ऊपरी मंजिल
uptight *adj* दुरुस्त करना
up-to-date *adj* ताजा
upturn *n* नीचे-ऊपर करना
upwards *adv* ऊपर की ओर
urban *adj* नगरीय
urge *n* चाहत
urge *v* चाहत करना
urgency *n* आवश्यकता

U

urgent *adj* आवश्यकता
urinate *v* पेशाब करना
urine *n* पेशाब
urn *n* कलश
us *pro* हमलोग
usage *n* उपयोग
use *v* उपयोग करना
use *n* उपयोगिता
used to *adj* हुआ करता था
useful *adj* उपयोगी
usefulness *n* अनउपयोगिता
useless *adj* अनउपयोगी
usher *n* प्रवेश
usual *adj* सामान्य
utensil *n* बर्तन
uterus *n* गर्भाशय
utilize *v* उपयोग में लाना
utmost *adj* परम
utter *v* बड़बड़ाना

V

vacancy *n* रिक्तता
vacant *adj* रिक्त
vacate *v* रिक्त करना
vacation *n* छुट्टी
vaccinate *v* टीका लगाना
vaccine *n* टीका
vacillate *v* ढुलमुल होना
vagrant *n* आवारा
vague *adj* अस्पष्ट
vain *adj* निरर्थक
vainly *adv* निरर्थक रूप से
valiant *adj* पराक्रमी
valid *adj* मान्य
validate *v* मान्य करना
validity *n* मान्यता
valley *n* घाटी
valuable *adj* बहुमूल्य
value *n* मूल्य
valve *n* वाल्ब
van *n* गाड़ी डिब्बा
vandal *n* बर्बर
vandalism *n* बर्बरता
vandalize *v* लूटपाट करना
vanguard *n* हरावल
vanish *v* समाप्त हो जाना
vanity *n* मिथ्या अभिमान
vanquish *v* परास्त करना
vaporize *v* हवा मेंउड़ जाना
variable *adj* परिवर्ती
varied *adj* विविध; विभिन्न
variety *n* विविधता
various *adj* कई प्रकार का
varnish *v* वार्निश करना
varnish *n* वार्निश
vary *v* परिवर्तित करना
vase *n* फूलदान
vast *adj* अति विशाल
veal *n* बछड़े का मांस

169 violent

veer *v* मोड़ना
vegetable *v* सब्जी
vegetarian *v* शाकाहारी
vegetation *n* वनस्पतियां
vehicle *n* वाहन
veil *n* घूंघट
vein *n* शिरा
velocity *n* वेग
velvet *n* मखमल
venerate *v* पूजा करना
vengeance *n* प्रतिशोध
venison *n* हरिण मांस
venom *n* विष
vent *n* छेद
ventilate *v* हवादार करना
ventilation *n* हवादारी
venture *n* जोखिम में
verb *n* क्रिया
verbally *adv* मौखिक तौर पर
verbatim *adv* शब्दश:
verdict *n* अंतिम निर्णय
verge *n* किनारा
verification *n* सत्यापन
verify *v* सत्यापन करना
versatile *adj* सर्वतोमुखी
verse *n* छंद
versed *adj* अनुभवी
version *n* संकरण
versus *pre* बनाम
vertebra *n* कशेरु
very *adv* बहुत ही
vessel *n* जलयान
vest *n* जामा
vestige *n* अवशेष
veteran *n* दक्ष
veterinarian *n* पशु चिकित्सक
veto *v* निषेध
viaduct *n* पुल
vibrant *adj* कंपमान
vibrate *v* कांपना
vibration *n* कंपन
vice *n* उप
vicinity *n* सामीप्य
vicious *adj* दूषित
victim *n* पीड़ित
victimize *v* प्रताड़ित करना
victor *n* विजेता
victorious *adj* विजयी
victory *n* विजय
view *n* दृष्टि
view *v* दृष्टि डालना
viewpoint *n* दृष्टिकोण
vigil *n* जागरूकता
village *n* गांव
villager *n* ग्रामीण
villain *n* खलनायक
vindicate *v* न्यायसंगत
vindictive *adj* हर्जाना
vine *n* अंगूर की बेल
vinegar *n* सिरका
vineyard *n* अंगूर वाटिका
violate *v* अतिक्रमण करना
violence *n* हिंसा
violent *adj* हिंसक

V

violet *n* हिंसात्मक
violin *n* वॉयलिन
violinist *n* वॉयलिन वादक
viper *n* वाइपर
virgin *n* कुमारी
virginity *n* कौमार्य
virile *adj* पौरुषयुक्त
virility *n* पौरुष
virtue *n* उत्सुकता
virtually *adv* वस्तुत:
virtuous *adj* सदगुण
virulent *adj* तीखा
virus *n* विषाणु
visibility *n* दृश्यता
visible *adj* दृश्यमान
vision *n* दृष्टि
visit *n* मुलाकात
visit *v* मुलाकात करना
visitor *n* मुलाकाती
visual *adj* दृष्टिमूलक
visualize *v* दृश्यमान करना
vital *adj* जीवनदायिनी
vitality *n* प्राणशक्ति
vitamin *n* विटामिन
vivacious *adj* उल्लासपूर्ण
vivid *adj* स्पष्ट
vocabulary *n* शब्द भंडार
vocation *n* व्यवसाय
vogue *n* प्रथा
voice *n* आवाज
void *adj* हीन; शून्य
volatile *adj* वाष्पशील
volcano *n* ज्वालामुखी
volleyball *n* वॉलीबाल
voltage *n* विद्युत दाब
volume *n* परिमाण; खंड
volunteer *n* स्वयंसेवक
vomit *v* उल्टी करना
vomit *n* उल्टी
vote *v* मत देना
vote *n* मत
voting *n* मतदान
vouch for *v* साक्ष्य देना
voucher *n* वाउचर
vow *v* व्रत
vowel *n* स्वर वर्ण
voyage *n* समुद्रयात्रा
voyager *n* समुद्रयात्री
vulgar *adj* अश्लील
vulgarity *n* अश्लीलता
vulnerable *adj* अरक्षित
vulture *n* गिद्ध

W

wafer *n* वेफर
wag *v* संचालित करना
wage *n* मजदूरी
wagon *n* मालडिब्बा
wail *v* विलाप करना

wavy

wail *n* विलाप
waist *n* कमर
wait *v* प्रतीक्षा करना
waiter *n* परिचारक
waiting *n* प्रतीक्षा
waitress *n* परिचारिका
waive *v* त्यागना
wake up *iv* जागना
walk *v* चलना
walk *n* भ्रमण
walkout *n* बाहर आना
wall *n* दिवार
wallet *n* वॉलेट
walnut *n* अखरोट
walrus *n* वालरस
wander *v* विचरण
wanderer *n* विचरणशील
wane *v* क्षीण होना
want *v* अभाव होना
war *n* युद्घ
ward *n* वार्ड
warden *n* संरक्षक
warehouse *n* माल गोदाम
warfare *n* युद्ध
warm *adj* गरम
warm up *v* तैयारी
warmth *n* संवेदनशीलता
warn *v* चेतावनी देना
warning *n* चेतावनी
warp *v* बांधना
warped *adj* बंधा हुआ
warrant *v* समाश्वासन देना
warrant *n* अधिपत्र
warranty *n* समाश्वासन
warrior *n* योद्धा
warship *n* युद्धपोत
wart *n* मस्सा
wary *adj* चतुर
wash *v* धोना
washable *adj* धुलने वाले
wasp *n* ततैया
waste *v* बरबाद करना
waste *n* अपव्यय
waste basket *n* कूड़ादान
wasteful *adj* खर्चीला
watch *n* पहरा
watch *v* पहना देना
watch out *v* ध्यान देना
watchful *adj* जागरूक
watchmaker *n* घड़ीसाज
water *n* पानी
water *v* सींचना
water down *v* हलका करना
waterfall *n* जलप्रपात
waterheater *n* वाटरहीटर
watermelon *n* तरबूज
waterproof *adj* जलरोधी
watershed *n* वॉटरशेड
watertight *adj* जलरुद्ध
watery *adj* पनीला
watt *n* वॉट
wave *n* तरंग; लहर
waver *v* आंदोलित करना
wavy *adj* लहरदार

W

wax *n* मोम
way *n* रास्ता; विधि
we *pro* हम
weak *adj* कमजोर
weaken *v* कमजोर करना
weakness *n* कमजोरी
wealth *n* धन
wealthy *adj* धनी
weapon *n* हथियार
wear *n* परिधान; घिसाई
wear *iv* पहनना
wear down *v* रगड़ डालना
wear out *v* घिसना
weary *adj* उदासीन
weather *n* मौसम
weave *iv* बुनना
web *n* वेब; झिल्ली
web site *n* वेबसाइट
wed *iv* विवाह करना
wedding *n* विवाह
wedge *n* पच्चड़
Wednesday *n* बुधवार
weed *n* खरपतवार
weed *v* निराई करना
week *n* सप्ताह
weekday *adj* कार्यदिवस
weekend *n* सप्ताहांत
weekly *adv* साप्ताहिक
weep *iv* रोना
weigh *v* वजन करना
weight *n* वजन
weird *adj* अजीब
welcome *v* स्वागत करना
welcome *n* स्वागत
weld *v* वेल्ड करना
welfare *n* कल्याण
well *n* कुआं
well-known *adj* चिर-परिचित
well-to-do *adj* अमीर
west *n* पश्चिम
westbound *adv* पश्चिमबाध्य
western *adj* पश्चिम का
wet *adj* गीला
whale *n* व्हेल
wharf *n* घाट
what *adj* क्या
whatever *adj* कुछ भी
wheat *n* गेहूं
wheel *n* पहिया
wheelbarrow *n* ठेला
wheelchair *n* व्हीलचेयर
wheeze *v* आह भरना
when *adv* कब
whenever *adv* जबकभी
where *adv* कहां
whereabouts *n* मूल स्थिति
whereas *c* यद्यपि
whereupon *c* जिसके बाद
wherever *c* जहां कहीं भी
whether *c* कि; अथवा
which *adj* जो
while *c* जिस बीच
whim *n* खब्त
whine *v* कराहना

W

173 wipe out

whip *v* चाबुक मारना
whip *n* चाबुक
whirl *v* तेज चक्कर
whirlpool *n* भंवर
whiskers *n* गलमुच्छ
whisper *v* फुसफुसाना
whisper *n* फुसफुसाहट
whistle *v* सीटी बचाना
whistle *n* सीटी
white *adj* सफेद
whiten *v* सफेद करना
whittle *v* तराशना
who *pro* कौन
whoever *pro* जो कोई भी
whole *adj* सम्पूर्ण
wholehearted *adj* पूरे दिल से
wholesale *n* थोक
wholesome *adj* पौष्टिक
whom *pro* किसको
why *adv* क्यों
wicked *adj* दुष्ट
wickedness *n* दुष्टता
wide *adj* चौड़ा
widely *adv* व्यापक रूप से
widen *v* विस्तृत करना
widespread *adj* विशाल
widow *n* विधवा
widower *n* विधुर
width *n* चौड़ाई
wield *v* शासन करना
wife *n* पत्नी
wig *n* विग
wiggle *v* घुमाना
wild *adj* जंगली
wild boar *n* जंगली बोर
wilderness *n* विजन
wildlife *n* वन्यजीवन
will *n* संकल्प; इच्छा
willfully *adv* स्वेक्षापूर्वक
willing *adj* सहमत
willingly *adv* स्वेक्षा सा
willingness *n* स्वेक्षा
willow *n* धुनाई मशीन
wily *adj* मायावी
wimp *adj* कमजारी
win *iv* विजय
win back *v* वापस जीतना
wind *n* पवन
wind *iv* फूंकना
wind up *v* समेटना
winding *adj* लपेटना
windmill *n* पवन चक्की
window *n* खिड़की
windpipe *n* श्वासनली
windshield *n* विंडशील्ड
windy *adj* हवादार
wine *n* मदिरा
wing *n* पंख
wink *n* इशारा
wink *v* ध्यान न देना
winner *n* विजेता
winter *n* शरद
wipe *v* मांजना
wipe out *v* बर्बाद करना

W

wire *n* तार
wireless *adj* बेतार
wisdom *n* बुद्धिमानी
wise *adj* बुद्धिमान
wish *v* कामना करना
wish *n* कामना
wit *n* हाजिरजवाब
witch *n* डायन
witchcraft *n* जादू-टोना
with *pre* के साथ
withdraw *v* पीछे हटना
withdrawal *n* पीछे हट जाना
withdrawn *adj* निकाला हुआ
wither *v* म्लान करना
withhold *iv* अटकाना
within *pre* अन्दर
without *pre* के बिना
withstand *v* विरोध करना
witness *n* साक्षी
witty *adj* तीक्ष्णबबुद्धि
wives *n* पत्नियां
wizard *n* जादूगर
wobble *v* लड़खड़ाना
woes *n* पीड़ा
wolf *n* भेड़िया
woman *n* औरत
womb *n* गर्भाशय
women *n* औरतें
wonder *v* हैरान होना
wonder *n* हैरानी
wonderful *adj* अदभुत
wood *n* लकड़ी
wooden *adj* लकड़ी का
wool *n* ऊन
woolen *adj* ऊनी
word *n* शब्द; कथन
wording *n* शब्द
work *n* काम
work *v* काम करना
work out *v* कसरत
workable *adj* व्यवहार्य
workbook *n* कार्यपुस्तिका
worker *n* मजदूर
workshop *n* वर्कशॉप
world *n* विश्व
worldly *adj* संसारिक
worldwide *adj* विश्व स्तर पर
worm *n* कीड़ा
worn-out *adj* फटा-पुराना
worrisome *adj* चिन्ताजनक
worry *v* चिन्ता करना
worry *n* चिन्ता
worse *adj* बदतर हालत में
worsen *v* खराब होते जाना
worship *n* पूजा
worst *adj* सर्वाधिक बुरा
worth *adj* लायक
worthless *adj* बेकार
worthwhile *adj* सार्थक
worthy *adj* योग्य
would-be *adj* होने वाला
wound *n* घाव
wound *v* आघात करना
woven *adj* बुना हुआ

W

youthful

wrap *v* लपेटना
wrap up *v* शाल ओड़ लोना
wrath *n* क्रोध
wreath *n* धुंए का छल्ला
wreck *v* नष्ट होना
wrench *n* ऐंठन
wrestle *v* कुश्ती करना
wrestler *n* पहलवान
wrestling *n* कुश्ती
wretched *adj* अभागा
wring *iv* मरोड़ना
wrinkle *v* झुर्रियां पड़ना
wrinkle *n* झुर्री
wrist *n* कलाई
write *iv* लिखना
write down *v* नोट करना
writer *n* लेखक
writhe *v* तिलमिलाहट
writing *n* लिखावट
written *adj* लिखा हुआ
wrong *adj* गलत

X

X-mas *n* क्रिसमस
X-ray *n* एक्स-रे

Y

yacht *n* प्रमोद तरणी
yam *n* रतालू
yard *n* गज
yarn *n* सूत
yawn *n* उबासी
yawn *v* उबासी लेना
year *n* साल
yearly *adv* प्रतिवर्ष
yearn *v* व्यग्र होना
yeast *n* खमीर
yell *v* चिल्लाना
yellow *adj* पीला
yes *adv* हां
yesterday *adv* बीता कल
yet *c* तब भी
yield *v* उपजाना; झुकना
yield *n* उपज
yoke *n* जुआ
yolk *n* अण्डे की जर्दी
you *pro* तुम
young *adj* नौजवान
youngster *n* किशोर
your *adj* तुम्हारा
yours *pro* तुम्हारे
yourself *pro* तुम स्वयं
youth *n* यौवन
youthful *adj* युवा

Y

Z

zap *v* भावोद्वेग देना
zeal *n* उत्साह
zealous *adj* लगनशील
zebra *n* जेब्रा
zero *n* शून्य

zest *n* चस्का
zinc *n* जस्ता
zip code *n* पिन कोड
zipper *n* जिपर
zone *n* इलाका
zoo *n* चिड़ियाघर
zoology *n* प्राणिविज्ञान

Hindi-English

Bilingual Dictionaries, Inc.

Abbreviations

a - article - उपपद
adj - adjective - विशेषण
adv - adverb - क्रिया विशेषण
c - conjunction - समुच्चबोधक
e - exclamation - विस्मयबोधक
n - noun - संज्ञा
pre - preposition - कारक
pro - pronoun - सर्वनाम
v - verb - क्रिया

अ

अंक *n* digit
अंक प्राप्त करना *v* score
अंकगणित *n* arithmetic
अंकरिक्ष-यात्री *n* astronaut
अंकित करना *v* depict
अंकुरन *v* sprout
अंकुश *v* goad
अंग *n* organ
अंग भंग *n* mayhem
अंगच्छेदन करना *v* amputate
अंगरक्षक *n* lifeguard
अंगहीनता *adj* main
अंगार *n* embers
अंगीकार *n* assumption
अंगीठी *n* fireplace
अंगूठा *n* thumb, toe
अंगूठी *n* ring
अंगूठे का नाखुन *n* toenail
अंगूर *n* grape
अंगूर की बेल *n* vine
अंगूर की शराब *n* grapevine
अंगूर वाटिका *n* vineyard
अंगोच्छेदन *n* amputation
अंग्रेजी *adj* English
अंजीर *n* fig
अंडा *n* egg
अंडे की जर्दी *n* egg white
अंत *adj* intravenous
अंत:स्राव *n* hormone
अंतत *adv* eventually
अंतर *n* gap
अंतरंग *adj* intimate
अंतरंगता *n* intimacy
अंतरप्रवाह *n* influx
अंतराकर्षण *n* cohesion
अंतराक्षेपण *n* intervention
अंतरात्मा *n* conscience
अंतराल *n* interlude
अंतरीप *n* cape
अंतर्गृहीत *n* intake
अंतर्ग्रहण करना *v* ingest
अंतर्जात *adj* innate
अंतर्देशीय *adj* inland
अंतर्निविष्ट करना *v* insert
अंतर्निहित *adj* ingrained
अंतर्मुखी *adj* introvert
अंतर्वस्तु *n* contents
अंतहीन *adj* endless
अंतिम *adj* final, last
अंतिम चेतावनी *n* ultimatum
अंतिम नाम *n* last name
अंतिम निर्णय *n* verdict
अंतिम रूप देना *v* finalize
अंत्येष्टि *n* funeral
अंदर आना *v* get in
अंदर के कपड़े *n* underwear
अंधकार *n* gloom
अंधकारमय *adj* gloomy
अंधविश्वास *n* superstition

अंधा *adj* blind
अंधा करना *v* blind
अंधापन *n* blindness
अंधेरा *adj* dark
अंधेरा *n* darkness
अंश *n* fraction
अंशत *adv* partly
अंशदाता *n* contributor
अंशधारक *n* shareholder
अकथनीय *adj* unspeakable
अकस्मात *adv* suddenly
अकादमिक *adj* academic
अकादमी *n* academy
अकालप्रौढ़ *adj* precocious
अकृतज्ञयता *n* ingratitude
अकेला *adj* alone, single
अकेला *n* loner, single
अकेला होना *adv* lonely
अकेलापन *n* loneliness
अकेले *adj* singlehanded
अकेले *adv* solely
अक्टूबर *n* October
अक्षम *adj* inefficient
अक्षम करना *v* incapacitate
अक्षम्य *adj* inexcusable
अक्षर *n* letter, syllable
अक्षर बिठाना *v* compose
अक्सर *adv* often
अखंडता *n* integrity
अखंड्य *adj* irrefutable
अखरोट *n* walnut
अखाड़ा *n* arena
अगणनीय *adj* incalculable
अगणित *adj* numerous
अगला *adj* next
अगवा करना *v* kidnap
अगवाड़ *n* bow
अगस्त *n* August
अगाध *adj* profound
अग्नि शमन *n* cease-fire
अग्निदाहक *n* arsonist
अग्नेयास्त्र *n* firearm
अग्रभाग *n* forefront
अग्रभूमि *n* foreground
अग्रसर *adj* leading
अग्रिम *n* advance
अचंभा *n* marvel
अचर *adj* steady
अचल सम्पत्ति *n* realty
अचानक *adj* sudden
अचूक *adj* infallible
अच्छा *adj* good, nice
अच्छाई *n* goodness
अच्छी तरह *adv* nicely
अच्छी बात है *adv* fine
अजगर *n* python
अजनबी *n* stranger
अजवाइन *n* celery
अजवायन *n* parsley
अजीब *adj* weird
अज्ञान *adj* ignorant
अज्ञानता *n* ignorance
अज्ञानी *adj* lewd
अज्ञेयवादी *n* agnostic

अटकाना *v* withhold
अटपटा *adj* awkward
अटल *adj* irrevocable
अटूट *adj* unbroken
अटैची *n* suitcase
अठखेलियां *n* prank
अठारह *adj* eighteen
अणु *n* molecule
अण्डाकार *adj* oval
अण्डाशय *n* ovary
अण्डे की जर्दी *n* yolk
अतंकवादी *adj* militant
अतंकित करना *v* terrify
अताताई *n* gangster
अतार्किक *adj* illogical
अति देर *adj* overdue
अति विनम्र *adj* practical
अति विशाल *adj* vast
अतिकाल्पनिक *adj* fantastic
अतिक्रमण करना *v* exceed
अतिथि *n* guest
अतिरिक्त *adj* additional
अतिरिक्त मूल्य *n* surplus
अतिरिक्त समय *adv* overtime
अतिरिक्त सामान *n* spare part
अतिवादी *adj* extremist
अतिशय *adj* excessive
अतिसरलता *n* austerity
अतिसार *n* diarrhea
अतिसावधान *adj* meticulous
अतिसिद्धांतवादी *adj* pedantic
अत्मसजग *adj* self-concious
अत्यधिक *adj* extreme
अत्यधिक प्रिय *adj* darling
अत्याचार *n* oppression
अत्याचार करना *v* persecute
अत्यानंद *n* ecstasy
अथक *adj* tireless
अथवा *c* whether
अदभुत *adj* wonderful
अदरख *n* ginger
अदला-बदली *n* swap
अदालत *n* court
अदूरदृष्टा *adj* shortsighted
अदृश्य *adj* invisible
अधखुला *adj* ajar
अधसीसी *n* migraine
अधि श्वेतरक्तता *n* leukemia
अधिक *adj* more
अधिक दाम लेना *v* overcharge
अधिक मदिरा पीना *v* beef up
अधिक मात्र *n* overdose
अधिक होना *v* outnumber
अधिकतम *adj* maximum
अधिकतर *adv* mostly
अधिकता *n* excess
अधिकरण *n* tribunal
अधिकरूप से *adv* exceedingly
अधिकर्मी *n* foreman
अधिकार *n* right
अधिकार करना *v* subject
अधिकार में रखना *n* retention
अधिकारी *n* officer
अधिनियम *n* statute

अधिपत्र *n* warrant
अधिभार *n* surcharge
अधिभोक्ता *n* occupant
अधिरोपन *n* imposition
अधिवासी *n* settler
अधिवेशन *n* session
अधिशिक्षक *n* rector
अधिसूचित करना *v* notify
अधिसूनचा *n* notification
अधीर *adj* impatient
अधीरता *n* impatience
अधुरा काम *n* torso
अधोमुख *adj* prone
अधोवस्त्र *n* lingerie
अध्यक्ष *n* chairman
अध्यक्षता *n* presidency
अध्यक्षता करना *v* preside
अध्ययन करना *v* study
अध्याय *n* chapter, lesson
अनंत *adj* infinite
अनंतता *n* eternity
अनंतता *adj* everlasting
अनउपयोगिता *n* usefulness
अनउपयोगी *adj* useless
अनगढ़े पत्थर *n* rubble
अनगिनत *adj* countless
अनजान *adj* unknown
अनडू *v* undo
अनदेखा करना *v* connive
अनदेखी करना *v* overlook
अनधिगम्य *adj* inaccessible
अननुमोदन *n* disapproval
अनपेक्षित *adj* unforeseen
अनभिज्ञ *adj* unaware
अनवरत *adv* ceaselessly
अनश्वर *adj* immortal
अनश्वरता *n* immortality
अनाचारी *adj* outrageous
अनाज *n* cereal, grain
अनाड़ी *adj* clumsy
अनाड़ीपन *n* clumsiness
अनाथ *adj* destitute
अनाथ *n* orphan
अनादर *n* dishonor
अनादरसूचक *adj* derogatory
अनाधिकार *adj* undeserved
अनानास *n* pineapple
अनार *n* pomegranate
अनावश्यक *adj* unnecessary
अनिच्छुक *adj* indisposed
अनिद्रा *n* insomnia
अनियमित *adj* irregular
अनियारा *n* fine
अनिर्णय *n* indecision
अनिर्णायक *adj* indecisive
अनिवार्य *adj* compulsory
अनिश्चित *adj* indefinite
अनिश्चितता *n* quandery
अनिष्ट *n* bale
अनिष्टकारक *adj* noxious
अनीतिपूर्ण *adv* unfairly
अनीतिपूर्णता *n* unfairness
अनुकरणीय *adj* exemplary
अनुकूल *adj* favorable

अनुकूल बनना *v* accustom
अनुकूलक *n* adapter
अनुकूलन *n* adaptation
अनुकूलनशील *adj* adaptable
अनुग्रह *n* favor
अनुग्रह करना *v* deign
अनुचित *adj* illicit, undue
अनुच्छेद *n* paragraph
अनुज्ञा *n* permission
अनुज्ञापत्र *n* licence
अनुज्ञापत्र देना *v* license
अनुदान देना *v* subsidize
अनुनय-विनय *v* implore
अनुनय-विनय *n* persuasion
अनुनयी *adj* persuasive
अनुपजाऊ भुमि *v* moor
अनुपयुक्त *adj* improper
अनुपस्थित *adj* missing
अनुपस्थिति *n* absence
अनुपात *n* proportion
अनुपालनीय *adj* applicable
अनुप्रमाणित करना *v* attest
अनुभव *n* experience
अनुभव करना *v* feel
अनुभवहीन *adj* inexperienced
अनुभवी *adj* versed
अनुमति देना *v* assent
अनुमान *n* guess, speculation
अनुमान लगाना *v* guess, infer
अनुमोदन *n* approbation
अनुमोदित करना *v* ratify
अनुयायी *n* follower
अनुरक्ति *n* attachment
अनुरूपता *n* conformity
अनुरोध *n* request
अनुरोध करना *v* request
अनुरोधयात्रा *n* hitchhike
अनुलम्बन *n* persistence
अनुवर्ति *adj* compliant
अनुवाद *n* interpretation
अनुवाद करना *v* interpret
अनुवादक *n* interpreter
अनुवृत्ति *n* compliance
अनुशासन *n* discipline
अनुष्ठान करना *v* perform
अनुसरण *n* pursuit
अनुसूचित करना *v* schedule
अनुसूची *n* schedule
अनेक *n* plural
अनेक *adj* several
अनैतिक *adj* immoral
अनैतिकता *n* immorality
अनौपचारिक *adj* informal
अनौपारिकता *n* informality
अन्तर्बोध *n* notion
अन्तहीन *adj* timeless
अन्दर *pre* within
अन्दर आना *v* come in
अन्दर जाना *v* go in
अन्दर सांस लेना *v* inhale
अन्धकूप *n* pitfall
अन्य *adj* another, other
अन्यत्र *adv* elsewhere
अन्यथा *adv* otherwise

अन्यभ्यस्त *n* novice
अन्यमनस्कता *n* distraction
अन्याय *n* injustice
अन्याय *adj* unjust
अन्यायसंगत *adj* unjustified
अन्वेषक *n* explorer
अन्वेषण *n* quest
अन्वेषण करना *v* explore
अपंग *adj* disabled
अपंग करना *v* maim
अपक्रिया *n* malfunction
अपक्रिया करना *v* malfunction
अपच *n* indigestion
अपदस्थ करना *v* depose
अपनाना *v* adopt
अपमान *n* insult
अपमान करना *v* affront
अपमानजनक *adj* degrading
अपराजेय *adj* invincible
अपराध *n* crime
अपराध करना *v* perpetrate
अपराध स्वीकरण *n* confession
अपराधी *n* con man
अपरिचित *adj* unfamiliar
अपरितोष्य *adj* insatiable
अपरिपक्व *adj* immature
अपरिपक्वता *n* immaturity
अपरिमेयता *n* immensity
अपरिवर्तनीय *adj* immutable
अपरिष्कृत *adj* coarse
अपरिहार्य *adj* essential
अपर्याप्त *adj* inadequate
अपवचन *n* slander
अपवाद *n* exception
अपवादात्मक *adj* exceptional
अपवित्र *adj* profane
अपवृद्धि *n* aggravation
अपवृद्धि करना *v* aggravate
अपव्यय *n* waste
अपशकुन *adj* ominous
अपशब्द कहना *v* abuse
अपशब्द पूर्ण *adj* abusive
अपसामान्य *adj* abnormal
अपसामान्यता *n* abnormality
अपहरण *n* abduction
अपहरण करना *v* abduct
अपहरणकर्ता *n* hijacker
अपारदर्शी *adj* opaque
अपाहिज *n* handicap
अपील *n* appeal
अपील करना *v* appeal
अपूर्ण *adj* incomplete
अपूर्णता *n* imperfection
अपेक्षा *n* expectation
अप्रचलित *adj* obsolete
अप्रतिरोध्य *adj* compelling
अप्रतिष्ठा *n* disgrace
अप्रत्यावर्ती *adj* irreversible
अप्रत्याशित *adj* unexpected
अप्रभावी *adj* ineffective
अप्रयोग *n* disuse
अप्रसन्न करना *v* displease
अप्रसन्नता *n* displeasure
अप्रासंगिक *adj* irrelevant

अप्रिय *adj* displeasing
अप्रिय अनुभव *adj* disagreeable
अप्रैल *n* April
अफवाह *n* rumor
अफ़सर *n* boss
अफीम *n* opium
अब *adv* now
अब तक *adv* hitherto
अभद्र *adj* impolite
अभाग व्यक्ति *n* underdog
अभागा *adj* wretched
अभाग्यशाली *adj* unlucky
अभाज्य *adj* indivisible
अभाव का कष्ट *n* deprivation
अभाव होना *v* want
अभिकथन *n* assertion
अभिकर्ता *n* agent
अभिकल्पना *n* design
अभिग्रहण *n* acquisition
अभिग्रहण करना *v* seize
अभिघाति *adj* traumatic
अभिजात *adj* noble
अभिजात वर्ग *n* nobility
अभिदान *n* subscription
अभिदान देना *v* subscribe
अभिद्रोह *n* treason
अभिनंदन *n* ovation
अभिनय करना *v* stage
अभिनव *adj* recent
अभिनिर्णायक *n* jury
अभिनेता *n* actor
अभिनेत्री *n* actress

अभिभावक *n* guardian
अभिभूत करना *v* overwhelm
अभिभूषित करना *v* adorn
अभिमानी *adj* overbearing
अभिमुख *adj* oriented
अभिमुख होना *v* converge
अभिमुखीकरण *n* orientation
अभियान *n* campaign
अभियान पर जाना *v* campaign
अभियोग *n* accusation
अभियोग लगाना *v* incriminate
अभियोजक *n* prosecutor
अभियोजन करना *v* prosecute
अभिरक्षक *n* caretaker
अभिरुचि *n* interest
अभिलेख *n* inscription
अभिलेखन *n* recording
अभिलेखागार *n* archive
अभिवादन *n* greetings
अभिवादन द्योतक *adj* complimentary
अभिव्यक्ति *n* expression
अभिशाप *v* cuss
अभ्यस्त होना *v* run into
अभ्यारोपण करना *v* indict
अभ्यास *n* exercise
अभ्यास करना *v* exercise
अमानवीय *adj* inhuman
अमान्य *n* invalid
अमान्य करना *v* invalidate
अमित्रता *adj* unfriendly
अमीर *adj* well-to-do
अमुक समय से *adv* since then

अमूर्त *adj* abstract
अमूल्य *adj* invaluable
अमेरिकी *adj* American
अमोनिया *n* ammonia
अम्ल *n* acid
अम्लता *n* acidity
अयथार्थ *adj* imprecise
अयस्क *n* ore
अयोग्य *adj* incompetent
अयोग्य ठहराना *v* disqualify
अयोग्यता *n* inability
अरक्तक *adj* anemic
अरक्तता *n* anemia
अरक्षित *adj* defenseless
अरथी *n* hearse
अरबाइन *n* turbine
अरबी भाषा *adj* Arabic
अराजकता *n* anarchy
अराजकतावादी *n* anarchist
अरुचिकर *adj* distasteful
अरुणोदय *n* dawn
अर्जी *n* application
अर्थ *n* meaning
अर्थ रखना *v* mean
अर्थपूर्ण *adj* meaningful
अर्थव्यवस्था *n* economy
अर्थहीन *adj* meaningless
अर्थिक सहायता *n* subsidy
अर्ध प्रतिमा *n* bust
अर्धगोलक गोलार्ध *n* hemisphere
अर्पित करना *v* devote
अर्हता प्राप्त करना *v* qualify

अलंकरण *n* illustration
अलंकृत करना *v* embellish
अलग *adv* apart
अलग करना *v* cut off, detach
अलग किया हुआ *v* segregate
अलग चले जाना *v* drift apart
अलग हो जाना *v* come apart
अलग होना *v* secede
अलगाव *n* segregation
अलमरी *n* closet
अलमारी *n* cupboard
अलाभकर *adj* lean
अलार्म घड़ी *n* alarm clock
अलिंगन *n* embrace
अलौकिक *adj* prodigious
अल्ट्रासाउण्ड *n* ultrasound
अल्प मात्रा *n* shred
अल्पजीवी *adj* shortlived
अल्पदृश्यता *n* obscurity
अल्पनिद्रा *n* nap
अल्पविराम *n* comma
अल्पष्ण *adj* tepid
अल्पसंख्यक *n* minority
अवकाश *v* leave
अवकाश *n* leisure
अवक्षेप *v* precipitate
अवज्ञा *n* defiance
अवज्ञा करना *v* defy
अवज्ञाकारी *adj* defiant
अवतार *n* Advent
अवधारणा *n* conception
अवधि *n* term, span

अवनत होना _v_ decline
अवनति _n_ decline
अवबोध करना _v_ apprehend
अवबोधात्मक _adj_ apprehensive
अवमानित करना _v_ denigrate
अवमूल्यन _n_ devaluation
अवयव _n_ component
अवरुद्ध _n_ rebuff
अवरुद्ध करना _v_ rebuff
अवरोधन _n_ hindrance
अवरोह _n_ descent
अवलि _n_ avenue
अवलोकन _n_ observation
अवलोकन करना _v_ scan
अवशिष्ट _n_ residue
अवशेष _n_ relic
अवशोषक _adj_ absorbent
अवशोषण करना _v_ absorb
अवश्यम्भावी _adj_ sure
अवसर _n_ chance
अवसाद _n_ melancholy
अवस्था _n_ condition
अवस्थिति _n_ position
अवहेलना _n_ contempt
अवहेलना करना _v_ disregard
अवांछनीयता _adj_ undesirable
अवास्तविक _adj_ unreal
अविख्यात _adj_ unpopular
अविचलित _adj_ serene
अविचारनीय _adj_ unthinkable
अवियोज्य _adj_ inseparable
अविलेय _adj_ insoluble

अविवादित _adj_ undisputed
अविवाद्य _adj_ indisputable
अविवाहित _adj_ unmarried
अविवाहित जीवन _n_ celibacy
अविवेकपूर्ण _n_ rash
अविवेकी _adj_ indiscreet
अविश्वस करना _v_ discredit
अविश्वसनीय _adj_ incredible
अविश्वास _n_ disbelief
अविश्वास करना _v_ distrust
अविश्वासी _adj_ distrustful
अविश्वास्य _adj_ unlikely
अविस्मरणीय _adj_ uncomfortable
अवैध _adj_ illegitimate
अव्यक्तिक _adj_ impersonal
अव्यवस्था _n_ chaos, disorder
अव्यवस्थित _adj_ chaotic
अव्यवहारिक _adj_ impractical
अव्याख्येय _adj_ inexplicable
अशक्त _v_ faint
अशांति _n_ unrest
अशिक्षित _adj_ illiterate
अशुद्ध _adj_ impure
अशुद्ध करना _v_ desecrate
अशुद्धि _n_ error
अश्मीभूत _adj_ petrified
अश्लील _adj_ obscene
अश्लीलता _n_ obscenity
असंख्य _adj_ innumerable
असंगत _adj_ impertinent
असंगती _n_ impertinence
असंगम _adj_ incompatible

अ
असंतुलित 188

असंतुलित *n* imbalance
असंतुष्ट *adj* disgruntled
असंतोष *adj* discontent
असंभव *adj* impossible
असंभवता *n* impossibility
असंभाव्य *adj* improbable
असंयम *n* incontinence
असंवादी *adj* dissonant
असंवेदनशील *adj* insensitive
असंसक्त *adj* incoherent
असज्जित *adj* unfurnished
असत्य *adj* untrue
असफल *adj* unsuccessful
असफल होना *v* fail
असफलता *n* failure
असमता *n* inequality
असमय *adj* untimely
असमर्थ *adj* incapable
असमर्थता *n* disability
असमान *adj* dissimilar
असमानता *n* disparity
असमान्य *adj* infrequent
असम्मान *n* disrespect
असली *adj* authentic
असहमत *adj* dissident
असहमत होना *v* disagree
असहमति *n* disagreement
असहाय *adv* helpless
असहिष्णुता *n* intolerance
असह्य वेदना *n* agony
असह्य *adj* intolerable
असाधारण *adj* outstanding
असाधारण वस्तु *n* novelty
असाध्य *adj* incurable
असावधान *adj* careless
असीम *adj* boundless
असुधार्य *adj* incorrigible
असुरक्षा *n* insecurity
असुरक्षित *adj* unsafe
असुविधा *n* discomfort
असुविधाजनक *adj* inconvenient
अस्तर *n* linen
अस्तव्यस्ता *adj* shabby
अस्तित्व *n* being, existence
अस्तित्व रखना *v* exist
अस्थाई *adj* temporary
अस्थायी *adj* transient
अस्थि मज्जा *n* bone marrow
अस्थिभंग *n* fracture
अस्थियां *n* ash
अस्थिर *adj* unstable
अस्थिरता *n* instability
अस्पताल *n* hospital
अस्पर्शनीय *adj* untouchable
अस्पष्ट *adj* evasive, vague
अस्रुपूर्ण *adj* tearful
अस्वस्थ *adj* ailing
अस्विकार *n* denial
अस्वीकरण *n* refusal
अस्वीकार करना *v* deny, refuse
अस्वीकार्य *adj* inadmissible
अस्वीकृति *n* refuse
अस्सी *adj* eighty

अहंकार *adj* proud
अहंकार पूर्वक *adv* proudly
अहंकारी *adj* conceited
अहंवाद *n* egoism
अहंवादी *n* egoist
अहानिकारक *adj* harmless
अहित *n* detriment
अहितकर *adj* detrimental

आ

आंकड़ा *n* data
आंख *n* eye
आंख झपकाना *v* blink
आंगन *n* courtyard
आंग्लों का *adj* Anglican
आंत *n* bowels
आंत उतरना *n* hernia
आंतरिक *adj* inner, inward
आंतरीक *adj* interior
आंदोलन *n* drive
आंदोलनकर्ता *n* agitator
आंदोलित करना *v* waver
आंशिक *adj* partial
आंशिक रूप से *adv* partially
आंसू *n* tear
आइल पार्श्व *n* aisle
आइसक्रिम *n* ice cream
आईना *n* mirror
आकर्षक *adj* alluring
आकर्षण *n* attraction
आकर्षित करना *v* charm, draw, attract
आकस्मिक *adj* accidental
आकस्मिकता *n* contingency
आकस्मित प्रवाह *v* flush
आकांक्षा *n* craving
आकांक्षा करना *v* aspire, covet
आकार *n* form, shape
आकार ग्रहण *n* formation
आकार देना *v* shape
आकार बनाना *v* cut out
आकाल *n* famine
आकाश *n* sky
आकाश गंगा *n* galaxy
आकाशीय बिजली *n* lightning
आकास्मिक आघात *n* knock
आकृति *n* figure
आक्रमक *adj* offensive
आक्रमक आचरण *n* offense
आक्रमण *n* aggression
आक्रमण करना *v* assail
आक्रमणकारी *n* assailant
आक्रमणशील *adj* aggressive
आक्रामक *n* aggressor
आख्यान करना *v* narrate
आख्यापक *n* announcer
आग *n* fire
आग का *adj* fiery
आग की लपट *n* flame

आग पर भूनना *v* grill
आग बुझाने वाले *n* firefighter
आग लगाना *v* ignite
आग लगानाना *v* fire
आगमन *n* arrival
आगा *n* front
आगा-पीछा *adv* tardy
आगामी *adj* coming
आगे *pre* ahead
आगे आना *v* come forward
आगे की ओर *adv* forward
आगे खींचना *v* pull ahead
आगे जाना *v* go ahead
आगे निकल जाना *v* override
आगे निकलना *v* take over
आगे बड़ना *v* move forward
आगे बढ़ जाना *v* move up
आगे बढ़ना *v* advance
आगे बढ़ाना *n* foreword
आग्रह *n* insistence; appeal
आग्रह करना *v* insist
आग्रही *adj* persistent
आघात *n* stab
आघात करना *v* wound
आघात रोधक *n* bumper
आघातपूर्ण बनाना *v* traumatize
आचरण *n* behavior
आचरण करना *v* behave
आचार संबंधी *adj* moral
आज *adv* today
आज रात *adv* tonight
आजाद होना *v* break free
आज्ञप्ति *n* decree
आज्ञप्ति देना *v* decree
आज्ञा *adj* mandatory
आज्ञा देना *v* permit
आज्ञाकारिता *adj* obedient
आज्ञाकारी *adj* amenable
आज्ञापरायण *adj* docile
आज्ञापरायणता *n* docility
आज्ञापालन *n* obedience
आटा *n* flour
आठ *adj* eight
आठवां *adj* eighth
आड़ *n* cover
आडंबर *n* hypocrisy
आडंबरपूर्ण *adj* flashy
आड़ा-तिरछा *v* criss-cross
आड़ा-तिरछा *adj* cross
आतंक *n* consternation
आतंकवाद *n* terrorism
आतंकवादी *n* terrorist
आतंकित करना *v* terrorize
आततायी *n* felon
आतिशबाजी *n* fireworks
आत्मसमर्पण *n* surrender
आत्मसम्मान *n* self-esteem
आत्महत्या *n* suicide
आत्महित *n* self-interest
आत्मा *n* soul, spirit
आदत *n* habit
आदतानुसार *adj* habitual
आदमी *n* men
आदर *n* regards

आदर देना *v* respect
आदरणीय *adj* respectful
आदरपूर्वक *adj* respective
आदर्श *adj* ideal, model
आदर्श वाक्य *n* motto
आदिप्रारूप *n* prototype
आदिम *adj* primitive
आदेश *n* mandate, order
आदेशपत्र *n* subpoena
आद्याक्षर *n* initials
आध-आधा *adv* fifty-fifty
आधा *adj* half
आधा भाग *n* half
आधार *n* base, basis
आधार वाक्य *n* premise
आधारभूत सिद्धांत *n* basics
आधारहीन *adj* groundless
आधिकारिक *adj* official
आधिपत्य *n* domination
आधिपत्य करना *v* reign
आधिपत्य रखना *v* possess
आधी रात *n* midnight
आधुनिक *adj* modern
आधुनिकीकरण *v* modernize
आध्यात्मिक *adj* spiritual
आनंद *n* enjoyment
आनंद करना *v* enjoy
आनंददायक *adj* exhilarating
आनंददायी *adj* delightful
आनंदपूर्ण *adj* blissful
आनंदित करना *v* cheer
आना *v* arrive, come

आना-जाना *v* shuttle
आनाथालय *n* orphanage
आनुवंशिक *adj* genetic
आनुषंगिक *adj* circumstancial
आने वाला *n* coming
आनेवाला कल *adv* tomorrow
आपत्ति *n* objection
आपत्ति करना *v* object
आपत्तिग्रस्त *adj* stranded
आपदा *n* disaster
आपातकाल *n* emergency
आप्रवास *n* immigration
आप्रवास करना *v* immigrate
आप्रवासी *n* immigrant
आप्लावन *n* flooding
आप्लावित करना *v* inundate
आबादी *n* population
आभा *n* shade
आभार *n* obligation
आभार करना *v* obligate
आभारी *adj* obliged
आभारी करना *v* oblige
आभाव *n* lack
आभास *n* apparition
आभूषण *n* ornament
आभूषण भंडार *n* jewelry store
आम आदमी *n* layman
आमंत्रण *n* invitation
आमंत्रित करना *v* invite
आमने-सामने *adv* head-on
आमलेट *n* omelette
आय *n* income

आयत *n* rectangle
आयताकार *adj* rectangular
आयरलैंड *n* Ireland
आयरलैंड का *adj* Irish
आयात *n* importation
आयात करना *v* import
आयाम *n* dimension
आयोग *n* commission
आयोजन करना *v* convene
आयोडीन *n* iodine
आरंभ *n* beginning
आरंभ करना *v* start
आरंभ होना *v* begin
आरक्षण *n* reservation
आरक्षित करना *v* reserve
आरपार *pre* across
आरम्भ करना *v* commence
आरा *n* saw
आरा चलाना *v* saw
आराधना *n* adoration
आराधना करना *v* adore
आराम *n* comfort, rest
आराम कक्ष *n* rest room
आराम करना *v* ease, respite
आराम का *adj* easy
आराम- कुर्सी *n* armchair
आराम पहुंचाना *v* soothe
आराम से *adv* softly
आरामदेह *adj* comfortable
आरोप *n* allegation
आरोप लगाना *v* accuse
आरोप-रहित *adj* blameless

आरोपित करना *v* attribute
आरोहण *v* ascend
आर्थराइटिस *n* arthritis
आर्सेनिक *n* arsenic
आलस *n* laziness
आलसी *adj* lazy
आलिंगन करना *v* embrace
आलुबुखारा *n* plum
आलू *n* potato
आलेखी *adj* graphic
आलोचक *n* critique
आलोचना *n* criticism
आलोचना करना *v* criticize
आलोचनात्मक *adj* critical
आवंटन *n* allotment
आवंटन करना *v* allot
आवरण *n* hull
आवश्यक बनाना *v* necessitate
आवश्यकता *n* necessity
आवाज *n* voice, sound
आवाज करना *v* sound
आवारा *adj* dissolute
आवारा *n* scoundrel
आवारागर्दी करना *v* bludgeon
आवास *n* residence
आविष्कार *n* discovery
आविष्कार करना *v* discover
आविष्कारी *n* inventory
आवेग *n* spell
आवेगी *adj* impulsive
आवेदक *n* applicant
आवेदन-पत्र *n* application

आवेश *n* furor
आवेशाकुल *adj* passionate
आवेशित *adj* frenzied
आशचर्यजनक *adj* marvelous
आशय *n* bladder
आशा *n* hope
आशा करना *v* look forward
आशा है कि *adv* hopefully
आशावाद *n* optimism
आशावादी *adj* optimistic
आशावान *adj* hopeful
आशिर्वाद देना *v* bless
आशीर्वाद *n* benediction
आश्चर्यचकित *n* surprise
आश्चर्यजनक *adj* striking
आश्रय लेना *v* resort
आश्रित *adj* contingent
आश्वस्त *adj* confident
आश्वस्त करना *v* assure
आश्वासन *n* assurance
आसंजन *v* adhere
आसंजनशील *adj* adhesive
आसक्ति *n* attachment
आसन *n* pulpit
आसपड़ोस *n* surroundings
आसरा *n* shelter
आसरा लेना *v* shelter
आसवन करना *v* distill
आसानी से *adv* easily
आस्तिक *n* believer
आस्तीन *n* sleeve
आस्वादन करना *v* relish
आह भरना *v* wheeze
आहार *n* diet, meal
आहार नली *n* gut
आहुति *n* holocaust
आहें भरना *v* sigh
आह्वान *n* call
आह्वान करना *v* evoke, invoke

इ

इंगलैंड *n* England
इंगित करना *v* imply
इंच *n* inch
इंजन *n* engine
इंजीनियर *n* engineer
इंद्रधनुश *n* rainbow
इंधन *n* fuel
इंधन भरना *v* fuel
इंसान *n* human being
इकट्ठा होना *v* club
इकाई *n* unit
इच्छा *n* desire, will
इच्छा करना *v* desire
इटली *n* Italy
इतना *adv* as
इतना ही नहीं *c* nonetheless
इतराना *v* flaunt
इतालवी *adj* Italian

इतिहास *n* history
इतिहासकार *n* historian
इत्र *n* cologne
इधर-उधर करना *v* switch
इधर-उधर घूमना *v* stroll
इन दिनों *adv* nowadays
इनाम *n* gratuity
इन्द्रिय *v* sense
इन्फ्लूएन्जा *n* influenza
इमारत *n* edifice
इरादा करना *v* intend
इर्ष्या *n* heartburn
इलाका *n* zone
इलेक्ट्रानिक *adj* electronic
इल्ली *n* caterpillar
इशारा *n* wink
इशारा करना *v* gesticulate
इशारे से बुलाना *v* beckon
इस तरह *adv* thus
इस प्रकार का *adj* such
इस बीच *adv* meanwhile
इसके अतिरिक्त *adv* furthermore
इसके द्वारा *adv* hereby
इसके बाद *adv* hereafter
इसप्रकार *adv* therefore
इसलिए *adv* hence
इससे अधिक *c* even more
इस्लाम का *adj* Islamic

ई

ईंट *n* brick
ईख *n* cane
ईमानदार *adj* sincere
ईमानदारी *n* sincerity
ईमारदार *adj* honest
ईमारदारी *n* honesty
ईर्ष्या *n* envy
ईर्ष्या करना *v* envy
ईर्ष्यालु *adj* envious
ईर्ष्यालू *adj* spiteful
ईश्वरहीन *adj* godless
ईसाई *adj* christian
ईसाई धर्म *n* Christianity
ईसा-सूली *n* crucifix
ईसोपदेश *n* gospel
ईस्टर *n* Easter

उ

उंगलियों के निशान *n* fingerprint
उंगली *n* finger
उंगली का नाखुन *n* fingernail
उंडेलना *v* pour
उकता जाना *adj* bored
उकताहट *n* boredom

उकसाना *v* instigate
उखाड़ फेंकना *v* uproot
उगना *v* grow
उगाना *v* germinate
उग्र *adj* radical
उघडना *v* unveil
उचकना *v* bounce
उचित *adj* advisable
उचित तौर पर *adv* properly
उच्च *adj* superior
उच्चारण करना *v* pronounce
उछलना *v* spring
उछालना *v* toss
उजागर करना *v* reveal
उठना *v* arise
उठाना *v* hike
उठाना *n* hoist
उड़ने वाला पक्षि *n* flier
उड़ान *n* flight
उड़ान भरना *n* lift-off, take off
उड़ाना *v* unwind
उतर जाना *adv* alight
उतार की ओर *adv* downhill
उतार-चढ़ाव होना *v* fluctuate
उतारना *v* disembark
उतावला *adj* hasty
उतावली *adv* hurriedly
उत्कंठा *n* anxiety
उत्कृष्ट *adj* exquisite
उत्कृष्ट कृति *n* masterpiece
उत्कृष्ट होना *v* excel
उत्क्रमणीय *adj* reversible

उत्तम *adj* fine
उत्तम छपाई *n* fine print
उत्तर *n* north
उत्तर का *adj* northern
उत्तर का निवासी *adj* northerner
उत्तर देना *v* answer
उत्तरजीविता *n* survival
उत्तरजीवी *n* survivor
उत्तरदायी *adj* liable
उत्तरध्रुवीय *adj* arctic
उत्तर-पूर्व *n* northeast
उत्तरवर्ति *adj* subsequent
उत्तराधिकार *n* inheritance
उत्तराधिकारी *n* heir
उत्तराधिकारी होना *v* inherit
उत्तेजक *adj* exciting
उत्तेजना *n* excitement
उत्तेजनापूर्ण *adj* rousing
उत्तेजित करना *v* galvanize
उत्तोलक *n* lever, crane
उत्थापन *n* elevation
उत्थापन-यंत्र *n* elevator
उत्पत्ति *n* origin
उत्पन्न करना *v* generate
उत्पन्न होना *v* emanate
उत्परिवर्तन *v* mutate
उत्पात *n* nuisance
उत्पाद *n* product
उत्पादक *n* generator
उत्पादक *adj* productive
उत्पादन *n* production
उत्पादन करना *v* produce

उत्पादित

उत्पादित *n* produce
उत्पीड़क *adj* harrowing
उत्पीड़न *n* harassment
उत्प्रवास करना *v* emigrate
उत्सर्जन करना *v* emit
उत्सव *n* celebration
उत्सव मनाना *v* celebrate
उत्साह *n* zeal
उत्साहित करना *v* stir up
उत्सुक *adj* eager
उत्सुकता *n* eagerness
उत्स्राव *n* emission
उथल-पुथल *n* upheaval
उथल-पुथल करना *v* shuffle
उदय होना *v* rise
उदर *n* abdomen
उदात्त *adj* lofty, kind
उदार *adj* broadminded
उदारता *n* generosity
उदारतापूर्वक *adv* kindly
उदास *adj* dejected
उदास करना *v* depress
उदास करने वाला *adj* depressing
उदास करने वाला *v* sadden
उदास होना *v* mow
उदासी *n* unhappiness
उदासीन *adj* indifferent
उदासीनता *n* apathy
उदाहरण *n* example
उदाहरण देना *v* exemplify
उद्घाटन *n* inauguration
उद्घाटन करना *v* inaugurate

उद्घाटित करना *v* open up
उद्घोषणा *n* herald
उद्घोषणा करना *v* herald
उद्दीपन *n* stimulus
उद्दीप्त होना *v* glow
उद्देश्य *n* motive
उद्धरण *n* quotation
उद्धरित करना *v* quote
उद्घोषणा *n* proclamation
उद्घोषणा करना *v* proclaim
उद्यमी *n* entrepreneur
उद्योग *n* industry
उद्योग करना *v* work
उधार *n* credit
उधार देना *v* lend
उधार लेना *v* borrow
उनचार *n* recourse
उनींदा *adj* drowsy
उन्नत करना *v* exalt
उन्निस *adj* nineteen
उन्मुख *adj* predisposed
उन्मूलन करना *v* abolish
उप *n* vice
उपक्रम *n* enterprise
उपगमन *n* approach
उपग्रह *n* satellite
उपग्राम *n* hamlet
उपचार *n* cure
उपचार करना *v* cure
उपचारिका *n* nurse
उपज *n* yield
उपजाऊ *adj* genial

उपजाना *v* yield
उपजीविका *n* occupation
उपदंश *n* syphilis
उपदेश *n* preaching
उपदेश देना *v* preach
उपदेशक *n* preacher
उपनाम *n* subtitle
उपनिवेश *n* colony
उपनिवेश बनाना *v* colonize
उपनिवेशिक *adj* colonial
उपनिवेशीकरण *n* colonization
उपन्यास *n* novel
उपन्यासकार *n* novelist
उपप्रमेय *n* corollary
उपभोक्ता *n* consumer
उपभोग *n* consumption
उपभोग करना *v* consume
उपमार्ग *n* bypass
उपमार्ग बनाना *v* bypass
उपयुक्त *adj* fitting
उपयुक्तता *n* aptitude
उपयोग *n* usage
उपयोग करना *v* use
उपयोग में लाना *v* utilize
उपयोगिता *n* use
उपयोगितावादी *adj* pragmatist
उपयोगी *adj* helpful
उपयोगी होना *v* serve
उपर उठाना *v* lift off
उपर जाना *v* go up
उपलब्ध *adj* available
उपलब्धि *n* achievement

उपवन *n* park
उपविरामचिन्ह *n* colon
उपसंज्ञा *n* preposition
उपसंहार *n* envoy
उपसर्ग *n* prefix
उपस्थित रहना *v* present
उपस्थिति *n* attendance
उपहार *n* gift
उपहास *n* mockery
उपहास करना *v* mock
उपाधिपत्र *n* diploma
उपाधी *n* degree
उपेक्षा *n* neglect
उपेक्षा करना *v* neglect
उपोत्पाद *n* by-product
उबर जाना *v* overcome
उबरना *v* come over
उबल पड़ना *v* boil over
उबा हुआ *adj* fed up
उबाऊ *adj* boring
उबारना *v* salvage
उबालना *v* boil
उबासी *n* yawn
उबासी लेना *v* yawn
उभयभावी *adj* ambivalent
उभर कर आना *v* emerge
उभरना *v* swell
उभार *n* bulge, swelling
उभारना *v* protrude
उमड़ना *n* flare
उम्मीदवार *n* candidate
उम्मीदवारी *n* candidacy

उम्र *n* age
उर्वर *adj* fertile
उर्वर बनाना *v* fertilize
उर्वरक *n* manure
उर्वरता *n* fertility
उलझाना *v* engage
उलझाव *n* involvement
उलट देना *v* turn over
उलट पुलट करना *v* upset
उलट प्रहार *v* hit back
उलट-पलट देना *v* defuse
उलटी गिनती *n* countdown
उल्का *n* meteor
उल्टा *adv* inside out
उल्टा *n* reverse
उल्टा जाना *n* reversal
उल्टी *n* vomit
उल्टी करना *v* vomit
उल्लंघन *n* infraction
उल्लसित होना *v* exult
उल्लासपूर्ण *adj* jubilant
उल्लासमय *adj* festive
उल्लासोन्माद *n* euphoria
उल्लू *n* owl
उल्लेख *n* mention
उल्लेख करना *v* mention
उष्णकटिबंध *n* tropic
उष्णकटिबंधीय *adj* tropical
उसका *pro* hers, his
उसका *adj* his
उसी तरह *adv* likewise
उस्तुरा *n* razor

ऊ

ऊंघना *v* doze
ऊंचा *adj* high, loud
ऊंचा उठाना *v* heighten
ऊंचा करना *v* raise
ऊंचाई *n* altitude, height
ऊंट *n* camel
ऊगाहना *v* levy
ऊतक *n* tissue
ऊदबिलाव *n* beaver, otter
ऊन *n* fleece, wool
ऊनी *adj* woolen
ऊनी कपड़ा *n* sweater
ऊपर *pre* over
ऊपर का *adj* upper
ऊपर की ओर *adv* upwards
ऊपर चढ़ना *v* mount
ऊपर चढ़ाना *v* elevate
ऊपरी मंजिल *adv* upstairs
ऊर्जा *n* energy
ऊर्जावान *adj* energetic
ऊष्मा *n* heat

ए

एक *a* an
एक *adj* one
एक ओर कर देना *v* put aside
एक तरफ *adv* aside
एक दूसरे को *adj* each other
एक बार *adv* once
एक बार *c* once
एक मुश्त *n* lump sum
एक संगमन *n* monogamy
एक साथ *adv* together
एक साथ होना *v* coincide
एक ही साथ *adj* altogether
एक होना *v* unite
एकड़ *n* acre
एकता *n* solidarity
एकता भंग *v* split up
एकत्र करना *v* collect
एकत्र होना *v* cluster
एकपक्षीय *adj* unilateral
एकमात्र *adj* sole
एकरूप करना *v* unify
एकल *adj* solitary
एकसमान *adj* identical
एकांत *n* solitude
एकाकी *adj* single
एकाग्र *adj* attentive
एकाग्रचित्त *adj* singleminded
एकातंता *n* privacy
एकाधिकार *n* monopoly
एकाधिकार करना *v* monopolize
एकार्डियन *n* accordion
एकालाप *n* monologue
एकीकरण *n* integration
एक्स-रे *n* X-ray
एजेंसी *n* agency
एड़ी *n* heel
एम्बुलेन्स *n* ambulance
एलर्जी *n* allergy
एलर्जी संबंधी *adj* allergic
एहतियात *n* precaution
एहसानफरामोश *adj* ungrateful

ऐ

ऐंजाइना *n* angina
ऐंठन *n* spasm, cramp
ऐंठन होना *v* convulse
ऐंठना *v* extrac, twistt
ऐंठने वाला *n* twister
ऐंठा हुआ *adj* twisted
ऐडमिरल *n* admiral
ऐन्चोवी *n* anchovy
ऐन्टीबायोटिक *n* antibiotic
ऐन्टेना *n* antenna
ऐपेंडिसाइटिस *n* appendicitis
ऐप्रन *n* apron

ऐम्प्लीफ़ायर *n* amplifier
ऐलुमिनियम *n* aluminum
ऐसा *adj* that
ऐसी अवस्था में *c* inasmuch as
ऐस्पिरिन *n* aspirin
ऐस्पैरागस *n* asparagus
ऐस्फ़ाल्ट *n* asphalt
ऑक्टोपस *n* octopus
ऑक्सीजन *n* oxygen
ऑरकेस्ट्रा *n* orchestra

ओ

ओझा *n* sorcerer
ओडोमीटर *n* odometer
ओरंगोटैंग *n* orangutan
ओलंपिक *n* olympics
ओवरकोट *n* overcoat

औ

औंस *n* ounce
औजार *n* tool
औपचारिक *adj* formal
औपचारिकता *n* formality
और *c* and
औरत *n* woman
औरतें *n* women
औषधकारक *n* pharmacist
औषधनिर्माण शास्त्र *n* pharmacy
औषधि *n* medicine, drug
औषधिकरण *n* medication
औषधि-विक्रेता *n* chemist
औषधीय *adj* medicinal
औसत *n* average
औसतता *n* mediocrity

क

कंकड़ *n* pebble
कंकाल *n* skeleton
कंक्रीट *n* concrete
कंगन *n* bracelet
कंगारू *n* kangaroo
कंगूरा *n* turret
कंघी *n* comb
कंघी करना *v* comb
कंजूस *adj* meager
कंजूस *n* miser
कंटिया *n* hook
कंठ *n* larynx
कंदरा *n* cavern
कंधे उचकाना *v* shrug

कंपकंपाहट *n* shiver
कंपकंपी *n* rigor
कंपन *n* vibration
कंपमान *adj* vibrant
कंप्यूटर *n* computer
कंबल *n* blanket
कई *adj* many
कई प्रकार का *adj* various
कई बैल *n* oxen
कक्षा *n* classroom
कचरा *n* filth, trash
कचरा *adj* raw, crude
कच्चा रेशम *n* floss
कछुआ *n* turtle
कटु *adj* bitter
कटु करना *v* embitter
कटुता *n* bitterness
कटुता से *adv* bitterly
कटोरा *n* bowl
कटौती *n* deduction
कठपुतली *n* puppet
कठिन *adj* difficult
कठिन परिक्षा *n* ordeal
कठिन बनाना *v* toughen
कठिनाई *n* difficulty
कठोर *adj* callous, hard
कठोर करना *v* harden
कठोर बर्ताव *adj* gruelling
कठोरता *n* hardness
कठोरता पूर्वक *adv* harshly
कठोरता बरतना *v* screw
कठोरतापूर्वक *adv* sternly
कठोर-त्वचा *n* nut-shell
कड़ा *adj* crusty
कड़ाई *n* frying pan
कड़ापन *n* stiffness
कड़ाही *n* pan
कण *n* particle
कणिका *n* corpuscle
कतरन *n* clipping
कतार *n* queue, row
कत्ल करना *v* slay
कत्लेआम *n* massacre
कथन *n* pace, step
कदम दर कदम *adv* step-by-step
कदर *n* appreciation
कदाचार *n* misdemeanor
कनस्तर *n* can
कनिष्ठ *adj* junior
कन्धा *n* shoulder
कपटपूर्ण *adj* deceitful
कपटी *adj* insincere
कपड़ा *n* cloth, garment
कपड़े उतारना *v* undress
कपड़े पहनना *v* clothe
कपास *n* cotton
कपि *n* ape
कप्तान *n* captain
कब *adv* when
कबाड़ *n* junk
कबाब *n* broiler
कबाव *n* roast
कबूतर *n* pigeon
कब्ज *n* constipation

क

कब्ज करना *v* constipate
कब्ज होना *adj* constipated
कब्जा *n* possession
कब्जा लगाना *v* hinge
कब्र *n* grave
कब्रिस्तान *n* cemetery
कभी *adv* sometimes
कभी नहीं *adv* never
कम *adj* lesser
कम करना *v* curtail, deplete
कम पड़ना *v* shorten
कमजारी *adj* wimp
कमजोर *adj* weak
कमजोर करना *v* weaken
कमजोर होता *adj* attenuating
कमजोरी *n* weakness
कमर *n* waist
कमरा *n* apartment
कमांची *n* splinter
कमांडमेंट *n* commandment
कमाई *n* earnings
कमाना *v* earn
कमी *n* shortage
कमी होना *v* defect
कमीज *n* shirt
कम्पित होना *v* pulsate
कम्युनिस्ट *adj* communist
कयामत *n* doom
कर *n* tax
कर लेना *v* toll
करना *v* do
करना होगा *v* have to
करवां *n* caravan
कराटे *n* karate
करार *n* contract
करारा *adj* crispy
कराह *n* groan
कराहना *v* groan, whine
करीब-करीब *adv* closely
करुणा *n* compassion
करुणामय *adj* gracious
कर्ज *n* debt, loan
कर्ज देना *v* loan
कर्णफोन *n* earphones
कर्तनयंत्र *n* guillotine
कर्त्तव्य *n* duty
कर्नैल *n* colonel
कर्फ्यू *n* curfew
कर्मचारी *n* employee
कर्मचारीवर्ग *n* staff
कर्मचारी-वर्ग *n* personnel
कलंक *n* blemish
कलंक लगाना *v* blemish
कलम *n* pen
कलश *n* pail
कलह *n* altercation
कला *n* art
कलाई *n* wrist
कलाकर्म *n* artwork
कलाकार *n* artist
कलात्मक *adj* artistic
कलाबाज़ *n* acrobat
कली *n* bud
कलेक्टर *n* collector

कल्पना *n* fantasy
कल्पना करना *v* imagine
कल्याण *n* welfare
कवच *n* armor
कवच प्राणी *n* shellfish
कवि *n* poet
कविता *n* poem
कशेरु *n* vertebra
कष्ट पहुंचाना *v* afflict
कसना *v* tighten
कसरत *v* work out
कसाई *n* butcher
कसाव *n* stretch
कसीदा करना *v* embroider
कसीदाकारी *n* embroidery
कसैला *adj* poignant
कसौटी *n* criterion
कहना *v* say, tell
कहनी *n* story
कहां *adv* where
कहानी *n* tale
कहावत *n* maxim
कहीं नहीं *adv* nowhere
कहीं से आना *v* come from
कहीं-कहीं *adj* sporadic
का *pre* of
का आभाव होना *v* lack
का विवरण देना *n* briefing
का होना *v* belong
कां-कां *v* honk
कांच के बर्तन *n* glassware
कांजीहाउस *n* pound

कांट-छांट करना *v* dress
कांटा *n* fork, thorn
कांटिया *n* crook
कांटिया *adj* crooked
कांटेदार *adj* thorny
कांटेदार बर्छी *n* harpoon
कांपना *v* vibrate
कांस्य *n* bronze
कागज *n* paper
कागजी काम *n* paperwork
कागजों की फाइल *n* dossier
काज *n* buttonhole
काट *n* cut, chop
काट चिन्ह बनाना *v* cross
काट देना *v* strike out
काटना *v* cross out
काटनेवाला *n* cutter
काठ-कबाड़ *n* lumber
काठी *n* arson
कान *n* ear
कान का दर्द *n* earache
कान का पर्दा *n* eardrum
कान की मैल *n* earwax
कानून *n* law
कानून तोड़ना *v* outlaw
कानूनी *adj* legal
काफिर *n* heathen
काफी *adv* much
काबू करना *v* tame
काम *n* work
काम करना *v* avail, work
काम बंदी *v* lay off

कामना *n* wish
कामना करना *v* wish
कामबन्दी *v* shut up
कामातुर *adj* prurient
कामुक *adj* lovely, lustful
कामुकता *n* lust
कामोत्तेजक *adj* aphrodisiac
काम्य *adj* desirable
कायम रहना *v* hold out
कायर *adj* timid
कायरता *n* cowardice
कायरोचित *adv* cowardly
कायल करना *v* convince
काया *n* feature
कार *n* car
कारक *n* factor
कारखाना *n* factory
कारण *n* cause
कारण बनना *v* cause
कारतूस *n* cartridge
कारनामा *n* exploit
कारागार अधिकारी *n* marshal
कारागार में डालना *v* imprison
कारावास *n* captivity
कारावास जाना *v* jail
कारीगर *n* artisan
कारोबार *n* concern
कार्बुरेटर *n* carburetor
कार्य *n* ploy, function
कार्य करना *v* act
कार्य पद्धति *n* procedure
कार्यक्रम *n* program

कार्यगति *n* tenor
कार्यदिवस *adj* weekday
कार्य-पद्धति *n* technicality
कार्यपालिका *n* executive
कार्यपुस्तिका *n* workbook
कार्यभार *n* assignment
कार्यवाई *n* proceedings
कार्यसूची *n* agenda
कार्यान्वित करना *v* execute
कार्यालय *n* bureau, office
कार्रवाई *n* action
काल *n* period, phase
कालक्रम *adj* tense
काला *adj* black
काला करना *v* darken
काला कौवा *n* raven
कालानुक्रम *n* chronology
कालापन *n* blackness
कालावधि *n* duration
कालिख *n* grime
काली मिर्च *n* pepper
काल्पनिक *adj* fictitious
काष्ठ इंधन *n* firewood
काष्ठफल *n* nut
कि *c* whether
किताब *n* book
किनारा *n* brim, brink
किनारी *n* hem
किन्तु *adv* nevertheless
किफायत करना *v* economize
किफायत से *adv* sparingly
किफायतशारी *adj* thrifty

किरण *n* ray
किरमिच *n* canvas
किरमिच से ढकना *v* canvas
किराना *n* groceries
किराया *n* rent
किराया देना *v* rent
किरायेदार *n* tenant
किला *n* fort
किलाबंदी *n* munitions
किलेबंदी करना *v* fortify
किलोग्राम *n* kilogram
किलोमीटर *n* kilometer
किलोवाट *n* kilowatt
किशमिश *n* raisin
किशोर *n* adolescent
किशोरावस्था *n* boyhood, adolescence
किश्त *n* installment
किसको *pro* whom
किसान *n* farmer
किसी तरह *adv* somehow
किसी दिन *adv* someday
किसी भांति *pro* anyhow
की ओर *pre* towards
की जगह पर *adv* behalf (on)
की तुलना में *adj* tantamount to
की वजह से *pre* because of
की सेवा करना *v* cater to
कीचड़ *n* mud
कीट *n* insect, moth
कीड़ा *n* worm
कीमत *n* price

कीमती *adj* pricey
कीर्तन *n* litany
कीर्ति *n* glory
कुंआरी *n* maiden
कुंजी *n* key
कुंजी पटल *n* keyboard
कुंठा *n* frustration
कुंठित होना *v* frustrate
कुंदपन *n* bluntness
कुआं *n* well
कुआंरा *n* bachelor
कुकुरमुत्ता *n* mushroom
कुख्यात *adj* notorious
कुचल देना *v* run over
कुचलना *v* crush
कुछ *pro* something
कुछ इस प्रकार *adv* somewhat
कुछ भी *pro* anything
कुछ भी *adj* whatever
कुछ भी नहीं *n* nothing
कुटिया *n* shack
कुटिल *adj* sinister
कुण्ड *n* pool
कुतरना *v* gnaw
कुतरनेवाला जीव *n* rodent
कुतर्कपूर्ण व्याख्या *adj* glossy
कुत्ता *n* dog
कुत्ते का बच्चा *n* puppy
कुदाल *n* crowbar
कुपोषित *n* malnutrition
कुप्रबंधन *v* mismanage
कुबड़ा *n* hunchback

कुबड़ा वाला *adj* hunched
कुमारी *n* miss, virgin
कुम्हड़ा *n* pumpkin
कुरकुरा *adj* crisp
कुरूप *adj* hideous
कुर्सी *n* chair
कुल *n* clan
कुलपिता *n* patriarch
कुलाधिपति *n* chancellor
कुलीन *n* aristocrat
कुलीन तंत्र *n* aristocracy
कुलीन व्यक्ति *n* nobleman
कुल्हाड़ी *n* ax, bill
कुवांरी *n* spinster
कुशल *adj* efficient, tactful
कुशलता *n* efficiency
कुश्ती *n* wrestling
कुश्ती करना *v* wrestle
कुष्ठ *n* leper
कुष्ठरोग *n* leprosy
कुहरा *n* fog
कुहरेदार *adj* foggy
कूद *adj* blunt
कूची *n* paintbrush
कूट *n* code
कूट करना *v* codify
कूटना *v* pound, thresh
कूटनीति *n* diplomacy
कूटनीति संबंधी *adj* diplomatic
कूटनीतिज्ञ *n* diplomat
कूटरचना *n* concoction
कूड़ा *n* garbage

कूड़ा खाद *n* compost
कूड़ा-कचरा *n* litter
कूड़ाकरकट *n* rubbish
कूड़ादान *n* waste basket
कूद *n* skip
कूदना *v* jump, skip
कूदने वाला *adj* jumpy
कूपन *n* coupon
कूबड़ *n* hunch
कृतज्ञ *adj* grateful
कृत्य *n* deed
कृत्रिम *adj* artificial
कृत्रिम उत्तेजना *n* hyphen
कृत्रिम जल-प्रणाल *n* aqueduct
कृत्रिमता *n* mannerism
कृदंतक *n* participle
कृपालू होना *v* condescend
कृषि *n* agriculture
कृषि संबंधी *adj* agricultural
के अतिरिक्त *pre* except
के अनूसार *pre* according to
के अलावा *adv* aside from
के ऊपर *pre* above, on
के कारण *adv* owing to
के पास *pre* beside
के पीछे *pre* behind
के बराबर होना *v* match
के बाद *pre* after
के बारे में *pre* regarding
के बावजूद *c* despite
के बिना *pre* without
के भीतर *pre* inside

के मातहत *pre* under
के लिए *pre* for
के लिए निर्धारित *adj* bound for
के लिए लागू होना *v* apply for
के विरोध में *pre* against
के विषय में *adv* about
के विषय में *pre* concerning
के समय *pre* during
के समान *pre* like
के समीप *pre* close to
के सहारे *pre* along
के साथ *pre* with
के सामने *adv* before
के सामने *pre* facing
के सिवाय *pre* barring
के स्थान पर *adv* instead
केंद्र *n* capital, hub
केंद्रण *n* focus
केंद्रित करना *v* concentrate
केंद्रीकरण करना *v* centralize
केंद्रीय *adj* central
केक *n* cake
केकड़ा *n* crab
केतली *n* kettle
केन्द्र *n* center
केला *n* banana
केश कर्तन *n* haircut
केश प्रसाधक *n* hairdresser
केश सज्जा *n* hairdo
केस *n* case
कैंची *n* scissors
कैंची से कतरना *v* shear
कैंसर *n* cancer
कैंसरग्रस्त *adj* cancerous
कैथोलिक *adj* catholic
कैथोलिक धर्म *n* Catholicism
कैद करना *v* incarcerate
कैदखाना *n* jail
कैन्टेलूप *n* cantaloupe
कैप्सूल *n* capsule
कैफ़ीन *n* caffeine
कैमरा *n* camera
कैलेंडर *n* calendar
कैलोरी *n* calorie
कैसीनो *n* casino
कैसे *adv* how
कॉकटेल *n* cocktail
कॉड *n* cod
कॉफी *n* coffee
कॉमेडी *n* comedy
कॉर्क (डाट, काग) *n* cork
कॉल देना *v* call
कॉलर *n* collar
कॉलेज *n* college
को *pre* to
को पास भेजना *v* refer to
कोई *adj* any
कोई एक *adv* either
कोई नहीं *pre* none
कोई भी *pro* anybody
कोई भी नहीं *pro* no one
कोई व्यक्ति *pro* somebody
कोकेन *n* cocaine
कोकोआ *n* cocoa

कोट *n* coat
कोटर *n* cavity
कोठरी *n* cabin
कोड़े लगाना *v* flog
कोण *n* angle
कोना *n* corner
कोमल *adj* frail, tender
कोमलता *n* softness
कोमा *n* coma
कोयला *n* coal
कोयले पर भूनना *adj* charbroiled
कोरस *n* chorus
कोरा *adj* blank
कोलाहल के साथ *adv* noisily
कोलाहल भरा *adj* noisy
कोलेस्ट्रॉल *n* cholesterol
कोशिश करना *v* try
कोहनी *n* elbow
कोहरा *n* mist
कौंध प्रकाश *n* flashlight
कौआ *n* crow
कौड़ी *n* penny
कौन *pro* who
कौमार्य *n* virginity
कौर *n* gulp
कौशल *n* skill, craft
क्या *adj* what
क्यों *adv* why
क्योंकि *c* because
क्रम *n* array
क्रम से रखना *v* arrange
क्रमिक *adj* consecutive

क्रिकेट(खेल) *n* cricket
क्रिया *n* verb, action
क्रिया रूप बनाना *v* conjugate
क्रियार्थसंज्ञा *n* gerund
क्रिया-विशेषण *n* adverb
क्रिसमस *n* Christmas
क्रीज *n* pleat
क्रीज लगा *adj* pleated
क्रीड़ा *n* sport
क्रीड़ा-स्थल *n* playground
क्रूर *adj* cruel
क्रूरता *n* brutality
क्रेप (कपड़ा) *n* crap
क्रेप जैसा *adj* crappy
क्रोड *n* core
क्रोध *n* wrath
क्रोधपूर्ण *adv* furiously
क्रोधी *adj* angry
क्रोधोन्मत्त *adj* furious
क्रोधोन्मत्त करना *v* infuriate
क्लब *n* club
क्लर्क *n* clerk
क्लर्क-संबंधी *adj* clerical
क्लिपिंग *n* clipping
क्लैरिनेट *n* clarinet
क्लोक *n* cloak
क्लोन बनाना *v* clone
क्लोनिंग *n* cloning
क्वाटर *n* quarter

ख

खंगालना *v* rinse
खंड *n* chunk, fragment
खंडन *n* contradiction
खंडन करना *v* contradict
खंडित *adj* broken
खगोल-विज्ञान *n* astronomy
खगोलीज्ञ *n* astronomer
खगोलीय *adj* astronomic
खच्चर *n* mule
खजांची *n* cashier
खजाना *n* treasure
खजूर *n* date
खटमल *n* bug
खट्टा *adj* sour
खट्टा और कषाय *adj* austere
खड़ंजा *n* pavement
खड़ा *adj* upright
खड़ा होना *v* stand
खड़िया *n* chalk
खड़ी चट्टान *n* cliff
खड़ी ढ़ाल *adj* steep
खण्ड *n* sector
खण्डन *n* severance
खण्डन करना *v* rebut, refute
खण्डहर *n* ruin
खण्डित करना *v* quash
खतना *n* circumcision
खतना करना *v* circumcise
खतरनाक *adj* dangerous
ख़तरनाक *adj* alarming
खतरा *n* danger
खतरे की घंटी *n* siren
खतरे में डालना *v* endanger
खत्म करना *v* last
खत्म हो जाना *v* run out
खदबदाना *v* simmer
खदान *n* quarry
खनिक *n* miner
खनिज *n* mineral
खनिज स्रोत *n* spa
खपच्ची *n* splint
खपड़ा *n* tile
खब्त *n* whim
खब्ती *adj* crazy
खब्तीपन *n* craziness
खमीर *n* ferment, yeast
खमीर दठाना *v* ferment
खम्भा *n* pillar, post
खरगोश *n* hare, rabbit
खरपतवार *n* weed
खरबपति *n* billionaire
खरा *adj* candid
खराब *adj* corrupt
खराब करना *v* defile
खराब होते जाना *v* worsen
खरीदना *v* buy, purchase
खरीदारी करना *v* shop
खरोंच *n* graze
खर्च करना *v* spend
खर्चा *n* expense

खर्चीला adj expensive
खर्राटा n snore
खर्राटा लेना v snore
खलनायक n villain
खलबली n turmoil
खलबलीपूर्ण adj hectic
खलिहान n barn
खसरा n measles
खांच डालना v dent
खांचा n furrow, slot
खांसी n cough
खांसी आना v cough
खाई n ditch, trench
खाखा n outline
खाड़ी n bay, gulf
खाता n account
खाता-बही n ledger
खाद्य adj edible
खाद्य पदार्थ n foodstuff
खाद्य सजावट n garnish
खान n mine
खान का मैदान n minefield
खानन v mine
खाना n bin
खारिज करना v reject
खाली adj empty
खाली कर देना v exhaust
खाली करना v empty
खालीपन n emptiness
खिड़की n window
खिलखिलाहट n laughter
खिलाड़ी n athlete, player

खिलाड़ीपन adj sporty
खिलौना n toy
खींचना v pull, stretch
खींचना n traction
खींचातानी करना v scramble
खीज n disgust
खीझना v grouch
खीझने वाला adj grouchy
खीझा हुआ adj irate
खीरा n cucumber
खुजलाहट n itchiness
खुजली v itch
खुदाई करना v excavate
खुर n hoof
खुरचना v raze
खुरदरा adj rough
खुराक n dosage
खुला adj roomy
खुला हुआ adj bare, open
खुलापन n openness
खुली जगह adj spacious
खुले मैदान में adv outdoors
खुश adj happy
खुश होना v marry
खुशी n happiness
खूखार adj ferocious
खूटा n spill
खून n blood
खूबानी n apricot
खेजबीन करना v probe
खेत n farm
खेती n farming

खेती करना *v* harvest
खेती के योग्य *adj* arable
खेद का विषय *adj* regrettable
खेदजनक *adj* deplorable
खेप *n* consignment
खेल *n* play, game
खेलकूद संबंधी *adj* athletic
खैराती *n* parish
खो देना *v* lose
खोखलापन *adj* hollow
खोज *n* pursuit, search
खोज करना *v* prowl
खोज निकालना *v* rumble
खोजना *v* find, search
खोजने वाला *n* browser
खोदना *v* dig, pick
खोपड़ी *n* skull
खोल *n* shell
खोल देना *v* uncover
खोलना *v* unleash
ख्याति *n* reputation
ख्यातिप्राप्त *adv* reputedly

ग

गंजा *adj* bald
गंडासा *n* chopper
गंडास्थि *n* cheekbone
गंदा *adj* dirty
गंदा करना *v* soil
गंदा होना *v* stain
गंदी बस्ती *n* slum, gutter
गंध *n* odor, smell
गंभीर *adj* grave, serious
गंभीर चिंतन *n* meditation
गंभीरता *n* seriousness
गंभीरता से *adv* earnestly
गंभीरतापूर्ण *adv* gravely
गंवाना *v* squander
गगलचुंबी *n* skyscraper
गज *n* yard
गज फेरना *v* bow
गटकना *v* gulp
गट्ठर *n* package
गठन करना *v* frame
गठरी *n* bundle
गठिया *n* rheumatism
गड़गड़ाहट *n* rumble, uproar
गड़बड़ी *n* muddle
गड़मड़ *n* mess
गड़ासा *n* hatchet
गड़ेरिया *n* shepherd
गड्ढ़ा *n* dent

गढ़ लेना *adj* trumped-up
गढ़ना *v* feign
गढ़ा *n* pit
गणक *n* calculator
गणतंत्र *n* republic
गणित *n* math
गति *n* motion, move
गति बढ़ाना *v* accelerate
गति में लाना *v* move
गतिरोध *adj* deadlock
गतिवान बनाना *v* hasten
गतिशील *adj* dynamic
गतिहीन *adj* stagnant
गतिहीन होना *v* stagnate
गतिहीनता *n* stagnation
गदा *v* maul
गद्दा *n* mattress
गद्दार *adj* disloyal
गद्दार *n* traitor
गद्दारी *n* disloyalty
गद्दी *n* cushion
गद्दी पर बैठना *v* chair
गद्दी लगाना *v* cushion
गद्दे की तह देना *v* pad
गद्य *n* prose
गधा *n* donkey
गन्ने की सीठी *n* trash can
गप-शप *n* gossip
गप-शप करना *v* gossip
गप्प लड़ाना *v* chat
गबन करना *v* embezzle
गम्भीर *adj* solemn

गरम *adj* warm
गराज *n* garage
गरारे करना *v* gargle
गरीब *n* poor
गरीबी *n* poverty
गरुड़ *n* eagle
गर्जन *n* thunder
गर्भ धारण करना *v* conceive
गर्भपात *n* miscarriage, abortion
गर्भपात होना *v* miscarry
गर्भवती *adj* pregnant
गर्भस्राव होना *v* abort
गर्भावस्था *n* gestation
गर्भाशय *n* uterus
गर्म *adj* hot
गर्म करना *v* heat
गर्म-लहर *n* heatwave
गर्माना *n* heating
गर्व *n* pride
गर्वित *adj* elated
गल (समुद्री पक्षी) *n* gull
गलत *adj* incorrect
गलत छपाई *n* misprint
गलत निर्णय *v* misjudge
गलत फहमी होना *v* misunderstand
गलत होना *adj* mistaken
गलती *n* mistake
गलती करना *v* err, mistake
गलपूर्वक खींचना *v* drag
गलमुच्छ *n* whiskers
गलसुआ *n* tonsil
गला *n* neck, throat

गला घोंटना *v* smother
गलि *n* street
गलियारा *n* corridor
गली *n* alley, lane
गलीचा *n* carpet, rug
गले का हार *n* necklace
गले की हड्डी *n* collarbone
गले लगना *v* hug
गहरा *adj* deep
गहरा करना *v* deepen
गहरा खड्ड *n* canyon
गहराई *n* depth
गहराई नापना *n* probing
गहराई में *adv* in depth
गांठ *n* knot
गांठ लगाना *v* tie
गांव *n* village
गांववाला *adj* rustic
गाजर *n* carrot
गाड़ना *v* rivet
गाड़ा-काला *adj* pitch-black
गाड़ी *n* cart
गाड़ी का डिब्बा *v* coach
गाड़ी का सांचा *n* buck
गाड़ी खड़ी करना *v* park
गाड़ी डिब्बा *n* van
गाड़ी से जाना *v* cart
गाढ़ा नीला *adj* navy blue
गाढ़ापन *n* coagulation
गाना *n* chant, sing
गाय *n* cow
गायक *n* singer
गायक वृंद *n* choir
गारंटी *n* guarantee
गारंटी दाता *n* guarantor
गारंटी देना *v* guarantee
गाल *n* cheek
गिटार *n* guitar
गिद्ध *n* vulture
गिनती *n* count
गिनती करना *v* count
गिनना *v* compute
गिरना *v* bring down, fall
गिरने देना *v* let down
गिरफ्तार *n* capture
गिरफ्तार करना *v* arrest, capture
गिरफ्तारी *n* arrest
गिरवी रखना *v* pawn
गिरावट *n* drop, slump
गिरावट आना *v* slump
गिरोह *n* gang, racket
गिलहरी *n* squirrel
गिलोटीन *n* guillotine
गिल्टीयां *n* mumps
गीजर *n* geyser
गीत *n* song
गीत के बोल *n* lyrics
गीत-नाट्य *n* opera
गीदड़ *n* jackal
गीदड़ भभकी *v* bluff
गीला *adj* wet
गुंडा *n* hooligan
गुथना *v* intertwine
गुधा आटा *n* dough

गुंबद *n* dome
गुच्छा *n* bunch, cluster
गुजरना *v* elapse
गुड़िया *n* doll
गुण *n* character
गुणवत्ता *n* quality
गुणा *n* multiplication
गुणा करना *v* multiply
गुदगुदी *n* tickle
गुदगुदी करना *v* tickle
गुदगुदीवाला *adj* ticklish
गुनगुना *adj* lukewarm
गुप्त *adj* clandestine
गुप्त रखना *v* conceal
गुफा *n* cave
गुब्बारा *n* balloon
गुमनाम *adj* anonymous
गुमनामी *n* anonymity
गुमराह करना *v* mislead
गुरुत्व *n* gravity
गुर्दा *n* kidney
गुर्राना *v* growl, roar
गुर्राहट *n* roar
गुलाब *n* rose
गुलाब की क्यारी *n* rosary
गुलाबी *adj* pink, rosy
गुलाम *n* slave
गुलामी *n* slavery
गुलुबंद *n* muffler
गुल्दस्ता *n* flowerpot
गुल्लक *n* piggy bank
गुसलखाना *n* bathroom
गुस्ताख *adj* cheeky
गुस्सा *n* anger
गुस्सा करना *v* anger
गुस्सा दिलाना *v* enrage
गुहा *n* grotto
गूंज *n* echo
गूदा *n* pulp
गृह कार्य *n* homework
गृह नगर *n* hometown
गृह वियोगी *adj* homesick
गृह स्वामिनी *n* housewife
गृहसेवक *n* housekeeper
गृहहीन *adj* homeless
गेंड़ा *n* rhinoceros
गेंद *n* bowl, ball
गेल *n* gale
गेहूं *n* wheat
गैर कानूनी *adj* unlawful
गैरकानूनी *adj* illegal
गैस *n* gas
गैस्ट्रिक *adj* gastric
गॉज *n* gauze
गोंद *n* glue, gum
गोता लगाना *v* dive
गोताखोर *n* diver
गोद *n* lap
गोद लेना *n* adoption
गोद लेने योग्य *adj* adoptive
गोदन *n* punch
गोदना *v* punch
गोदाम *v* hoard
गोदी *n* dock

ग

गोधूली *n* twilight
गोपनीय *adj* confidential
गोपनीय ढ़ंग से *adv* secretly
गोपनीयता *n* secrecy
गोबर *n* dung
गोमांस *n* beef
गोरिल्ला *n* gorilla
गोल *n* goal
गोलक *n* globe
गोलकीपर *n* goalkeeper
गोलमटोल *adj* chubby
गोला *n* sphere
गोलाकार *adj* round
गोलाबारी *n* bombing
गोलाबारी करना *v* fire
गोला-बारूद *n* ammunition
गोलाश्म *n* boulder
गोलिका *n* globule
गोली *n* pill, bullet
गोली मारना *v* shoot
गोष्ठी कक्ष *n* lobby
गौरवपूर्ण *adj* glorious
गौरवान्वित करना *v* glorify
गौरैया *n* sparrow
ग्यारह *adj* eleven
ग्यारहवां *adj* eleventh
ग्रंथि *n* gland, tumor
ग्रस्त होना *v* incur
ग्रह *n* planet
ग्रहण *n* eclipse
ग्रहण करना *v* assume
ग्रहणशील होना *adj* susceptible
ग्राम *n* gram
ग्रामवासी *n* parishioner
ग्रामीण *adj* pastoral, rural
ग्रास *n* morsel, bit
ग्राहक *n* customer
ग्राहक बनना *v* subscribe
ग्रीक *adj* Greek
ग्रीनलैंड *n* Greenland
ग्रीनहाउस *n* greenhouse
ग्रीष्म *n* summer
ग्रीष्म कुटी *n* chalet
ग्रीस *n* Greece
ग्रेनाइट *n* granite
ग्रेहाउंड कुत्ता *n* greyhound
ग्लूकोज *n* glucose
ग्लैडियेटर *n* gladiator
ग्वाला *n* cowboy

घ

घंटा *n* hour, bell
घंटाघर *n* belfry
घंटी बजाना *v* ring
घट जाना *v* happen, occur
घटना *v* incident
घटाना *v* deduct, subtract
घटाने योग्य *adj* deductible
घटित होना *v* come about

घटिया *adj* hoarse
घड़ियाल *n* alligator
घड़ी *n* clock
घड़ीसाज *n* watchmaker
घन *n* cube
घनत्व *n* density
घना *adj* dense, thick
घना होना *v* thicken
घनाकृति *n* cubicle
घनिष्ट मित्र *n* crony
घनिष्टता *n* rapport
घनीय *adj* cubic
घबरा देना *v* bewilder
घमंड *n* arrogance
घमंडी *adj* arrogant
घर *n* home, house
घर का बना *adj* homemade
घर की याद *n* nostalgia
घरेलू *adj* homely
घरेलू काम *n* chore
घरेलू सामान *n* household
घर्षण *n* friction
घसीटना *v* haul, tow
घाट *n* wharf
घाटा *n* deficit, loss
घाटी *n* valley
घात लगाना *v* ambush
घातक *adj* deadly, lethal
घाव *n* sore, wound
घास *n* grass
घास का ढेर *n* haystack
घिनौना *adj* squalid
घिरनी *n* pulley
घिरा हुआ *adj* overcast
घिसना *v* wear out
घिसाई *n* wear
घिसापिटा *adj* beaten
घुंघराला *adj* curly
घुटन भरा *adj* stifling
घुटना *n* knee
घुटने टेकना *v* genuflect
घुड़की *n* menace
घुड़सवार फौज *n* cavalry
घुमाना *v* wiggle
घुमाव *n* turn
घुमावदार रास्ता *n* detour
घुस आना *v* burst into
घुस पड़ना *v* break in
घुसपैठ *n* infiltration
घुसपैठिया *n* intruder
घूंघट *n* veil
घूंघर *n* curl
घूंसा मारना *v* punch
घूम जाना *v* turn
घूरना *v* gaze, stare
घूर्णन करना *v* revolver
घूर्णनन *n* rotation
घृणस्प्रद *adj* sickening
घृणा *v* hate
घृणा *n* hatred
घृणापूर्ण बर्ताव *n* affront
घृणास्पद *adj* hateful
घृणित *adj* despicable
घृण्यता *adj* detestable

घेर लेना *v* beset
घेरना *v* surround
घेरा *n* siege
घेरा *v* besiege
घेरा डालना *v* cordon off
घेराबंद *adj* entrenched
घेरेबंदी *v* siege
घोंघा *n* oyster, snail
घोंपना *v* smack
घोंसला *n* nest
घोटाना *n* jackpot
घोटाला *n* scandal
घोड़ा *n* horse
घोड़ी *n* mare
घोर *adj* dire
घोल *n* liquor
घोषणा *n* announcement
घोषणा करना *v* declare
घोषित करना *v* announce

च

चंचल *adj* fickle
चंदन की लकड़ी *n* sandal
चंदा *n* contribution
चंदौवा *n* awning
चकनाचूर करना *v* batter
चकरा देना *v* baffle

चकाचौंध *v* dazzle
चकित *adj* startled
चकित करना *v* amaze
चक्कर *n* dizziness
चक्कर लाने वाला *adj* dizzy
चक्का *n* curb, rein
चक्रवात *n* cyclone
चखना *v* taste
चटाई *n* mat
चढ़ना *v* climb
चढ़ाई *n* climbing
चढ़ाई करना *v* invade
चढ़ाना *v* throw up
चतुर *adj* astute, wary
चप्पल *n* slipper
चप्पू से खेना *v* paddle
चबाना *v* chew, munch
चमक *n* gleam
चमकदार *adj* luminous
चमकना *v* gleam, shine
चमकाना *v* polish
चमकीला *adj* bright
चमगादड़ *n* bat
चमचमाना *v* sparkle
चमड़ा *n* leather
चमड़ा उतारना *v* skin
चमत्कार *n* charisma
चमत्कारपूर्ण *adj* colossal
चमत्कारिक *adj* charismatic
चमात्कारिक *adj* miraculous
चम्मच *n* spoon
चम्मच भर *n* spoonful

चयन *n* selection
चयन करना *v* pick, select
चरना *v* graze, browse
चरबी *n* grease
चरबी लगाना *v* grease
चरबीयुक्त *adj* greasy
चरम *adj* ultimate
चरम बिन्दु *n* climax
चरमराना *v* creak
चरमराहट *n* creak
चरमसीमा *n* extremities
चरवाहा *n* pastor
चरागाह *n* pasture
चरित्र भ्रष्ट *adj* deprave
चरित्रहीनता *n* depravity
चर्खी *n* spool, reel
चर्च *n* church
चलचित्र *n* cinema
चलना *v* walk
चला जाना *v* pass out
चलाना *v* stir
चशामा *n* glasses
चश्मदीद गवाह *n* eyewitness
चश्मा *n* eyeglasses
चषक *n* chalice
चस्का *n* zest
चहल-पहल *n* festivity
चांद *n* moon
चांदी *n* silver
चांदी के बर्तन *n* silverware
चांदी चढ़ा *adj* silverplated
चांदी शिल्कार *n* silversmith

चाकर *n* page
चाकवर्तिका *n* crayon
चाकू *n* knife
चाकू मरना *v* stab
चाचा *n* uncle
चाची *n* aunt
चाटना *v* lick
चादर *n* sheets
चाप *n* arc
चापलूसी *n* adulation
चापलूसी करना *v* flatter
चाबुक *n* whip
चाबुक की मार *n* lash
चाबुक मारना *v* whip
चाबुक से मारना *v* lash
चाय *n* tea
चाय का प्याला *n* teapot
चाय की तश्तरी *n* saucer
चार *adj* four
चारकोल *n* charcoal
चारागाह *n* meadow
चारो ओर *pre* about
चारों तरफ *pre* around
चारों तरफ घूमना *v* circle
चारों दिशाओं में *adv* broadly
चार्ट *n* chart
चार्टर *n* charter
चालक *n* driver
चालना *v* sift
चालबाज *n* fraud
चालबाजी करना *v* manipulate
चालाक *adj* clever

चालीस *adj* forty
चावल *n* rice
चाहत *n* urge
चाहत करना *v* urge
चाहने वाला *adj* fond
चाहिए *v* ought to
चाहे कोई *pro* anyone
चिंतन करना *v* contemplate
चिंतनशील *adj* mindful
चिंताकुल *adj* anxious
चिंतामुक्त *adj* carefree
चिंपैंजी *n* chimpanzee
चिकना *adj* smooth
चिकना करना *v* lubricate
चिकनाना *n* lubrication
चिकनापन *n* smoothness
चिकित्सक *n* physician
चिकित्सा *n* therapy
चिकित्सा योग्य *adj* curable
चिकित्सालय *n* clinic
चिकोटी *n* pinch
चिकोटी काटना *v* pinch
चिड़चिड़ा *adj* cynic
चिड़चिड़ापन *n* tantrum
चिड़िया *n* bird
चिड़ियाघर *n* zoo
चिढ़ दिलाने वाला *adj* annoying
चिढ़ाना *v* annoy
चित्कार *n* shout
चित्ती *n* speck
चित्तीदार *n* trout
चित्र *n* photo

चित्र बनाना *v* draw
चित्र सादृश्य *adj* scenic
चित्रकार *n* painter
चित्रकारी *n* painting
चित्रसदृश *adj* picturesque
चिनगारी *n* spark
चिन्ता *n* qualm, worry
चिन्ता करना *v* worry
चिन्ताजनक *adj* worrisome
चिन्ताशील *adj* serious
चिन्ताशीलता *n* seriousness
चिन्ह *n* mark, sign
चिन्ह बनाना *v* smear
चिन्ह लगाना *v* mark, sign
चिन्हक *n* marker
चिपकना *v* cling, stick
चिपचिपा *adj* sticky
चिमटी *n* tongs
चिमड़ा कागज *n* parchment
चिमनी *n* chimney
चिर-परिचित *adj* well-known
चिलमची *n* basin
चिल्ला उठना *v* exclaim
चिल्लाना *v* shout, yell
चिल्लाहट *n* crying
चीख *n* scream
चीखना *v* howl, scream
चीखवाला *adj* squeaky
चीज *n* thing
चीटी *n* ant
चीड़ *n* pine
चीतल *n* axis

चीता *n* leopard
चीत्कार *v* clamor, outcry
चीथड़ों में *adj* seedy
चीनी *n* sugar
चीयरो *n* cheers
चीरना *v* rip, tear
चीर-फाड़ देना *v* rip off
चीरा *n* incision
चुंगी *n* customs
चुबक *n* magnet
चुबकत्व आकर्षण *n* magnetism
चुबकीय *adj* magnetic
चुकंदर *n* beet
चुकन्दर *n* parsnip
चुकाता करना *v* pay off
चुगली करना *v* sneak
चुटकी *n* fingertip
चुटकी बजाना *v* flip
चुटकीभर *n* pinch
चुनना *v* elect
चुनौती *n* challenge
चुनौती देना *v* challenge
चुनौती भरा *adj* challenging
चुन्नट डालना *v* crease
चुप *n* hush
चुभोना *v* prick, sting
चुम्बन *n* kiss
चुम्बन करना *v* kiss
चुराना *v* pilfer, steal
चुरूट *n* cigar
चुस्की *n* sip
चुस्की लेना *v* sip

चुस्त *n* fleet
चुस्त चोंगा *n* cassock
चुस्त बिरजिस *n* hose; pantyhose
चूंकि *c* since
चूक *n* slip
चूकना *v* miss
चूजा *n* chick
चूतड़ों पर मार *n* spanking
चूतड़ों पर मारना *v* spank
चूना पत्थर *n* limestone
चूराना *n* heist
चूर्ण *n* powder
चूल्हा *n* hearth, oven
चूसना *v* suck
चूसनेवाला *adj* sucker
चूहा *n* mouse, rat
चूहे *n* mice
चेकबुक *n* checkbook
चेचक *n* smallpox
चेतना *n* conciousness
चेतावनी *n* warning
चेतावनी देना *v* admonish
चेरी *n* cherry
चेस्टनट *n* chestnut
चेहरा *n* face
चॉक बोर्ड *n* chalkboard
चॉकलेट *n* chocolate
चोंच *n* beak, bill
चोंच अड़ाना *v* mess around
चोंच मारना *v* peck
चोट *n* bruise, injury

चोट पहुंचाना *v* injure
चोटी *n* theft
चोली *n* blouse
चौंकाना *v* startle
चौंध *n* flash, glare
चौंधियाया *adj* dazed
चौकस रहना *v* beware
चौकोर *adj* oblong
चौखटी आरा *n* jigsaw
चौड़ा *adj* broad, wide
चौड़ाई *n* breadth
चौथा *adj* fourth
चौदह *adj* fourteen
चौरस *adj* square
चौराहा *n* crossing

छ

छंद *n* verse
छछूंदर *n* mole
छज्जा *n* balcony
छठा *adj* sixth
छड़ *n* rod, bar
छड़ी *n* stick
छत *n* ceiling, roof
छतरी *n* kiosk
छतरी सैनिक *n* paratrooper
छत्ता *n* beehive
छद्मनाम *n* pseudonym
छद्मवेष *n* disguise
छद्मावरण *n* camouflage
छन्नी *n* filter
छपछपाना *v* splash
छपाई *n* printing
छर्रा *n* pellet, shot
छर्रे वाली बन्दुक *n* shotgun
छल *n* ruse
छल-कपट *n* guile
छल-कपट करना *v* fake
छलनी *n* strainer
छलांग *n* jump, leap
छलांग लगाना *v* leap
छल्ला बनाना *v* clinch
छल्ले बनाना *v* curl
छविचित्र *n* portrait
छह *adj* six
छांटना *v* prune, trim
छाती *n* breast, chest
छात्र *n* student
छात्रवृत्ति *n* scholarship
छानना *v* filter
छानबीन करना *v* go over
छाप *n* type
छाप लगाना *v* earmark
छापना *v* print
छापा *n* raid
छापा मारना *v* raid
छापाखाना *n* press
छाया *n* shade
छायाकार *n* photographer

छायाकृति 222

छायाकृति *n* silhouette
छायामय *adj* shady
छाल *n* bark, crust
छाला *n* burn
छिछला *adj* shallow
छिछोर *adj* frivolous
छिड़कना *v* sprinkle
छितराना *v* disseminate
छिद्रण *n* perforation
छिद्रपूर्ण *adj* porous
छिपकली *n* lizard
छिपने की जगह *n* retreat
छिपा *adj* stealthy
छिपा देना *v* huddle
छिपाना *v* hush up
छिलका *n* peel
छिलका उतारना *v* peel
छींक *n* sneeze
छींकना *v* sneeze
छीनना *v* grasp, snatch
छीलन *n* chip
छुटकारा *n* exemption, dispensation
छुटकारा पाना *v* rid of
छुट्टी *n* vacation
छुट्टी का दिन *n* holiday
छुड़ाना *v* extricate
छुपना *v* hide
छुपाहुआ *adj* hidden
छुरा *n* dagger
छुरी-कांटा *n* cutlery
छूट *n* discount
छूट जाना *v* drop out
छूट देना *v* discount
छूत लगना *v* infect
छेद *n* hole, vent
छेद करना *v* bore
छेदना *v* pierce
छेनी *n* chisel
छोट रास्ता *n* shortcut
छोट-मोटा *adj* petty
छोटा *adj* little, small
छोटा करना *v* belittle
छोटा चम्मच *n* teaspoon
छोटा पीपा *n* keg
छोटा बच्चा *n* baby, toddler
छोटा मार्ग *n* underpass
छोटा यंत्र *n* gadget
छोटा स्कर्ट *n* miniskirt
छोटी खाड़ी *n* lagoon, cove
छोटी नौका *n* barge
छोटी माता *n* chicken pox
छोटे अक्षर *n* small print
छोड़ देना *v* forsake
छोड़ना *v* let
छोड़ा हुआ *adj* deserted

छ

ज

जंक्शन *n* junction
जंग *n* rust
जंग लगना *v* rust
जंग-रोधी *adj* rust-proof
जंगल *n* forest
जंगला *n* handrail
जंगली *adj* savage
जंगली बोर *n* wild boar
जंगलीपन *n* savagery
जंजीर *n* chain
जई का दलिया *n* oatmeal
जकड़ *n* gripe
जकड़न *n* jam
जग *n* jug
जगह *n* space, spot
जगह बनाना *v* space out
जगाना *v* arouse
जघन्य *adj* heinous
जज्ब करना *v* sink in
जटिल *adj* complex
जटिल बनाना *v* complicate
जटिलता *n* complexity
जठरांत्रीय *adj* gastric
जड़ *adj* root
जड़ा हुआ *adj* inlaid
जड़ावदार *adj* bossy
जड़ीबूटी *n* herb
जत्था *n* band
जन संहार *n* genocide
जनगणना *n* census
जनजाति *n* tribe
जनतंत्र *n* democracy
जननक्षम *adj* potent
जनना *v* breed
जनमत संग्रह *n* referendum
जनवरी *n* January
जनवादी *adj* democratic
जनसमुदाय *n* throng
जनसाधारण *n* mass, mob
जन्म *n* birth
जन्म देना *v* procreate
जन्मदिन *n* birthday
जपान का राजा *n* tycoon
जबकभी *adv* whenever
जबड़ा *n* jaw
ज़बरदस्ती करना *v* coerce
जबरदस्ती वसूली *n* extortion
जबान बंद करना *v* gag
जब्त करना *v* confiscate
जब्ती *n* confiscation
जमघट लग जाना *v* mob
जमना *v* coagulate
जमा *n* deposit
जमा करना *v* save
जमा हुआ *adj* frozen
जमा हो जाना *v* clog
जमा होना *v* gather
जमानत *n* guarantee
जमानत देना *v* bail out
जमाना *v* fix

जमाने की मशीन *n* freezer
जमीन *n* ground, land, turf
जमीन के नीचे *adj* underground
जमीन पर उतरना *v* land
जमीनी काम *n* groundwork
जयजयकार करना *v* acclaim
जराकालीन *adj* senile
जरूरत *n* need
जरूरतमंद *adj* needy
जरूरी *v* must
जरूरी होना *v* need
जर्जर *adj* decrepit
जर्मनी *n* Germany
जर्मनी का *adj* German
जर्सी *n* jersey
जल प्रपात *n* chute
जल संधी *n* strait
जलगर्तिका *n* pothole
जलथली *adj* amphibious
जलना *v* burn
जलनिकास *n* drainage
जलपरी *n* mermaid
जलपान *n* refreshment
जलपान गृह *n* canteen
जलपानगृह *n* cafeteria
जलप्रपात *n* waterfall
जलमग्न करना *v* submerge
जलयान *n* vessel
जलरुद्ध *adj* watertight
जलरोधी *adj* waterproof
जलवायु *n* climate
जलवायु-संबंधी *adj* climatic
जलशाला *n* aquarium
जला हुआ कोयला *n* cinder
जलानां *v* turn on
जलाशय *n* reservoir
जलीय *adj* aquatic
जल्दी *adv* shortly, soon
जल्दी करना *v* hurry
जल्दी करो *v* hurry up
जल्दी-जल्दी *adv* quickly
जवान *n* troop
जवाब *n* reply, counter
जवाब देना *v* reply
जस्ता *n* zinc
जहर *n* poison
जहर देना *v* poison
जहरीला *n* poisoning
जहां कहीं भी *c* wherever
जहाज *n* ship
जहाज पर *adv* overboard
जहाजी *n* sailor
जा टकराना *v* bump into
जा पकड़ना *v* overtake
जांघ *n* thigh
जांघिया *n* briefs, shorts
जांच *n* inquiry
जांच करना *v* scan, monitor
जांचना *v* examine
जांच-पड़ताल *n* investigation
जाकेट *n* jacket
जाखिमभरा *adj* hazardous
जागना *v* wake up
जागरूक *n* awakening

ज

जागरूक *adj* watchful
जागरूक होना *v* awake
जागरूकता *n* vigil
जागुआर *n* jaguar
जागृत करना *v* excite
जाग्रत *adj* awake
जाड़ना *v* articulate
जाति *n* caste
जातिच्युत *adj* outcast
जातिवादी *adj* racist
जादुई *adj* magical
जादुगर *n* magician
जादू *n* magic
जादू डालना *v* bewitch
जादूगर *n* wizard
जादू-टोना *n* sorcery
जानकार *adj* aware
जानकारी *n* awareness
जानना *v* figure out, know
जानबूझकर *adv* knowingly
जानवर *n* animal
जाना *v* go
जानु फलक *n* kneecap
जाने देना *v* let go
जापान *n* Japan
जापानी *adj* Japanese
जाम टकराना *v* toast
जामा *n* vest
जामुन *n* blackberry
जायदाद *n* estate
ज़ार *n* czar
जारी *adj* ongoing

जारी रखना *v* carry on
जाल *n* net
जाल बुनना *v* spin
जालसाजी *n* forgery
जालसाजी करना *v* falsify
जाली *n* grill, mesh
जालीदार कपड़ा *n* hammock
जाशीला *adj* fervent
जासूस *n* spy
जासूसी *n* espionage
जासूसी करना *v* spy
जाहिर करना *v* express
जिज्ञासा *n* curiosity
जिज्ञासु *adj* curious
जिद्दी *adj* stubborn
जिपर *n* zipper
जिम्मेदार *adj* responsible
जिम्मेदारी *n* responsibility
जिराफ *n* giraffe
जिला *n* district
जिस बीच *c* while
जिसके बाद *c* whereupon
जीतना *v* conquer
जीन *n* saddle, jeans
जीभ *n* tongue
जीर्णरोगी शाला *n* infirmary
जीर्ण-शीर्ण *adj* dilapidated
जीर्णशीर्ण वस्त्र *n* rag
जीव *n* creature
जीवंत *adj* brisk, lively
जीवन *n* life
जीवन जीना *v* live

जीवन निर्वाह 226

जीवन निर्वाह *adj* live
जीवनकाल *adj* lifetime
जीवनदायिनी *adj* vital
जीवन-यापन *n* livelihood
जीवनशैली *n* lifestyle
जीवनी *n* biography
जीव-विज्ञान *n* biology
जीवविष *n* toxin
जीवाणु *n* bacteria
जीवाश्म *n* fossil
जीविका *n* career
जीवित *adj* alive, live
जीवित प्राणी *n* organism
जुआ *n* yoke
जुआ खेलना *v* gamble
जुगत *n* device
जुगुप्सापूर्ण *adj* disgusting
जुड़ना *v* adjoin
जुड़वा *n* twin
जुर्माना *v* forfeit
जुर्राब *n* sock
जुलाई *n* July
जू *n* lice, louse
जूता *n* shoe, boot
जूते का पालिश *n* shoepolish
जूते का फीता *n* shoelace
जूते की दुकान *n* shoestore
जून *n* June
जेनरिक *adj* generic
जेब्रा *n* zebra
जेलर *n* jailer
जैतून *n* olive
जैव *adj* biological
जैसे कि *c* as
जैस्मिन *n* jasmine
जो *adj* which
जो कोई भी *pro* whoever
जोंक *n* leech
जोकर *n* clown
जोखिम *n* peril, risk
जोखिम भरा *adj* perilous
जोखिम में *n* venture
जोखिम में डालना *v* risk
जोड़ *n* junction, seam, joint
जोड़ना *v* connect
जोड़ा *n* pair, couple
जोड़ा लगाना *v* match
जोतना *v* till
जोर से *adv* aloud
जोर से पुकरना *v* cry out
जोर-जबरदस्ती *n* coercion
जोश *n* enthusiasm
जोश में आना *v* enthuse
जौ *n* barley
जौकपॉट *n* jackpot
जौहरी *n* jeweler

ज

ज्ञ

ज्ञान *n* knowledge
ज्ञानी *adj* learned
ज्ञापन *n* memo
ज्यातिर्मय *adj* illustrious
ज्यातिष *n* astrology
ज्यादा जीना *v* outlive
ज्येष्ठ व्यक्ति *n* elder
ज्योतिषी *n* astrologer
ज्वलनशील *n* combustible
ज्वारभाटा *n* tide
ज्वालामुखी *n* volcano
ज्वालामुखी विवर *n* crater

झ

झंझट *n* hassle
झंझट करना *v* mess up
झंझट में डालना *v* embroil
झंझट-भरा *adj* bothersome
झंडा *n* flag
झगड़ा *n* brawl
झगड़ा करना *v* quarrel, contend
झगड़ालू *adj* contentious
झटक लेना *v* snitch
झटका *n* backlash, jolt
झटका लगना *v* jerk, shock
झटके से काटना *v* chop
झपकी *n* doze, snooze
झपटना *v* whip
झलक *n* glimpse
झलक पाना *v* glimpse
झाग *n* lather
झाड़-फानूस *n* chandelier
झाड़ी *n* bush, shrub
झाड़ू *n* broom
झाड़ू लगाना *v* sweep
झिझक *n* scruples
झिड़की *n* snub
झिड़की देना *v* snub
झिल्ली *n* membrane
झींगा *n* prawn, shrimp
झींगुर *n* cricket
झीना *adj* flimsy, sleazy
झील *n* lake
झुंड *n* flock
झुक जाना *v* give in
झुकना *v* yield, lean
झुकाव *n* inclination
झुनझुनाना *v* rattle
झुर्रियां पड़ना *v* wrinkle
झुर्री *n* wrinkle
झुलसना *v* scald, parch
झुलसाना *v* scorch
झूठ *v* lie
झूठ बोलना *v* lie
झूठा *adj* liar
झूठा प्यार जताना *v* flirt

झूलना *v* swing
झूला *n* cradle
झेंप *n* blush
झेंप जाना *v* blush
झोंका *n* blow
झोंपड़ी *n* cottage
झोपड़ी *n* hut

ट

टंकी *n* tank
टकरा कर लौटना *v* rebound
टकराना *v* collide, dash
टकसाल *n* mint
टक्कर *n* collision
टक्कर मारना *v* ram
टखना *n* ankle
टन *n* ton
टनटनाहट *n* clam
टपकन *n* drip
टपकना *v* drip, drop
टमाटर *n* tomato
टांका *n* stitch
टांका लगाना *v* stitch
टांगना *v* hang
टाइप करना *v* type
टाउन हॉल *n* town hall
टाकां लगना *v* solder

टापू *n* island
टाल *n* bulk
टालना *v* defer
टालमटोल *n* avoidance
टालमटोल करना *v* evade
टिकट घर *n* box office
टिकाऊ *adj* durable
टिड्डी *n* locust
टिप्पण *n* annotation
टिप्पण लिखना *v* annotate
टिप्पणी *n* comment
टिप्पणी करना *v* comment
टिमटिमाना *n* glimmer
टीका *n* vaccine
टीका लगाना *v* vaccinate
टीम *n* team
टीम-टाम वाला *adj* posh
टुकड़ा *n* crumb, piece
टुकड़ा-टुकड़ा *adv* piecemeal
टुकड़े करना *v* mince, shred
टुकड़े-टुकड़े *adv* asunder
टुकड़े-टुकड़े करना *v* crumble
टूट पड़ना *v* rampage
टूटकर बिखरना *adj* shattering
टूट-फूट *n* rupture
टूट-फूट होना *v* rupture
टूटा हुआ *adj* broke
टूर्नामेंट *n* tournament
टेंट *n* tent
टेनिस *n* tennis
टेप रिकार्डर *n* tape recorder
टेलिग्राम *n* telegram

ठोड़ी

टेलिपैथी *n* telepathy
टेलिफोन *n* telephone
टेलिविजन *n* television
टेलीफोन *n* phone
टेलीफोन करना *v* phone
टैक्सी *n* cab
टॉनिक *n* tonic
टो ट्रक *n* tow truck
टोंटी *n* tap
टोंटी में लगाना *v* tap into
टोकन *n* token
टोकरी *n* basket
टोड *n* toad
टोप *n* tile
टोपी *n* hat, cap
टोली *n* batch
टोस्टर *n* toaster
ट्युलिप *n* tulip
ट्रक *n* truck
ट्रक का मालिक *n* trucker
ट्राम *n* tram
ट्रेडमार्क *n* trademark, brand
ट्रेन *n* train
ट्रेलर *n* trailer
ट्रैक्टर *n* tractor

ठ

ठंड *n* chill
ठंडक *n* coolness
ठंडा *adj* cool
ठंडा करना *v* cool
ठंडा होना *v* chill
ठंढक *n* coldness
ठंढा *adj* cold
ठग *n* thug
ठगना *v* defraud
ठप्पा *n* stamp
ठप्पा लगाना *v* stamp
ठहर जाना *v* linger
ठहरना *v* lodge, stop over
ठहरा हुआ *n* stay
ठीक *adv* okay
ठीक बिठाना *v* set
ठीक बुद्धि का *adj* sane
ठीक है* *adv* alright
ठूंठ *n* butt
ठूसना *v* cram
ठेका *n* lease
ठेके पर देना *v* lease
ठेपी *n* plug
ठेला *n* trolley
ठोंकना *v* knock
ठोकर *n* spur
ठोकर देने वाला *adj* bumpy
ठोड़ी *n* chin

ठोस *adj* concrete

ड

डंक *v* sting
डंक मारना *adj* stinging
डंडा *n* baton
डकार *n* belch, burp
डकार लेना *v* belch
डकैती करना *v* loot
डकैती का माल *n* loot
डगमगाना *v* stumble
डटे रहना *v* stick out
डर *n* fear, fright
डरते-डरते *adv* gingerly
डरना *v* appall
डरपोक *n* coward
डरा कर रोकना *v* deter
डरा हुआ *adj* afraid
डराना *v* frighten
डराने वाला *adj* frightening
डरावना *adj* appalling
डांटना *v* chide
डाकघर *n* post office
डाकचिन्ह *n* postmark
डाक-भार *n* postage
डाकिया *n* mailman
डाकू *n* bandit

डाक्टर *n* doctor
डाट *n* scolding
डाटना *v* scold
डाटाबेस *n* database
डायन *n* witch
डायनामाइट *n* dynamite
डायरी *n* diary
डायल टोन *n* dial tone
डार्ट *n* dart
डालर *n* dollar
डिकाफ *adj* decaff
डिब्बा *n* container
डिब्बा बन्द *adj* canned
डींग मारना *v* boast, brag
डुबकी *n* diving
डुबकी लगाना *v* plunge, duck
डुबाना *n* immersion
डुबोना *v* immerse
डूबना *v* drown, sink
डूबा हुआ *adj* sunken
डेगची *n* saucepan
डेजी (फूल) *n* daisy
डेनमार्क (देश) *n* Denmak
डेयरी फार्म *n* dairy farm
डेरा डालना *v* camp
डेस्क *n* desk
डॉक पर लाना *v* dock
डॉलफिन *n* dolphin
डोंगी *n* canoe
डोरी *n* string, cord
ड्यूक *n* duke
ड्योढ़ी *n* patio

ड्रम *n* drum
ड्राइंग पिन *n* thumbtack

ढ

ढंका हुआ *adj* shrouded
ढ़क लेना *v* muffle
ढकना *v* envelop, cover
ढक्कन *n* lid, hood
ढलवां *adj* slanted
ढला हुआ *adj* moldy
ढ़लाई *n* mold
ढलाईखाना *n* foundry
ढलान *n* ramp
ढलाव *v* cast
ढह जाना *v* collapse
ढ़ा देना *v* demolish
ढांचा *n* framework
ढाढ़स बांधना *v* cheer up
ढाबा *n* tavern
ढाल *n* shield
ढालना *v* forge
ढ़ालना *v* mold
ढीला *adj* loose
ढीला करना *v* loosen
ढीला-ढाला *adj* baggy
ढीलेपन से *v* loose
ढुंढना *v* seek
ढुलमुल होना *v* vacillate
ढ़ढना *v* sort out
ढ़ैर *n* heap, stack
ढेर लगना *v* pile up
ढेर लगाना *v* accumulate
ढेरी *n* pile, lump
ढोल *n* drum

त

तंग करना *v* bother, harass
तंग घाटी *n* gorge
तंग होना *adj* nagging
तंदुआ *n* panther
तकनीक *n* technique
तकनीकी *adj* technical
तकनोलॉजी *n* technology
तकलीफदेह *adj* sore
तकादा *n* reminder
तकिया *n* pillow
तख्ता *n* board
तख्ता पलट *n* coup
तख्ती *n* tablet
तट *n* shore, bank
तट पर *adv* ashore
तटरेखा *n* coastline
तटस्थ *adj* disinterested
तटीय *adj* coastal

तड़क-भड़क वाला *adj* glamorous
ततैया *n* wasp
तथा कथित *adj* so-called
तथ्य *n* fact
तथ्यपरक *adj* factual
तनना *n* beetle
तना *n* stem
तनाव *n* strain, stress
तनावग्रस्त *adj* strained
तनावपूर्ण *adj* stressful
तन्त्रिका *n* nerve
तपता हुआ *adj* torrid
तपस्या *n* penance
तपेदिक *n* tuberculosis
तब *adv* then
तब तक *adv* till
तब तक *pre* until
तब भी *c* yet
तब से *pre* since
तबाह करना *v* eat away
तमगा *n* tag
तमांचा *n* slap
तमांचा मारना *v* slap
तमाचा *n* cuff
तम्बाकू *n* tobacco
तरंग *n* surge, wave
तरंतुला *n* tarantula
तरक्की *n* increment
तरबूज *n* melon
तरल *n* fluid
तरस *n* pity
तराजू *n* balance
तराशना *v* whittle, carve
तरीका *n* style, tact
तरो ताजगी भरा *adj* refreshing
तरो ताजा होना *v* refresh
तर्क *n* logic, reason
तर्क करना *v* reason
तर्कना *n* reasoning
तर्कपूर्ण *adj* logical
तर्कवाक्य *n* proposition
तर्कसंगत *adj* fair
तर्जनी *n* index
तल *n* sole
तलना *v* fry
तलवार *n* sword
तला हुआ *adj* fried
तलाक *n* divorce
तलाक देना *v* divorce
तलाकशुदा *n* divorcee
तलाभुना *n* fries
तश्तरी *n* plate, dish
तस्कर *n* smuggler
तस्वीर *v* photograph
तस्वीर बनाना *v* picture
तह *v* fold
तह करने वाला *n* folder
तह का निशान *n* crease
तहखाना *n* basement
तांबा *n* copper
ताक *n* shelf
ताक-झांक करना *v* peep
ताकत *n* strength
ताख *n* bracket

233 तुकान्त कविता

ताजगी *n* freshness
ताजा *adj* fresh
ताजा करना *v* freshen
ताड़ लेना *adj* see-through
तात्कालिक *adv* impromptu
तात्पर्य होना *v* drive at
तान *n* tie
ताना *n* nip
ताना कसना *v* nip
तानाशाह *n* dictator
तानाशाह संबंधी *n* dictionary
तानाशाही *adj* dictatorial
तापखाना *n* artillery
तापमान *n* temperature
तापस्थापी *n* thermostat
तापांक् *n* degree
ताबूत *n* coffin
तार *n* wire
तारक-चिन्ह *n* asterisk
तारा *n* star
तारामंडल *n* constellation
तारीख लिखना *v* date
तार्किक *adj* rational
तालमेल *n* coordination
ताला *n* lock, padlock
ताला खोलना *v* unlock
तालाब *n* pond
तालिका *n* schedule
ताली *n* applause
ताली का गुच्छा *n* key ring
ताली बजाना *v* applaud
तालु *n* palate
तालेसाज *n* locksmith
तिकड़म *n* racket
तिगुना *adj* triple
तिजोरी *n* chest
तितली *n* butterfly
तिथि *n* date
तिपाई *n* tripod, stool
तिमाही *n* trimester
तिरछी गोलंदाजी *n* crossfire
तिरस्कार *n* disdain
तिरस्कार करना *v* scorn
तिरस्कारपूर्ण *adj* scornful
तिर्यक *adj* oblique
तिर्यगक्षर *adj* italics
तिल *n* mole
तिलचट्टा *n* cockroach
तिलमिलाहट *v* writhe
तीक्ष्ण *adj* acute, sharp
तीक्ष्णबबुद्धि *adj* witty
तीखा *adj* virulent
तीतर *n* partridge
तीन *adj* three
तीर *n* arrow
तीर्थयात्रा *n* pilgrimage
तीर्थयात्री *n* pilgrim
तीर्थस्थान *n* shrine
तीव्र *adj* swift
तीव्रकारी *adj* intensive
तीव्रता कम करना *adj* moderate
तीस *adj* thirty
तीसरा *adj* third
तुकान्त कविता *n* rhyme

त

तुच्छ *adj* paltry
तुच्छ समझना *v* despise
तुच्छता *n* banality
तुतलाना *v* babble
तुनकमिजाज *adj* squeamish
तुनक-मिज़ाज *adj* choosy
तुम *pro* you
तुम स्वयं *pro* yourself
तुम्हारा *adj* your
तुम्हारे *pro* yours
तुरंत *adv* instantly
तुरही *n* trumpet
तुर्क का *adj* Turk
तुर्की *n* Turkey
तुलना *n* comparison
तुलना करना *v* compare
तुलनात्मक *adj* comparative
तुलनीय *adj* comparable
तुष्ट करना *v* gratify
तूफान *n* storm
तूफानी *adj* stormy
तूमने का सूत *n* line
तेज *adj* speedy
तेज करना *v* step up
तेज करने वाला *n* sharpener
तेज चक्कर *v* whirl
तेज चलना *v* speed
तेज बदबू *n* stink
तेजस्विता *n* majesty
तेजस्वी *adj* majestic
तेजी *n* boom
तेजी से *adv* speedily
तेजी से गिरना *v* plummet
तेजी से घूमना *v* spin
तेजी से फेंकना *v* hurl
तेजी से बढ़ना *v* boom
तेरह *adj* thirteen
तेल *n* oil
तैयार *adj* ready
तैयार करना *v* prepare
तैयारी *n* preparation
तैरते हुए *adv* afloat
तैरना *v* float, swim
तैराक *n* swimmer
तैराकी *n* swimming
तो भी *adv* still
तोड़ कर घुसना *v* break open
तोड़ना *v* break, disrupt
तोड़ना(नियम) *v* constrain
तोड़-फोड़ *n* sabotage
तोड़-फोड़ करना *v* sabotage
तोता *n* parrot
तोप *n* cannon
तौर-तरीका *n* manner
तौलना *v* balance
तौलिया *n* towel
त्यक्त *adj* derelict
त्याग *n* abdication
त्याग करना *v* relinquish
त्याग देना *v* give up
त्यागना *v* abdicate
त्यागपत्र *n* resignation
त्यागपत्र देना *v* resign
त्रस्त *adj* aghast

दक्षिण पश्चिम

त्रासद *adj* tragic
त्रासदी *n* tragedy
त्रिज्या *n* radius
त्रिभुज *n* triangle
त्रुटिपूर्ण *adj* defective
त्रुटिहीन *adj* flawless
त्रैमासिक *adj* quarterly
त्वचा *n* skin
त्वरक *n* accelerator

थ

थकना *v* exhaust
थकाऊ *adj* tiresome
थकान *n* exhaustion
थकाने वाला *adj* exhausting
थक्का *n* clot
थपकी *n* pat
थम्ब *n* post
थरथराहट *v* quiver
थरमामीटर *n* thermometer
थाइराइड *n* thyroid
थाका हुआ *adj* tired
थाम रखना *v* hold
थाल *n* tray
थाह लेना *v* fathom out
थुथुना *n* nozzle
थूकना *v* spit

थूथन *n* muzzle
थैला *n* bag, purse
थोक *n* wholesale
थोड़ा समय *n* bit
थोड़ा ही *adj* fewer
थोड़ा-बहुत *n* little bit
थ्रॉम्बॉसिस *n* thrombosis

द

दंगा करना *v* riot
दंगाई *adj* rowdy
दंगेबाज *adj* tumultuous
दंड *n* chastisement
दंड देना *v* chastise
दंडमुक्ति *n* absolution
दंत-कथा *n* anecdote
दंतखोदनी *n* toothpick
दंतुर तट *n* fjord
दंत्य-चिकित्सक *n* dentist
दंपत्ति *n* couple
दंश *n* bite
दक्ष *adj* deft
दक्षता से *adj* skillful
दक्षिण *n* south
दक्षिण का *adj* southern
दक्षिण की ओर *adv* southbound
दक्षिण पश्चिम *n* southwest

दक्षिण पूर्व *n* southeast
दण्डित करना *v* penalize
दफ़न *n* burial
दफ़नाना *v* bury
दफ्ती *n* cardboard
दबंग *adj* bully
दबाना *v* press
दबाव *n* pressure
दबाव डालना *v* pressure
दबाहुआ *adj* underlying
दबी हुई हंसी *v* chuckle
दबे पाँव जाना *v* stalk
दबेपांव *n* tiptoe
दब्बू *adj* meek
दब्बूपन *n* meekness
दम घोंटना *v* suffocate
दम घोंटनेवाला *adj* stuffy
दमन *n* repression
दमन करना *v* quell, repress
दमा *n* asthma
दमाग्रस्त *adj* asthmatic
दम्भ भरना *v* profess
दयनीय *adj* pitiful
दया *n* mercy
दयालु *adj* merciful
दयावान *adj* compassionate
दर *n* rate
दरबार *n* court
दरवाजा *n* door
दरवाजा पटकना *v* slam
दरवाजे की घंटी *n* doorbell
दरसल *adv* rather
दराज *n* drawer
दराज़ *n* ark
दरार *n* chasm, gap
दरार पड़ना *v* crack
दरिद्र *adj* indigent
दरें *n* tariff
दर्जन *n* dozen
दर्जा *n* rank
दर्जा देना *v* rank
दर्जिन *n* seamstress
दर्जी *n* tailor
दर्द *n* ache
दर्शक *n* bystander
दर्शन *n* philosophy
दलदल *n* bog, swamp
दलदली *adj* swamped
दलदली जमीन *adj* slob
दलबदल *n* defection
दलित *adj* downtrodden
दवा देना *v* drug
दशक *n* decade
दशमलव *adj* decimal
दस *adj* ten
दस खरब *n* billion
दस लाख *n* million
दस सेंट *n* dime
दसवां *n* tenth
दस्ताना *n* glove
दस्तावेज *n* document
दहन *n* combustion
दहलानेवाला *adj* shocking
दही जमाना *v* curdle

द

दहेज *n* dowry
दांत *n* tooth, teeth
दांत संबंधी *adj* dental
दांतों का दर्द *n* toothache
दांतों की मैल *n* tartar
दांव *n* stake
दांव लगाना *v* stake
दाई *n* midwife
दाखिला *n* admission
दाग *n* scar, spot
दाढ़ी *n* beard
दाढ़ीवाला *adj* bearded
दाता *n* donor
दादा *n* granddad
दादा-दादी *n* grandparents
दादी *n* grandmother
दान *n* donation, grant
दान करना *v* dole out
दान देना *v* donate
दानव *n* demon
दानशील *adj* benevolent
दानशीलता *n* charity
दाना *n* corn
दामाद *n* son-in-law
दाम्पत्यसंबंध *n* bed
दायित्व *n* liability
दायी *n* nanny
दार्शनिक *n* philosopher
दालचीनी *n* cinnamon
दावत *n* blowout, feast
दावा करना *v* assert, claim
दास बनाना *v* enthrall
दास बनाने वाला *adj* enthralling
दासता *n* bondage
दाह-गृह *n* crematorium
दाहसंस्कार *v* cremate
दिखाई देना *v* appear
दिखावा *n* sham
दिखावा *v* show off
दिन *n* day
दिल का दौरा *n* cardiac arrest
दिल तोड़ना *v* dishearten
दिलचस्प *adj* interesting
दिवंगत *adj* deceased
दिवानगी *n* obsession
दिवाना हो जाना *v* obsess
दिवार *n* wall
दिवाला निकालना *v* bankrupt
दिवालिया *adj* bankrupt
दिवालियापन *n* bankruptcy
दिवास्वप्न *v* daydream
दिशभ्रमित *adj* disoriented
दिशा *n* direction
दिसंबर *n* December
दीक्षा देना *v* baptize
दीप छादक *n* lampshade
दीप स्तंभ *n* lamppost
दीमक *n* termite
दीर्घ कालिक *adj* long-term
दीर्घकालिक *adj* chronic
दु:ख *n* distress, misery
दु:ख देना *v* grieve, hurt
दु:खद *adj* distressing
दु:खपूर्ण *adj* hurtful

दुःखहीन *adj* painless
दुःखी होना *v* languish
दुःसाहस *n* audacity
दुःसाहसी *adj* audacious
दुःस्वप्न *n* nightmare
दुकान *n* shop, stall
दुगुना करना *v* redouble
दुबारा भरना *v* refill
दुर भगना *v* scare away
दुराचरण *n* misconduct
दुरुपयोग *n* abuse
दुरुस्त करना *v* touch up
दुरुस्त करना *adj* uptight
दुरुस्ती *n* fitness
दुर्ग *n* castle, fortress
दुर्गंधनाशक तत्व *n* deodorant
दुर्गन्धित *adj* putrid
दुर्घटना *n* accident
दुर्बल *adj* feeble, shaky
दुर्बल करना *adj* emaciated
दुर्बलता *n* frailty
दुर्भाग्य *n* misfortune
दुर्भाव *n* grudge
दुर्भावयुक्त *adv* grudgingly
दुर्लभ *adj* rare, scarce
दुर्व्यवहार *v* misbehave
दुर्व्यवहार करना *v* mistreat
दुलार *n* fondness
दुल्हन *n* bride
दुल्हन संबंधी *adj* bridal
दुल्हा *n* bridegroom
दुविधा *n* dilemma

दुष्ट *adj* nasty
दुष्टता *n* wickedness
दूतकार्य *n* errand
दूतावास *n* embassy
दूध *n* milk
दूध का बना *adj* milky
दूना करना *v* double
दूर *adv* away
दूर *adj* distant
दूर जाना *v* go away
दूर दृष्टि दोष *adj* myopic
दूर ले जाना *v* take away
दूर हटाना *v* get out
दूरदर्शिता *n* foresight
दूरबीन *n* telescope
दूरवर्ती *adj* remote
दूरी *n* distance
दूरी पर *adv* afar, far
दूल्हा *n* groom
दूषित *adj* intoxicated
दूषित करना *v* pollute
दूसरा दर्जा *adj* secondary
दूसरी प्रति सहित *v* duplicate
दृढ़ *adj* firm, staunch
दृढ़ पकड़ *n* clutch
दृढ़ विश्वास *n* confidence
दृढ़ व्यक्ति *n* firm
दृढ़ संकल्प *n* determination
दृढ़ता *n* firmness
दृढ़संकल्प *adj* resolute
दृश्य *n* scene
दृश्यता *n* visibility

दृश्यपटल *n* panorama
दृश्यमान *adj* visible
दृश्यमान करना *v* visualize
दृष्टान्त-कथा *n* parable
दृष्टि *n* eyesight
दृष्टि डालना *v* view
दृष्टि परीक्षक *n* optician
दृष्टि संबंधी *adj* optical
दृष्टिकोण *n* outlook
दृष्टिपात *n* glance
दृष्टिमूलक *adj* visual
दे डालना *v* give away
दे देना *v* give out
देखना *v* behold, see
देखभाल *n* care
देखभाल करना *n* upkeep
देख-भाल करना *v* look after
देदीप्यमान *adj* brilliant
देनदार *n* debtor
देना *v* give, grant
देय *adj* payable
देवता *n* deity
देवदारु *n* elm
देवदूत *n* apostle
देवदूत संबंधी *adj* apostolic
देवदूत समान *adj* angelic
देववाणी *n* oracle
देवी *n* goddess
देश *n* country
देश को लौटना *v* repatriate
देश को लौटाना *n* extradition
देशनिकाला *n* banishment
देशनिकाला देना *v* banish
देशभक्त *n* patriot
देशभक्तिपूर्ण *adj* patriotic
देहली *n* threshold
देहात *n* country
देहाती *n* countryman
दैत्य *n* monster
दैत्य की भांति *adj* satanic
दैत्याकार *adj* gigantic
दैवी *adj* divine
दैवी तत्वज्ञ *n* divinity
दो *adj* two
दो गैलन की माप *n* peck
दोनों *adj* both
दोपहर *n* afternoon
दोपहर का भोजन *n* lunch
दोलक *n* pendulum
दोलन *n* swing
दोषदर्शिता *n* cynicism
दोषपूर्ण *adj* faulty
दोषसिद्ध *n* conviction
दोषारोपण *n* blame
दोषी *n* culprit
दोषी सिद्ध करना *v* convict
दोस्त *n* friend
दोस्त बनाना *v* befriend
दोस्ती *n* friendship
दोहरा *adj* dual
दोहराना *v* repeat, revise
दोहराव *n* relapse
दौड़ *n* race
दौड़ना *v* race, run

दौर n times
द्रव चालित adj hydraulic
द्रवित होना n thaw
द्रुत adj rapid
द्रुतगामी adj fleeting
द्वंद्व युद्ध n duel
द्वार n gate
द्वार मार्ग n doorway
द्वारपाल n janitor
द्वितीय n second
द्विभाषिक adj bilingual
द्विमासिक adj bimonthly
द्विविवाह n bigamy
द्वीप n isle
द्वेषपूर्ण adj malevolent

ध

धकियाना v rush
धक्कमधक्का n hustle
धक्का n stroke, shock
धक्का देना v jolt, push
धज्जियां उड़ाना v mangle
धड़ n stalk
धड़कन n heartbeat
धधकना v flare-up
धन n money, wealth
धन वापस करना v refund

धन वापसी n refund
धनराशि n funds
धनलोलुप adj avaricious
धनलोलुपता n avarice
धनी adj rich
धनुष n bow
धन्य adj blessed
धन्यवाद n thanks
धन्यवाद देना v thank
धब्बा n blot, stain
धब्बा लगा adj blurred
धब्बा लगाना v blur
धब्बेदार adj freckled
धम से गिरना n bounce
धम से गिराना v dump
धमकी n blackmail
धमकी देना v threaten
धमनी n artery
धमाका n detonation
धरावाही n series
धरोहर n heritage
धर्म n religion, faith
धर्म निंदा करना v blaspheme
धर्म संप्रदाय n cult
धर्मनिष्ठा n piety
धर्म-युद्ध n crusade
धर्म-योद्धा n crusader
धर्मशास्त्र n theology
धर्मशास्त्री n theologian
धर्मसभा n synod
धर्मांध adj bigot
धर्मांधता n bigotry

धर्मादेश *n* testament
धर्माध्यक्ष *n* pontiff
धर्मार्थ *adj* charitable
धर्मोपकारी *n* benefactor
धागा *n* thread
धातु *n* metal
धात्विक *adj* metallic
धार वाला *adj* edgy
धारक *n* bearer
धारणा *n* concept
धारा *n* stream
धारा प्रवाह *adv* fluently
धाराशायी *adj* prostrate
धारी *n* stripe
धारीदार *adj* striped
धार्मिक *adj* religious
धार्मिक कृत्य *n* rite
धावक *n* runner
धावा *n* onset
धिक्कारना *v* damn
धीमा *adj* retarded
धीमी करना *v* slacken
धीमी गति में *n* slow motion
धीमे बोलना *v* mumble
धीरे-धीरे *adv* slowly
धीरे-धीरे फिसलना *v* glide
धुंआ *n* fumes
धुए का छल्ला *n* wreath
धुएं पर भुना *adj* smoked
धुंधलका *n* dusk
धुंधला *adj* dim, misty
धुंधला करना *v* dim
धुंधलाना *v* blot
धुंधलापन *n* haze
धुन *n* tune
धुनाई मशीन *n* willow
धुमित करना *v* fumigate
धुरी *n* axle
धुरे की कील *n* linchpin
धुर्त *adj* cunning
धुलने वाले *adj* washable
धूप का चश्मा *n* goggles
धूप में काला *adj* tanned
धूप लेना *v* soak up
धूप से भरा *adj* sunny
धूप सेंकना *v* bask
धूपघड़ी *n* dial
धूप-झुलसा *n* sunburn
धूमकेतु *n* comet
धूल *n* dirt, dust
धूलधमसरित *adj* dusty
धूसर *adj* gray
धूसरित *adj* grayish
धैर्य *n* fortitude
धोखा *n* deceit
धोखा देना *v* beguile
धोखा-युक्त *adj* deceptive
धोखे से जीत *v* double-cross
धोखेबाज *adj* crooked
धोखेबाज़ *n* cheater
धोखेबाजी *n* swindle
धोखेबाजी करना *v* swindle
धोना *v* wash
ध्यान *n* attention, notice

ध्यान देना *v* look, heed, notice
ध्यान न देना *v* brush aside
ध्यान भंग करना *v* distract
ध्यान से देखना *v* look into
ध्यानयुक्त *adj* careful
ध्यानापकर्षण *n* diversion
ध्रुवीय *adj* polar
ध्वजक *n* standard
ध्वज-दंड *n* flagpole
ध्वजा *n* banner
ध्वनि संबंधी *adj* acoustic
ध्वनि-रोधक *adj* deafening
ध्वस्त करना *v* shatter

न

न तो *adv* neither
न तो *c* nor
नंगा *adj* naked
नंगा करना *v* strip
नंगे पांव *adj* barefoot
नकदी *n* cash
नकल *n* copy
नकल करना *v* copy, imitate
नकली *adj* counterfeit
नकली दांत *n* dentures
नकली बनाना *v* counterfeit
नकाब पहनना *v* masquerade
नकारात्मक *adj* minus
नक्काशी *n* engraving
नक्काशी करना *v* engrave
नक्शा *n* chart, map
नगर हॉल *n* city hall
नगरपरिसर *n* suburb
नगरीय *adj* urban
नग्न *adj* nude
नग्नता *n* nudity
नग्नपूजावादी *n* nudist
नग्नवाद *n* nudism
नजदीक *pre* near
नजदीक का *adj* nearby
नजर आना *v* show up
नजर बंद करना *v* detain
नजरबंद *n* detention
नजरबंद करना *v* intern
नतमस्तक होना *v* put up with
नत्थी करना *n* annex
नदमुख *n* estuary
नदी *n* river
नदीपात्र *n* basin
नपुंसक *adj* impotent
नपुस्क *adj* sterile
नफरत करना *v* loathe
नफ़रत करना *v* abhor
नब्बे *adj* ninety
नम *adj* humid
नम करना *v* moisten, dampen
नमक *n* salt
नमक *v* marinate
नमकीन *adj* salty

243 नाम देने वाला
न

नमस्कार करना *v* greet
नमी *n* humidity
नमूना *n* sample
नया *adj* new
नया बनाना *v* update
नया-नया *adv* newly
नये सिरे से *adv* afresh
नर हत्या *n* homicide
नरकुल *n* reed
नरभक्षी *n* cannibal
नरम *adj* mellow
नरम करना *v* soften
नरम पड़ना *v* mellow
नरमी *n* leniency
नर्क *n* hell
नलका *n* faucet
नली *n* pipe
नवजात *n* newborn
नवजीवन देना *v* rejuvenate
नवम्बर *n* November
नवविवाहित *adj* newlywed
नवागंतुक *n* newcomer
नवीकरण *n* renewal
नवीकरण करना *v* renovate
नवीनतम *adj* latest
नवोन्मेषण *n* innovation
नश्वरता *n* mortality
नष्ट करना *n* breakdown
नष्ट करना *v* destroy, perish
नष्ट होना *v* wreck
नष्टकारी *adj* damaging
नष्टभ्रष्ट करना *v* devastate
नस्ल *n* breed
नहर *n* canal
नहलाना *v* bathe
नहाने का टब *n* bathtub
नहीं *adv* not
नांद *n* crib, manger
नाइट्रोजन *n* nitrogen
नाई *n* barber
नाक *n* nose
नाकाबंदी *n* blockade
नाकाबंदी करना *v* blockade
नाखुन *n* nail
नागरिक *n* citizen
नागरिक संबंधी *adj* civic
नागरिकता *n* citizenship
नाचना *v* dance
नाजुक *adj* delicate
नाटक का अंश *n* scene
नाटकिय बनाना *v* dramatize
नाटकीय *adj* dramatic
नाड़ी *n* pulse
नाता *n* affinity
नानबाई *n* baker
नाना *n* granddad
नापसंद करना *v* dislike
नापसंदगी *n* dislike
नाबालिग *adj* minor
नाभि *n* navel
नाभिकीय *adj* nuclear
नाभी *n* belly button
नाम *n* name
नाम देने वाला *n* denominator

नाम बुलाना v call
नामंजूरी n rejection
नामखाता n debit
नामनिर्दिष्ट करना v nominate
नामश: adv namely
नामांकन n enrollment
नामांकन करना v enroll
नामांकित करना v muster
नायक n hero
नायकत्व n heroism
नायिका n heroin
नारा n slogan
नाराज होना v resent
नाराजगी n resentment
नारियल n coconut
नाव n boat, ferry
नाव खेना v row
नाव या जहाज n bark
नावाजिब adj unfair
नाविक दल n crew
नाशक कीट n pest
नाशपाती n pear
नाश्ता n breakfast
नासारन्ध्र n nostril
नास्तिक n atheist
नास्तिकता n atheism
नि:शंक adj unsuspecting
नि:स्वार्थ adj unselfish
निंदा करना v denounce
निकटत: adv nearly
निकल भागना v break out
निकाल देना v dislodge

निकाल फेंकना v eject
निकाल बाहर करना v exterminate
निकालना v take out, derive
निकाला हुआ adj derivative
निकास n exit, outlet
निकृष्ट adj inferior
निकोटीन n nicotine
निखना v mark down
निगरानी n oversight
निगरानी करना v look at
निगल जाना v gulp down, engulf
निगलना v swallow
निचला adj low
निचली मंजिल n ground floor
निचले स्थान पर adv below
निचे गिरना v fall down
निचेका adj lower
निचोड़ना v squash
निजी adj intrinsic
नित्यचर्या n routine
निदरलैंड n Netherlands
निदेशिका n directory
निद्रालु होना v nod
निधन n demise
निधि n fund
निन्दा n rebuke
निन्दा करना v rebuke
निपटारा करना v settle down
निपुणता n mastery
निबंध n essay
निबाह n discharge
निबाहना v discharge

निमार्ण करना *v* manufacture
निमोनिया *n* pneumonia
निम्न *adj* petty
निम्न स्वर *adj* lowkey
निम्नतम भाग *n* bottom
निम्नीकरण *n* degradation
नियंत्रण *n* control
नियंत्रण करना *v* curb
नियंत्रण में लेना *v* undertake
नियंत्रणकारी *adj* binding
नियंत्रित करना *v* control
नियत *adj* due
नियत करना *v* allocate
नियत बदा *adj* doomed
नियति *n* destiny
नियम *n* rule
नियम पुस्तिका *n* manual
नियमनिष्ठ *adj* strict
नियमित *adv* regularly
नियमितता *n* regularity
नियुक्त करना *v* appoint
नियुक्ति *n* appointment
निरंकुश *adj* arbitrary
निरंकुश शासक *n* despot
निरंकुशता *n* tyranny
निरंतर *adv* nonstop
निरंतरता *n* continuation
निरर्थक *adj* insignificant
निरर्थक रूप से *adv* vainly
निरसन *n* repeal
निरस्त करना *v* repeal
निरस्तीकरण *n* cancellation
निरस्त्रीकरण *n* disarmament
निराई करना *v* weed
निरादरपूर्ण *adj* disrespectful
निराधार *adj* baseless
निराला *adj* unheard-of
निराश *adj* despondent
निराश होना *v* disappoint
निराशा *n* despair
निराशाजनक *adj* disappointing
निराशावाद *n* pessimism
निराशावादी *adj* pessimistic
निरीक्षण करना *v* look over
निरुद्देश्य *adv* blindly
निर्गमन *n* exodus
निर्गामी *adj* outgoing
निर्जल करना *v* dehydrate
निर्जल धुलाई *v* dryclean
निर्जीव *adj* lifeless
निर्णय *n* decision
निर्णय करना *v* decide
निर्णायक *adj* conclusive
निर्दयता *n* ferocity
निर्देश *n* guidelines
निर्देश करना *v* direct
निर्देश देना *v* command
निर्देशक *n* director
निर्देशन *n* direction
निर्दोष *adj* impeccable
निर्दोष ठहराना *v* exonerate
निर्धन बनाना *adj* impoverished
निर्धारित करना *v* prescribe, assess

निर्बल *adj* lean
निर्बीज *adj* seedless
निर्भर होना *v* depend
निर्भरता *n* dependence
निर्भीक *adj* intrepid
निर्ममता *adj* relentless
निर्मल *adj* immaculate
निर्माण *n* construction
निर्माण करना *v* construct
निर्माणकर्ता *n* builder
निर्माण-योजना *n* project
निर्माता *n* maker
निर्मित करना *v* devise
निर्मूल भ्रम होना *v* hallucinate
निर्मेघ *adj* cloudless
निर्यात करना *v* export
निर्लज्ज *adj* shameless
निर्वासन *n* deportation
निर्वासित करना *v* deport
निर्वाह *n* sustenance
निर्विवाद *adj* undeniable
निलंबन *n* postponement
निलंबित *adj* pending
निलंबित करना *v* postpone
निवारक *adj* preventive
निवारण *n* deterrence
निवारण करना *v* fend
निवास *n* dwelling
निवास अयोग्य *adj* inhabitable
निवास करना *v* dwell
निवासी *n* inhabitant
निवास्य *adj* habitable
निवृत्ति वेतन *n* pension
निवेश *n* investment
निवेश करना *v* invest
निवेशक *n* investor
निवेशन *n* insertion
निशाना *n* butt
निशानेबाज *n* marksman
निशाहार *n* supper
निश्चय करना *v* determine
निश्चय ही *adv* obviously
निश्चल *adj* immobile
निश्चलता *v* immobilize
निश्चित *adj* certain
निश्चितता *n* certainty
निश्चिन्त *adj* secure
निश्चिन्त करना *v* secure
निषेध *n* prohibition
निषेध करना *v* inhibit
निष्कपटता *n* candor
निष्कर्ष *n* conclusion
निष्कर्ष निकालना *v* deduce
निष्कासन करना *v* drain
निष्कासित करना *v* expel
निष्क्रिय *adj* passive
निष्ठा *n* allegiance
निष्ठावान *adj* loyal
निष्ठुर *adj* merciless
निष्पक्ष *adj* impartial
निष्पादन *n* performance
निष्प्रभावी करना *v* neutralize
निष्फल करना *v* nullify
निस्संदेह *adv* undoubtedly

निहत्था *adj* unarmed
निहाई *n* anvil
निहित *adj* implicit
निहितार्थ *n* implication
नींद *n* sleep
नींद में *adj* asleep
नींबू *n* lemon
नींबू का शरबत *n* lemonade
नींव का पत्थर *n* cornerstone
नीचता *n* meanness
नीचा करना *v* debase
नीचा दिखाना *v* turn down
नीचा समझना *v* look down
नीचे *pre* below
नीचे *adv* down
नीचे आना *v* step down
नीचे गिरना *v* flunk
नीचे जाना *v* get down
नीचे झुकना *v* bend down
नीचे होना *v* underlie
नीचे-ऊपर करना *n* upturn
नीति *n* policy
नीतिकथा *n* fable
नीतिनिरपेक्ष *adj* amoral
नीरस *adj* monotonous
नीरसता *n* monotony
नीलम *n* saphire
नीला *adj* blue
नीलाम *n* auction
नीलाम करना *v* auction
नीलाम कर्ता *n* auctioneer
नुकीला *adj* pointed
नुकीला बनाना *v* point
नुस्खा *n* prescription
नूतन करना *v* renew
नृत्य *n* dance
नृशंस *adj* atrocious
नेकटाई *n* necktie
नेटवर्क *n* network
नेता *n* leader
नेतृत्व *n* leadership
नेतृत्व करना *v* lead
नैतिक *adj* ethical
नैतिकता *n* ethics
नैसर्गिक वृत्ति *n* instinct
नॉरवे *n* Norway
नोक *n* tip
नोच डालना *v* tear
नोट *n* annotation
नोट करना *v* write down
नौ *adj* nine
नौकर *n* servant
नौकरशाह *n* bureaucrat
नौकरशाही *n* bureaucracy
नौकरानी *n* maid
नौकरी *n* job, service
नौकरी करना *v* service
नौजवान *adj* young
नौतल *n* deck
नौपरिवहन *n* navigation
नौपरिवहन करना *v* navigate
नौभार *n* cargo
नौवां *adj* ninth
नौसिखिया *adj* amateur

नौसेना *n* navy
न्याय *n* justice
न्याय निर्णय *n* judgment
न्यायपूर्ण *adj* lawful
न्यायसंगत *adv* justly
न्यायसंगत ठहराना *v* justify
न्यायाधीश *n* judge
न्यायालय *n* coat
न्यायालय भवन *n* courthouse
न्याय्य *adj* just
न्यूनतम *adj* least
न्यूनतम *n* minimum
न्यूनतम करना *v* minimize
न्यूनतर *adj* less

प

पंकिल *adj* muddy
पंक्चर *n* puncture
पंक्ति *n* file
पंक्तिबद्ध *v* line up
पंक्तिबद्ध करना *v* align
पंक्तिबद्धता *n* alignment
पंख *n* feather, wing
पंख फड़फड़ाना *v* flicker
पंखा *n* fan
पंखुडी *n* petal
पंगु *adj* lame
पंचभुज *n* pentagon
पंचांग *n* almanac
पंजा *n* claw, paw
पंजा मारना *v* claw, scratch
पंजीकरण *v* check in
पंजीकृत *n* registration
पंथ *n* creed
पंद्रह *adj* fifteen
पकड़ *n* grasp, grip
पकड़ना *v* seize, catch
पकना *n* cooking
पका हुआ *adj* ripe
पकाना *v* broil, cook
पकायी *n* seasoning
पक्ष *n* side, party
पक्ष मुखिय *n* facet
पक्षधर *n* partisan
पक्षपात *n* bias
पगडंडी *n* sidewalk
पचाना *v* digest
पचास *adj* fifty
पच्चड़ *n* wedge
पछताना *v* regret, repent
पछतानेवाला *n* penitent
पछतावा *n* moan
पछतावा करना *v* moan
पछाड़ना *v* spill
पजामा *n* pajamas
पटकना *v* thresh
पटना *v* click
पटरी से उतरना *v* derail
पटरी से उतरना *n* derailment

पटाखे *n* firecracker
पटुता *n* craft
पट्टा *n* leash
पट्टाकर्ता *n* lessor
पट्टी *n* bandage
पट्टी बांधना *v* bandage
पट्टेदार *n* lessee
पट्टेदारी *n* tenacity
पठन *n* reading
पठार *n* plateau
पड़ का ठूंठ *n* stub
पड़ोस *n* neighborhood
पड़ोसी *n* neighbor
पढ़ना *v* read
पढ़ाना *v* teach
पतंग *n* kite
पतझड़ *n* autumn
पतन *n* decadence
पतन *v* ebb
पतला *adj* slender
पतला करना *v* attenuate
पतलून *n* pants
पता *n* address
पता लगा लेना *v* spot
पता लगाना *v* detect
पता लगाने वाला *n* detector
पति *n* husband
पतित *adj* degenerate
पतित होना *v* degenerate
पत्ता *n* leaf
पत्ती *n* blade
पत्थर *n* rock, stone
पत्थरी कोयला *n* cobblestone
पत्नियां *n* wives
पत्नी *n* spouse, wife
पत्र *n* mail
पत्र भेजना *v* mail
पत्रक *n* card
पत्रकार *n* journalist
पत्र-व्यवहार *v* correspond
पत्रिका *n* journal
पथ *n* path, track
पथ भ्रष्ट *adj* misguided
पथकर *n* toll
पथप्रदर्शक *n* pioneer
पथभ्रष्ट *adj* pervert
पथभ्रष्ट होना *v* pervert
पद *n* rank, appointment
पद यात्रा *n* hike
पदक *n* medal
पदक लेना *v* meddle
पदनाम देना *v* designate
पदारूढ़ करना *v* install
पदार्थ *n* element
पदार्पण *n* debut
पदावनत करना *v* demote
पदोन्नति देना *v* upgrade
पद्धति *n* method
पदय *n* poetry
पनीर *n* cheese
पनीला *adj* watery
पन्ना *n* emerald
पपोट *n* eyelid
पम्प *n* pump

पर *pre* at, upon
पर केंद्रित करना *v* focus on
पर झुकना *v* lean on
पर भरोसा करना *v* reckon on
परंपरा *n* tradition
परंपरागत *adj* conventional
परख *n* test
परखना *v* test
परगमन *n* transit
परजीवी *n* parasite
परत *n* layer
परपीड़क *n* sadist
परम *adj* utmost
परमाणु *n* atom
परमाण्वीय *adj* atomic
परमुखापेक्षी *adj* precarious
पराक्रमी *adj* valiant
पराग *n* pollen
परागमन करना *v* permeate
पराजित करना *v* subdue, confound
पराभव *n* overthrow
पराभूत करना *v* sack
परामर्श *n* consultation, consulate
परामर्श देना *n* counsel
परामर्शदाता *n* adviser
पराया *adj* foreign
परावर्तन *n* reflection
परावर्तित होना *v* reflect
पराश्रित *adj* dependent
परास्त *adj* subdued
परास्त करना *v* vanquish

परिकलन *n* calculation
परिकलन करना *v* calculate
परिकल्पना *n* hypothesis
परिकल्पना करना *v* envisage
परिक्रमा करना *v* revolve
परिक्रमा-पथ *n* orbit
परिक्षण करना *v* taste
परिघटना *n* phenomenon
परिचय *n* acquaintance
परिचय कराना *v* introduce
परिचय देना *v* acquaint
परिचर्या करना *v* attend
परिचारक *n* waiter
परिचारिका *n* waitress
परिचारी *n* attendant
परिचालित करना *v* circulate
परिणाम *n* outcome
परिणामी *adj* consequent
परितोषण *n* appeasement
परित्यजनीय *adj* disposable
परित्याग *n* abandonment
परित्याग करना *v* renounce
परित्राण *n* salvation
परिदृश्य *n* scenario
परिधान *n* apparel
परिधि *n* compass
परिनिंदा *v* censure
परिपक्व *n* maturity
परिपक्वता *adj* mature
परिपथ *n* circuit
परिपूर्ण *adj* replete
परिप्रेक्ष *n* perspective

परिमंडली *adj* coronary
परिमण्डल *n* realm
परिमाण *n* magnitude
परिमापी *n* perimeter
परिमार्जक *n* cleanser
परिरेखा *n* contour
परिवर्तन *n* alteration
परिवर्तनीय *adj* inconsistent
परिवर्तित करना *v* vary
परिवर्ती *adj* variable
परिवहन या भाड़ा *n* carriage
परिवार *n* family
परिवृत करना *v* encompass
परिशमन करना *v* amortize
परिशिष्ट *n* appendix
परिशुद्ध *adj* precise
परिशुद्धता *n* accuracy
परिश्रम *n* diligence
परिश्रम करना *v* exert
परिश्रमी *adj* diligent
परिश्रमी विद्यार्थी *n* mug
परिषद् *n* council
परिष्करण शाला *n* refinery
परिष्कार करना *v* refurbish
परिष्कृत करना *v* refine
परिसंचारण *n* circulation
परिसर *n* premises
परिसीमित *adj* pent-up
परिस्थिति *n* circumstance
परिहार करना *v* remit
परिहृद *adj* coronary
परी *n* fairy

परीक्षक *n* inspector
परीक्षण *n* inspection
परीक्षण करना *v* inspect
परीक्षा *n* examination
परे *adj* aloof
परे करना *v* drive away
परेड *n* parade
परेशान करना *v* hassle
परेशान होना *v* perturb
परेशानी *n* tension
परोक्ष संकेत *n* insinuation
परोक्षी *n* proxy
परोपकार *n* benevolence
पर्चा *n* leaflet
पर्ची *n* recipe
पर्दा *n* curtain, screen
पर्दा डालना *v* screen
पर्यटक *n* tourist
पर्यटन *n* tourism
पर्यवेक्षण *n* supervision
पर्यवेक्षण करना *v* supervise
पर्याप्त *adj* adequate
पर्यावरण *n* environment
पर्वत शिखर *n* hilltop
पर्वतमाला *n* ridge
पलंग-पोश *n* bedspread
पलक *n* eyelash
पलटन *n* platoon
पलस्तर *n* plaster
पलस्तर लगाना *v* plaster
पलायन *n* flight, retreat
पलायन करना *v* escape

पल्टन *n* regiment
पल्ला *n* lap
पवन *n* wind
पवन चक्की *n* windmill
पवित्र *adj* holy, pious
पवित्रता *n* holiness
पशु *n* beast
पशु चिकित्सक *n* veterinarian
पशु शव *n* carcass
पशुता *n* bestiality
पशुधन *n* stock
पशुपालन करना *v* pasteurize
पशुपालन केंद्र *n* ranch
पशुवत् *adj* bestial
पशुवत् बनना *v* brutalize
पशुवधशाला *n* shambles
पश्चदृष्टि *n* hindsight
पश्चाताप *n* repentance
पश्चात्ताप *n* remorse
पश्चिम *n* west
पश्चिम का *adj* western
पश्चिमबाध्य *adv* westbound
पसंद *n* likeness
पसंद करना *v* like
पसंद करने योग्य *adj* likable
पसंदगी *n* penchant
पसंदीदा *adj* favorite
पसली *n* rib
पसीना *n* perspiration
पसीना आना *v* sweat
पसीना बहना *v* perspire
पहचान *n* identity
पहचान करना *v* identify
पहनना *v* wear
पहना देना *v* watch
पहरा *n* escort, watch
पहलवान *n* wrestler
पहलू *n* facet, aspect
पहले *adv* formerly
पहले से ही *adv* already
पहले से होना *adj* built-in
पहाड़ *n* mountain
पहाड़ी *n* hill
पहाड़ी क्षेत्र *n* hillside
पहाड़ी पर *adv* uphill
पहाड़ी भैंसा *n* bison
पहिया *n* wheel
पहुंच *n* access, reach
पहुंचना *v* approach
पहुंचने योग्य *adj* approachable
पहेली *n* charade
पांच *adj* five
पांचवा *adj* fifth
पांडुलिपि *n* manuscript
पांव *n* feet
पांव के निशान *n* footprint
पांसा *n* dice
पाइप लाइन *n* pipeline
पाई *n* pie
पाकशैली *n* cuisine
पाकेट *n* pocket
पाकेटमार *n* pickpocket
पागल *adj* demented
पागल होना *v* madden

253 पिछला दरवाजा

प

पागलपन *n* insanity
पागलों की तरह *adv* madly
पाचक ग्रन्थि *n* pancreas
पाचन *n* digestion
पाचन योग्य *adj* digestive
पाजामा *n* slacks
पाटना *v* board
पाठक *n* reader
पाठ्यक्रम *n* course
पाठ्यपुस्तक *n* textbook
पातालीय *adj* abysmal
पात्र *n* pot
पात्रता *n* desert
पाद टिप्पणी *n* footnote
पादरी *n* clergy
पादरी विद्यालय *n* seminary
पाना *v* get
पानी *n* water
पानी डालना *n* infusion
पाप *n* sin
पाप करना *v* sin
पापमोचन *n* purgatory
पापी *adj* sinful
पापी *n* sinner
पाबंदी *n* ban
पाबंदी लगाना *v* ban
पायदान *n* pedal
पार देखना *v* look through
पार सड़क *n* crosswalk
पारदर्शी *adj* lucid
पारपथ *n* subway
पारस्परिक *adv* mutually
पारिश्रमिक देना *v* remunerate
पारिस्थितिकी *n* ecology
पार्टी *n* party
पार्श्व टिप्पणी *n* gloss
पार्श्वीय *adj* lateral
पार्सल *n* parcel
पार्सल डाक *n* parcel post
पाल *n* sail
पालतु पशु *n* pet
पालतू *adj* domestic
पालतू बनाना *v* domesticate
पालन करना *v* abide by
पालन पोषण *n* upbringing
पालन-पोषण करना *v* rear
पालना-पोसना *v* foster
पालनाव *n* sailboat
पावती देना *v* acknowledge
पावन बनाना *v* sanctify
पाशविक *adj* brute
पाशविकता *n* atrocity
पास होना *v* pass
पासपोर्ट *n* passport
पासवर्ड *n* password
पिंजरा *n* cage
पिंट *n* pint
पिंड *n* mass
पिघलना *v* melt
पिचकाना *v* deflate
पिछड़ जाना *v* fall behind
पिछड़ा *adj* backward
पिछला *adj* previous, rear
पिछला दरवाजा *n* backdoor

प

पिछला हाता *n* backyard
पिछली रात *adv* last night
पिछा करना *v* follow
पिता *n* dad, father
पितृत्व *n* fatherhood
पितृवत *adj* fatherly
पितृसत्तात्मक *n* patrimony
पित्त *n* bile
पित्ताशय *n* gall bladder
पिन *n* pin
पिन कोड *n* zip code
पियक्कड़ *n* drinker
पियानो *n* piano
पियानोवादक *n* pianist
पिरामिड *n* pyramid
पिरोना *v* thread
पिसाई *adj* crushing
पिस्सू *n* flea
पीछा करना *v* chase, pursue
पीछे *adv* back
पीछे करना *v* revert
पीछे की ओर *adv* backwards
पीछे खींचना *v* retract
पीछे घसीटना *v* trail
पीछे छोड़ देना *v* outrun
पीछे झुकना *v* lean back
पीछे पड़ने वाला *adj* pushy
पीछे मुड़ना *v* turn back
पीछे से वार करना *v* mug
पीछे हट जाना *n* withdrawal
पीछे हटना *v* move back
पीटना *v* beat
पीठ *n* back
पीठ दिखाना *v* fall back
पीड़ा *n* ailment, pain
पीड़ा देना *v* pester
पीड़ादायक *adj* painful
पीड़ाहारक *n* painkiller
पीड़ित *n* victim
पीड़ित होना *v* suffer from
पीढ़ी *n* generation
पीने योग्य *adj* drinkable
पीप *n* pus
पीपा *n* barrel
पीला *adj* pale, yellow
पीलापन *n* paleness
पीसना *v* grind
पीसने वाला *n* mixer
पुकारना *v* call out
पुकारने का नाम *n* nickname
पुकारा जाना *v* go under
पुचकारना *v* caress, fondle
पुजारिन *n* priestess
पुजारी *n* priest
पुट्ठा *n* sirloin
पुट्ठे का गोश्त *n* loin
पुडिंग *n* pudding
पुतला *n* effigy
पुत्रवधु *n* daughter-in-law
पुन:इंधन भरना *v* refuel
पुन:जीवन पाना *v* relive
पुन:निर्माण करना *v* reconstruct
पुन:प्रवेश *n* reentry
पुन:प्राप्त करना *v* retrieve

255 पूजा करना

प

पुन:प्राप्ति *n* retrieval
पुन:बंदीकरण *v* recapture
पुन:लागु करना *v* reinforce
पुन:विचार करना *v* reconsider
पुन:विवाह करना *v* remarry
पुन:स्वस्थ होना *v* recuperate
पुनरधिनियमन *n* reenactment
पुनरवित्त *v* refinance
पुनरावलोकन *n* review
पुनरावृत्ति *n* recurrence
पुनरावृत्ति होना *v* recur
पुनरुत्थान *n* resurrection
पुनरुत्पादन *n* reproduction
पुनर्जनन *n* regeneration
पुनर्जन्म *n* rebirth
पुनर्निमाण करना *v* rebuild
पुनर्निर्माण *v* remodel
पुनर्निर्मित करना *v* recreate
पुनर्भरण करना *v* replenish
पुनर्मुद्रण *n* reprint
पुनर्मुद्रित करना *v* reprint
पुनर्वास करना *v* rehabilitate
पुनर्स्थापना *n* restoration
पुर *n* borough
पुर:स्थग्रन्थि *n* prostate
पुरनिर्माण करना *v* remake
पुरबिया *n* easterner
पुरस्करणीय *adj* rewarding
पुरस्कार *n* award, reward
पुरस्कार देना *v* award
पुरस्कृत करना *v* reward
पुरातत्वविज्ञान *n* archaeology
पुरातन *adj* antiquated
पुरातनता *n* antiquity
पुराना *adj* outdated
पुराने फैशन का *adj* old-fashioned
पुरुष *n* male, man
पुरुषत्व *n* manliness
पुरुषवत् *adj* masculine
पुरुषोचित *adj* manly
पुरोवर्ती *n* precursor
पुरोहित *n* clergyman
पुरोहिताई *n* priesthood
पुर्तुगाल *n* Portugal
पुर्तुगाल का *adj* Portuguese
पुर्नस्थापन करना *v* restore
पुल *n* bridge
पुलिस *n* police
पुलिस का आदमी *n* cop
पुष्टि *n* confirmation
पुष्टि करना *v* affirm
पुस्तक केस *n* bookcase
पुस्तक विक्रेता *n* bookseller
पुस्तकाध्यक्ष *n* librarian
पुस्तकालय *n* library
पुस्तिका *n* booklet
पूछ *n* tail
पूजीवाद *n* capitalism
पूछताछ *n* inquest
पूछताछ करना *v* inquire
पूछ-ताछ करना *v* interrogate
पूछना *v* ask
पूजा *n* worship
पूजा करना *v* venerate

पूजास्थल *n* chapel
पूरक *n* counterpart
पूरप्रदीपक *n* floodlight
पूरब *n* east
पूरब की ओर *adv* eastward
पूरा *adj* thorough
पूरा करना *v* accomplish
पूरा पड़ना *v* cover
पूराकरना *v* fulfill
पूरी तरह *adv* completely
पूरे दिल से *adj* wholehearted
पूर्ण *adj* complete
पूर्णतया *adv* quite
पूर्णता *n* perfection
पूर्णरूप से *adv* entirely
पूर्तिकर्ता *n* supplier
पूर्व *adj* former
पूर्व चेतावनी देना *v* forewarn
पूर्वकथन करना *v* foretell
पूर्वकथा *n* antecedents
पूर्वगमन करना *v* precede
पूर्वगामी *adj* preceding
पूर्वगृहीत *n* presupposition
पूर्वज *n* ancestor
पूर्वज-परंपरा *n* ancestry
पूर्वतः *adv* previously
पूर्वदर्शन करना *v* foresee
पूर्वदृश्य *n* preview
पूर्वदेशीय *n* orient
पूर्वनिर्माण करना *v* prefabricate
पूर्वनुमान *n* conjecture
पूर्वविचार करना *v* premeditate

पूर्वविचारण *n* premeditation
पूर्व-विवेचना *n* providence
पूर्ववृत्त *n* antecedent
पूर्वव्यस्तता *n* preoccupation
पूर्वव्यस्तता होना *v* preoccupy
पूर्वशर्त *n* prerequisite
पूर्वसंध्या *n* eve
पूर्वाग्रह *n* prejudice
पूर्वाधिकार करना *v* preempt
पूर्वाधिकारी *n* predecessor
पूर्वानुमान *v* forecast
पूर्वानुमान करना *v* presuppose
पूर्वाभास *n* anticipation
पूर्वाभास देना *v* foreshadow
पूर्वाभ्यास *n* rehearsal
पूर्वाभ्यास करना *v* rehearse
पूर्वास्वादन *n* foretaste
पूर्वीय *adj* eastern
पूर्वोदाहरण *n* precedent
पृथक *adj* distinct
पृथक करना *v* break up
पृथक्करण *n* insulation
पृथक्कारण *adj* separate
पृथ्वी *n* globe, earth
पृष्ठ *n* page
पृष्ठ भाग *n* rear
पृष्ठभूमि *n* background
पेंग्विंग *n* penguin
पेंच *n* screw
पेंच कसना *v* screw
पेंचकश *n* screwdriver
पेचीदगी *n* complication

पेचीदा मामला *n* puzzle
पेट *n* belly, tummy
पेट की पीड़ा *n* colic
पेटी *n* belt
पेटू *n* glutton
पेटेंट *n* patent
पेट्रोल *n* gasoline
पेट्रोलियम *n* petroleum
पेड़ *n* tree
पेन्सिल *n* pencil
पेपरक्लिप *n* paperclip
पेय *n* beverage
पेरोल *n* payroll
पेश करना *v* submit
पेशगी *n* down payment
पेशा *n* calling
पेशाब *n* urine
पेशाब करना *v* urinate
पेशेवर *adj* professional
पेस्ट *v* paste
पेस्टीयाइड *n* pesticide
पेस्ट्री *n* pastry
पैंट्री *n* pantry
पैंतरेबाजी करना *v* dodge
पैदल चलना *v* tread
पैदल यात्री *n* pedestrian
पैदल सेना *n* infantry
पैदा होना *v* be born
पैना *adj* sharp
पैना करना *v* sharpen
पैनिसिलिन *n* penicillin
पैबंद *n* graft
पैबंद लगाना *v* graft
पैबन्द *n* patch
पैबन्द लगाना *v* patch
पैर *n* foot, leg
पैराशूट *n* parachute
पैरों की आहट *n* step
पैरों से कुचलना *v* trample
पैशाचिक *adj* diabolical
पोखरा *n* pool
पोत अभिलेख *n* log
पोत विहार करना *v* cruise
पोत-कक्ष *n* berth
पोतड़ा कलोट *n* diaper
पोतभंग *n* shipwreck
पोत-भरण *n* shipment
पोता *n* grandson
पोता-पोती *n* grandchild
पोप *n* Pope
पोपतन्त्र *n* papacy
पोलैंड *n* Poland
पोशाक *n* clothes
पोषण *n* nourishment
पोस्टकार्ड *n* postcard
पोस्टर *n* poster
पोस्ता *n* poppy
पौधा *n* plant
पौराणिक कथा *n* legend
पौरुष *n* virility
पौरुषयुक्त *adj* virile
पौलैंड का *adj* Polish
पौलैंड निवासी *n* polish
पौष्टिक *adj* nutritious

प्याज *n* onion
प्यार *n* love
प्यार करना *v* love
प्यारा *adj* dear
प्याला *n* cup, pot
प्यास लगना *v* thirst
प्यासा *adj* thirsty
प्यूरी *n* puree
प्रकट कथित *adj* avowed
प्रकट करना *v* spread
प्रकट होना *v* blow up
प्रकम्प *n* tremor
प्रकार *n* sort, type
प्रकारात्मक *adj* typical
प्रकाश *n* light
प्रकाश करने वाला *n* lighter
प्रकाश में लाना *v* disclose
प्रकाश स्तंभ *n* lighthouse
प्रकाशक *n* publisher
प्रकाशण *n* publication
प्रकाशमान करना *v* brighten
प्रकाशित करना *n* highlight
प्रकृति *n* nature
प्रकोप *n* fury
प्रक्रिया *n* process
प्रक्रिया में लाना *v* process
प्रक्षालक *n* detergent
प्रक्षेपण *n* launch
प्रक्षेपण करना *v* project
प्रक्षेप-पथ *n* trajectory
प्रक्षेपी *n* missile
प्रक्षेप्य *n* projectile

प्रगती *n* headway
प्रचंड *adj* ardent
प्रचण्ड *adj* rampant
प्रचण्ड प्रपात *n* torrent
प्रचलन *n* fashion
प्रचलित *adj* popular
प्रचलित बनाना *v* popularize
प्रचलित रहना *v* subsist
प्रचार *n* propaganda
प्रचार करना *v* propagate
प्रचालन करना *v* operate
प्रचुर *adj* abundant
प्रचुर होना *v* abound
प्रचुरता *n* abundance
प्रजा *n* subject
प्रज्जवलन *n* inflammation
प्रज्ञा *n* prudence
प्रज्वलित करना *adj* ablaze
प्रताड़ित करना *v* victimize
प्रतारणा *n* hoax
प्रति *pre* per
प्रति घंटा *adv* hourly
प्रति दिन *adj* everyday
प्रतिउत्तर देना *v* rejoin
प्रतिकर्षित करना *v* repel
प्रतिकार करना *v* counteract
प्रतिकारक *n* antidote
प्रतिकूल *adj* adverse
प्रतिकूलता *n* adversity
प्रतिकृति *n* replica
प्रतिक्रिया *n* reaction
प्रतिक्रिया देना *v* react

259 प्रत्येक

प

प्रतिक्रियापूर्ण *adj* retroactive
प्रतिच्छाया *n* shadow
प्रतिज्ञा *n* promise
प्रतिज्ञापत्र *n* covenant
प्रतिज्वलन *v* backfire
प्रतिदिन *adv* daily
प्रतिद्वंद्विता *n* rivalry
प्रतिद्वंद्वी *n* rival
प्रतिधारण करना *v* retain
प्रतिध्वनिशील *adj* resounding
प्रतिनिधि *n* delegate
प्रतिनिधि वकील *n* attorney
प्रतिनिधिमंडल *n* delegation
प्रतिपुष्टि *n* feedback
प्रतिपूर्ति *n* reimbursement
प्रतिपूर्ति करना *v* reimburse
प्रतिबंध *v* restrict
प्रतिबिंब *n* image
प्रतिभा *n* talent
प्रतिभा संपन्न *adj* gifted
प्रतिभावान *n* genius
प्रतिमा *n* icon
प्रतिमा पूजा *n* idolatry
प्रतिमान *n* pattern
प्रतियोगिता *n* match
प्रतियोगी *n* competitor
प्रतियोगी होना *v* compete
प्रतिरक्षित *adj* immune
प्रतिरोध *n* resistance
प्रतिरोध करना *v* resist
प्रतिरोधरहित *adj* irresistible
प्रतिरोपण करना *v* transplant
प्रतिलिपि बनाना *v* replicate
प्रतिलिपिक *n* copier
प्रतिलिपिकरण *n* duplication
प्रतिवर्ती *adj* reflexive
प्रतिवर्ष *adv* yearly
प्रतिशत *adv* percent
प्रतिशतता *n* percentage
प्रतिशोध *n* reprisal
प्रतिशोध करना *v* retaliate
प्रतिशोध लेना *v* avenge
प्रतिष्ठा *n* dignity
प्रतिस्थापक *n* substitute
प्रतिस्थापन *n* replacement
प्रतिस्पर्धात्मक *adj* competitive
प्रतीक *n* sign, symbol
प्रतीक चिन्ह *n* emblem
प्रतीकात्मक *adj* symbolic
प्रतीक्षा *n* waiting
प्रतीक्षा करना *v* await, wait, expect
प्रतीक्षा में पड़े रहना *v* lurk
प्रतीत होना *v* seem
प्रत्यक्ष *adj* apparent
प्रत्यक्ष ज्ञान *n* perception
प्रत्याखान करना *v* repudiate
प्रत्यादान *n* resumption
प्रत्याशा *n* expectancy
प्रत्याशा करना *v* look for
प्रत्युत्तर *n* response
प्रत्युत्तर देना *v* respond
प्रत्युत्तरशील *adj* responsive
प्रत्येक *adj* each, every

प

प्रत्येक व्यक्ति *pro* everybody
प्रथम *adj* first
प्रथम प्रदर्शन *adj* premier
प्रथमिकता *n* priority
प्रथा *n* vogue
प्रथागत *adj* customary
प्रदर्शन *n* display
प्रदर्शन करना *v* demonstrate
प्रदर्शनात्मक *adj* demonstrative
प्रदर्शित करना *v* display
प्रदान करना *v* dispense, confer
प्रदिप्त करना *v* illuminate
प्रदूषण *n* pollution
प्रदेश *n* region
प्रधान *adj* major
प्रधान कक्ष *n* hall
प्रधान रसोइया *n* chef
प्रधानता *n* primacy
प्रधार कार्यालय *n* depot
प्रपात *n* fall
प्रबंधक *n* manager
प्रबंधन *n* management
प्रबल *adj* intense
प्रबल करना *v* intensify
प्रबलता *n* intensity
प्रबलीकरण *n* reinforcements
प्रबुद्ध करना *v* enlighten
प्रभंजन *n* hurricane
प्रभाव *n* effect, impact
प्रभाव डालना *v* impact
प्रभावपूर्ण *adj* telling
प्रभावशालिता *adj* imposing
प्रभावशाली *adj* sublime
प्रभावित करना *v* impress
प्रभाविता *n* effectiveness
प्रभावी *adj* effective
प्रभुता *n* sovereignty
प्रभुत्व *n* ascendancy
प्रभुत्व-सम्पन्न *adj* sovereign
प्रमस्तिष्कीय *adj* cerebral
प्रमाणपत्र *n* certificate
प्रमाणित करना *v* authenticate
प्रमुख *adj* prominent
प्रमोद तरणी *n* yacht
प्रयत्न *n* effort
प्रयत्न करना *v* endeavor
प्रयास *n* attempt
प्रयास करना *v* attempt, strive
प्रयोग *n* experiment
प्रयोगशाला *n* lab
प्रयोजन *n* purpose
प्रयोजनार्थ *adv* purposely
प्रलय *n* cataclysm
प्रलुब्ध करना *v* seduce
प्रलेखन *n* documentation
प्रलोभन *n* allure, bait
प्रलोभनकारी *adj* enticing
प्रवचन *n* homily
प्रवर्धन करना *v* amplify
प्रवास करना *v* migrate
प्रवासी *n* emigrant
प्रवाह *n* affluence
प्रवाहित *adj* affluent
प्रवाहित करना *v* drift

प्रवाही *adj* current
प्रविष्टि *n* entree
प्रवीण *adj* proficient
प्रवीणता *n* proficiency
प्रवृत्ति *n* leaning
प्रवृत्ति होना *n* trend
प्रवेश *n* admittance
प्रवेश करना *v* enter
प्रवेश करने देना *v* let in
प्रवेश देना *v* admit
प्रवेश द्वार *n* hallway
प्रवेशपत्र *n* pass
प्रशंसक *n* admirer
प्रशंसनीय *adj* admirable
प्रशंसा *n* admiration
प्रशंसा करना *v* admire
प्रशांत वायु *n* calm
प्रशान्तता *n* serenity
प्रशासन करना *v* administer
प्रशिक्षक *n* instructor
प्रशिक्षण देना *n* coach
प्रशिक्षित करना *v* instruct, train
प्रशिक्षु *n* apprentice
प्रशीतक *n* icebox
प्रश्न *n* question
प्रश्न पूछना *v* question
प्रश्नावली *n* questionnaire
प्रश्नोत्तर *n* catechism
प्रश्नोत्तरी *v* quiz
प्रसंग से बहकना *v* digress
प्रसंगवश *adv* incidentally
प्रसन्न *adj* glad

प्रसन्न करना *v* delight
प्रसन्नचित्त *adj* jovial, merry
प्रसन्नता *n* delight
प्रसन्नतापूर्वक *adv* joyfully
प्रसव *n* delivery
प्रसारक *n* broadcaster
प्रसारण *n* broadcast
प्रसारित *v* broadcast
प्रसारित करना *v* televise
प्रसिद्ध *adj* famous
प्रसिद्ध व्यक्ति *n* celebrity
प्रसिद्ध होना *v* outshine
प्रसिद्धि *n* fame
प्रसूति *n* maternity
प्रस्ताव *n* offer, proposal
प्रस्तावना *n* prologue
प्रस्तावीत करना *v* propose
प्रस्तुत करना *v* represent
प्रस्तुति *n* presentation
प्रस्थानोन्मुक *adj* bound
प्रहार *n* assault
प्रहार करना *v* hit
प्रांजल *adj* elegant
प्रांजलता *n* elegance
प्रांत *n* county
प्राकृतिक *adj* natural
प्राकृतिक दृश्य *n* scenery
प्राकृतिकरूप से *adv* naturally
प्राक्कथन *n* preface
प्रागैतिहासिक *adj* prehistoric
प्राचीन *adj* ancient
प्राचीर *n* bulwark

प

प्राच्य *adj* oriental
प्राण फूंकना *v* stir
प्राणदंड रोकना *n* reprieve
प्राणशक्ति *n* vitality
प्राणाली *n* mode
प्राणिविज्ञान *n* zoology
प्राथमिक *adj* elementary
प्रादेशिक *adj* regional
प्राधिकार *n* authority
प्राधिकार देना *v* authorize
प्राधिकृत करना *n* authorization
प्राप्त करना *v* acquire, attain
प्राप्तांक *n* score, output
प्राप्तिकर्ता *n* addressee
प्राप्य *adj* attainable
प्राप्यता *n* availability
प्रामाणिकता *n* authenticity
प्रायद्वीपीय *n* peninsula
प्रायश्चित्त *n* atonement
प्रायश्चित्त करना *v* atone
प्रायोजक *n* sponsor
प्रारंभ *n* inception
प्रारंभ करना *v* initiate
प्रारंभ में *adv* initially
प्रारंभिक *adj* initial
प्रारम्भिक *adj* preliminary
प्रारूप *n* lay-out
प्रार्थना *v* call on
प्रार्थना करना *v* entreat, pray
प्रार्थना विधि *n* liturgy
प्रावधान *n* provision
प्रासंगिक *adj* pertinent
प्रासाद *n* palace
प्रिय *adj* amiable
प्रिया *adj* beloved
प्रीतिभोज *n* banquet
प्रेक्षण करना *v* observe
प्रेक्षागृह *n* auditorium
प्रेम *n* liking
प्रेम जताना *v* court
प्रेम-स्पर्श *n* caress
प्रेमालाप *n* courtship
प्रेमिका *n* girlfriend
प्रेमी *adj* tender
प्रेयसी *n* sweetheart
प्रेरणा *n* inspiration
प्रेरित करना *v* exhort, incite
प्रेषक *n* sender
प्रोटीन *n* protein
प्रोटोकॉल *n* protocol
प्रोत्साहक *n* incentive
प्रोत्साहन *n* promotion
प्रोत्साहित करना *v* foster
प्रोफेसर *n* professor
प्रौढ़ता *n* puberty
प्लंबर *n* plumber
प्लंबरी *n* plumbing
प्लग *n* plug
प्लग निकालना *v* unplug
प्लग लगाना *v* plug
प्लास *n* pliers
प्लास्टिक *n* plastic
प्लुटोनियम *n* plutonium
प्लेकार्ड *n* placard

फुसलाहट

प्लेग n plague
प्लेटिनम n platinum

फ

फंड देना v fund
फंदा n snare, tangle
फंस जाना v bog down
फंसाना v implicate
फटना v burst
फटा-पुराना adj worn-out
फटेहाल adj ragged
फन्दा n trap
फफूंद n fungus
फफूंददार adj mouldy
फर n fur
फरवरी n February
फर्श n floor
फल n fruit
फल का रस n juice
फल जैसा adj fruity
फल-वाटिका n orchard
फव्वारा n fountain
फसल n crop
फसल काटना v reap
फसाद n turbulence
फहराना v hoist
फांसना v snare

फांसी का तख्ता n gallows
फाइल में रखना v file
फाख्ता n dove
फार्म पशु अहाता n farmyard
फावड़ा n spade
फासफोरस n phosphorus
फाहा n flaw
फिजूल खर्च करना v lavish
फिजूलखर्च adj extravagant
फिजूलखर्ची n extravagance
फिनलैंड (देश) n Finland
फिर भी c even if
फिर से adv again
फिर से गिनना n recount
फिर से चलाना n replay
फिर से देखना v review
फिरनी n custard
फिरौती मांगना v ramson
फिलबीन रोग n hypnosis
फिसलन n slip
फिसलन भरा adj slippery
फिसलना v cave in, slip
फीका adj faded
फीता n lace, ribbon
फुटबॉल n football
फुदकना v hop
फुफकारना v hiss
फुर्तीला adj agile
फुसफुसाना v whisper
फुसफुसाहट n whisper
फुसलाना v entice
फुसलाहट n enticement

फुहार *n* shower
फ़ुहार पड़ना *v* drizzle
फ़ुहार मारना *v* spray
फ़ुहारी *n* drizzle
फूंकना *n* puff, wind
फूंकना *v* blow
फूट *n* disunity
फूट निकलना *v* bug
फूट पड़ना *n* outbreak
फूटना *v* spring, erupt
फूल *n* flower
फूल गोभी *n* cauliflower
फूल देना *v* blossom
फूलदान *n* vase
फूलना *v* bloat
फूला हुआ *adj* bloated, puffy
फेंक *v* cast
फेंक देना *v* throw away
फेंकना *v* launch
फेन *n* foam
फेफड़ा *n* lung
फैलना *v* spread
फैलाना *v* deploy
फैलाव *n* deployment
फैशन *n* fashion
फैशन बाहर *adj* outmoded
फैशनप्रिय *adj* fashionable
फैसला *n* arbitration
फैसला देना *v* arbitrate
फोटो *n* snapshot
फोटो प्रति *n* photocopy
फोटोचित्रण *n* photography
फोड़ा *n* ulcer
फोन रख देना *v* hang up
फौजी कोट *n* tunic
फ्युज *n* fuse
फ्रांस *n* France
फ्रांस का *adj* French
फ्रिगेट *n* frigate
फ्लू *n* flu

ब

बंईमानी *n* dishonesty
बंकर *n* bunker
बंजर *adj* infertile
बंजारा *n* gypsy
बंटवारा *n* partition
बंद *adj* close, closed
बंद कर देना *n* buildup
बंद करना *v* close
बंद गली *n* dead end
बंद गोभी *n* cabbage
बंदर *n* monkey
बंदरगाह *n* harbor
बंदी *n* captive
बंदूक *n* gun
बंदूक का घोड़ा *n* trigger
बंदूक चलना *v* trigger
बंदूक से मारना *v* zap

बंधक *n* hostage
बंधक रखना *v* gage
बंधन *n* confinement, ligament
बंधनी *n* band
बंधपत्र *n* bond
बंधा हुआ *adj* warped
बंधुत्व *n* brotherhood
बकरी *n* goat
बकलस *n* buckle
बकलस कसना *v* buckle up
बकाया *n* balance
बक्स *n* box
बगल *n* flank
बग़ल *n* armpit
बगावत *n* insurgency
बच निकलना *v* get off
बचकाना *adj* childish
बचत *n* savings
बचने योग्य *adj* avoidable
बचपन *n* childhood
बचा रखना *v* spare
बचा रहना *v* survive
बचा लेना *v* avert
बचा हुआ *adj* unhurt
बचाना *v* defend
बचाने वाला *n* defendant
बचाव *n* defense
बचाव करना *v* overshadow
बचाव का रास्ता *n* loophole
बचे रहना *v* avoid, elude
बच्चा *n* child
बच्चे *n* children
बछड़ा *n* calf
बछड़े का मांस *n* veal
बछेड़ा *n* colt
बजट *n* budget
बजरी *n* gravel
बटन *n* button
बटन खोलना *v* unbutton
बटलर (नौकर,बैरा) *n* butler
बटालियन *n* battalion
बटेर *n* quail
बटोरना *n* roundup
बड़ता हुआ *adj* increasing
बड़ना *v* escalate
बड़बड़ना *v* grumble
बड़बड़ाना *v* utter
बड़ा *adj* big, large
बड़ा करना *v* magnify
बड़ा चम्मच *n* tablespoon
बड़ा तमगा *n* medallion
बड़ी जुर्राब *n* stocking
बड़ी नाक वाला *adj* nosy
बड़े अक्षर *n* capital letter
बड़े आकार का *adj* sizable
बढ़ई *n* carpenter
बढ़ईगीरी *n* carpentry
बढ़ना *v* get along
बढ़ाना *v* augment
बढ़िया बनाना *v* fine
बत्तख *n* duck
बदतमीज *adj* rude
बदतमीजी *n* rudeness
बदतर करना *v* deteriorate

बदतर हालत में *adj* worse
बदनाम *adj* infamous
बदनाम करना *v* defame
बदबू *n* stench
बदबू करना *v* stink
बदबूदार *adj* fetid
बदलना *v* alter, change
बदलाव *n* shift
बदसूरत *adj* ugly
बधाई *n* congratulations
बधाई देना *v* congratulate
बनाए रहना *v* sustain
बनाना *v* build, make
बनाम *pre* versus
बनावट *n* structure
बन्द कर देना *v* seal off
बन्द करना *v* lock, shut
बन्दरगाह *n* port
बन्दी *n* prisoner
बन्दुक *n* pistol
बन्दोबस्ती *n* settlement
बन्धक *n* string
बन्धन *n* noose
बबल गम *n* bubble gum
बम *n* bomb
बम गिराना *v* bomb
बमुश्किल *adv* hardly, barely
बरखवास्त *v* dismiss
बरखवास्तगी *n* dismissal
बरबाद करना *v* ruin, waste
बरमा मशीन *n* drill
बरसाती *n* raincoat
बराज *n* barrage
बराबर में *pre* by
बराबर होना *v* amount to
बरो *n* borough
बरौनी *n* lash
बर्तन *n* utensil
बर्फ *n* ice, snow
बर्फ का टुकड़ा *n* ice cube
बर्फ का तूफान *n* blizzard
बर्फ गाड़ी *n* sleigh
बर्फ जैसा ठंड़ा *adj* ice-cold
बर्फ पर स्केटिंग *v* ice skate
बर्फ पिघलाना *v* defrost
बर्फ से मारना *v* snow
बर्फबारी *n* snowfall
बर्बर *n* barbarian
बर्बरता *n* barbarism
बर्बाद करना *v* eliminate
बल *n* emphasis
बल देना *v* emphasize
बलपूर्ण *adj* forceful
बलपूर्वक *adv* forcibly
बलवान होना *v* strengthen
बलात्कार *n* rape
बलात्कार करना *v* rape
बलात्कारी *n* rapist
बलि का बकरा *n* scapegoat
बलुआ दलदल *n* quicksand
बल्टी *n* bucket
बल्ला *n* bat
बशर्ते कि *c* providing that
बस *n* bus

267 बाद वाला

बस जाना *v* settle
बस से यात्रा करना *v* bus
बह निकलना *v* overflow
बहकाना *v* delude
बहन *n* sister
बहना *v* flow
बहरा *adj* deaf
बहरा कर देना *v* deafen
बहरापन *n* deafness
बहलाना *v* coax
बहस करना *v* argue
बहादुर *adj* brave
बहादुरी *n* bravery
बहाना *n* pretense
बहाना करना *v* pretend
बहिरमुखी *adj* extroverted
बहिष्कार करना *v* boycott
बही खाता *n* bookkeeping
बही लेखक *n* bookkeeper
बहुत थोड़ा *adj* few
बहुत दूर *adj* faraway
बहुत बड़ा *adj* enormous
बहुत बुरी तरह *adv* poorly
बहुत सारा *adj* lots
बहुत ही *adv* very
बहुपत्नीत्व *n* polygamy
बहुपत्नीवादी *adj* polygamist
बहुमत *n* majority
बहुमूल्य *adj* precious
बहुविध *adj* multiple
बांग देना *v* crow
बांजफल *n* acorn

बांटना *v* divide
बांध *n* dam
बांधना *v* bind, fasten
बांस *n* bamboo
बांसुरी *n* flute
बाइनॉक्युलर *n* binoculars
बाइबिल *n* bible
बाइबिल का *adj* biblical
बागडोर *n* rein
बागीचा *n* garden
बाघ *n* tiger
बाज *n* fin
बाज़ *n* buzzard
बाजार *n* market
बाज़ार *n* bazaar
बाजी *n* bet
बाजी लगाना *v* bet
बाजीगर *n* juggler
बाझा रखना *v* burden
बाड़ *n* drought
बाड़ा *n* enclosure
बाड़ा लगाना *n* fencing
बाढ़ *n* deluge
बाढ़ द्वार *n* floodgate
बात करना *v* talk
बात वापस लेना *v* recant
बातचीत *n* conversation
बातचीत करना *v* converse
बातूनी *adj* talkative
बाद का *adj* latter
बाद में *adv* afterwards
बाद वाला *adj* later

ब

बादल *n* cloud
बादलों से भरा *adj* cloudy
बादशाहत *n* kinship
बादाम *n* almond
बाधा *n* obstacle
बाधा *v* obstruct, stall
बाधा पहुंचाना *adj* infested
बाधित करना *v* constrain
बाध्य करना *v* compel
बाध्यकर *adj* obligatory
बाध्यकारी *adj* compulsive
बाध्यता *n* compulsion
बापतिस्म *n* baptism
बापतिस्म देना *v* christen
बार-बार कहना *v* reiterate
बारह *adj* twelve
बारहवां *adj* twelfth
बारहसिंगा *n* antelope
बारिश होना *v* rain
बारीक कटा मांस *n* mincemeat
बारूद *n* gunpowder
बाल *n* hair
बालसुलभ *adj* puerile
बाली *n* ear, earring
बालों से भरा *adj* hairy
बासी *adj* stale
बास्केटबॉल *n* basketball
बाहर *adv* out
बाहर आना *n* walkout
बाहर जाना *v* move out
बाहर निकलना *v* step out
बाहर भेजना *v* turn out
बाहरी *adj* exterior
बाहुल्य *n* plenty
बाह्य *adj* outer
बाह्य *adv* outside
बाह्य रोगी *n* outpatient
बाह्यरूप *n* format
बिका हुआ *n* sellout
बिका-हुआ *adj* sold-out
बिक्री *n* sale
बिक्री की रकम *n* proceeds
बिक्री रसीद *n* sale slip
बिखराना *v* scatter
बिगाड़ना *v* capsize
बिचौलिया *n* middleman
बिच्छू *n* scorpion
बिजली *n* electricity
बिजली मिस्त्री *n* electrician
बिना नेतृत्व *adj* unleaded
बिना मन के *adv* unwillingly
बिना सियन के *adj* seamless
बिन्दु *n* dot, point
बिन्दू-प्रदीप *n* spotlight
बियर *n* beer
बिल *n* burrow
बिलकुल *adv* right
बिलियर्ड *n* billiards
बिल्कुल नया *adj* brand-new
बिल्ला *n* badge
बिल्ली *n* cat
बिल्ली का बच्चा *n* kitten
बिशप *n* bishop
बिशप का प्रदेश *n* diocese

बिस्कुट *n* biscuit, cookie
बिस्तर *n* bedding, bed
बीच में *pre* amid, between
बीच में *adv* meantime
बीच में लाना *v* center
बीज *n* germ, seed
बीजक *n* invoice
बीजगणित *n* algebra
बीता कल *adv* yesterday
बीमा *n* insurance
बीमा करना *v* underwrite
बीमार *adj* ill, sick
बीमार पड़ जाना *v* break down
बीमारी *n* disease, illness
बीस *adj* twenty
बीसवां *adj* twentieth
बुखार *n* fever
बुखार की अनुभूति *adj* feverish
बुझाना *v* extinguish
बुद्धि मंदता *n* dump
बुद्धिमान *adj* intelligent
बुद्धिमानी *n* wisdom
बुद्धू *n* goof
बुधवार *n* Wednesday
बुनना *v* knit
बुना हुआ *adj* woven
बुनियाद *n* foundation
बुनियादी *adj* basic
बुरा *adj* bad, evil
बुराई *n* evil
बुराई करना *v* malign
बुरी तरह से *adv* badly
बुरुश *n* brush
बुर्जुआजी *adj* bourgeois
बुलन्द *adj* towering
बुलबुल *n* nightingale
बुलबुला *n* bell
बू *n* smack
बूंद *n* drop
बूट *n* boot
बूथ *n* booth
बूदार *adj* smelly
बृहस्पतिवार *n* Thursday
बेंच *n* bench
बेंत *n* cane
बेऔलाद *adj* childless
बेकरी *n* bakery
बेकायदा फैलना *v* sprawl
बेकार *adj* idle
बेच देना *v* liquidate
बेचना *v* sell
बेचैन *adj* restless
बेचैन करने वाला *adj* disturbing
बेटा *n* son
बेटी *n* daughter
बेड़ा *n* raft
बेतरतीब *adj* uneven
बेतरतीब ढंग से *adv* randomly
बेतार *adj* cordless
बेताल *n* phantom
बेतुका *adj* sloppy
बेदखल करना *v* evict
बेदाग *adj* spotless
बेपरवाही से *v* blindfold

ब

बे-पेंदा adj bottomless
बेबुनियाद adj unfounded
बेमरम्मती n disrepair
बेमेल adj misfit
बेरोजगार adj jobless
बेलचा n shovel
बेलचे से उठाना v shove
बेला n fiddle
बेलिफ n bailiff
बेवफा adj unfaithful
बेवफाई n insincerity
बेसबॉल n baseball
बेहतर adj better
बेहूदा adj obnoxious
बेहोश adj unconscious
बेहोश हो जाना n blackout
बैंक n bank
बैंगनी adj purple
बैकअप n backup
बैगेट n baguette
बैच n batch
बैटरी n battery
बैठक n living room
बैठकखाना n lounge
बैठना v sit
बैठा हुआ adj seated
बैरक n barracks
बैल n ox
बैल्जियम n Belgium
बैल्जियम का adj Belgian
बैसाखी n crutch
बॉयलर n boiler

बॉल रूम n ballroom
बोझिल adj burdensome
बोतल n bottle
बोतल में भरना v bottle
बोध करना n sense
बोधशील adj comprehensive
बोनस n bonus
बोना v sow
बोया n buoy
बोरिया-बिस्तरा n baggage
बोरी n sack
बोरे में भरना v sack
बोलना v speak
बोली n bid
बोली लगाना v bid
बौना n dwarf, midget
ब्रम्हांड n universe
ब्रम्हांड यात्री n cosmonaut
ब्रम्हांड संबंधी adj cosmic
ब्रश फेरना v brush
ब्रह्मचारी adj celibate
ब्रांडी n brandy
ब्रिगेड n brigade
ब्रिटेन n Britain
ब्रिटेन का adj British
ब्रीफ-केस n briefcase
ब्रूनेट adj brunette
ब्रेसियर n bra

भ

भंग *n* split
भंग होना *v* split
भंगिमा *n* gesture
भंगुर *adj* brittle
भंगुरता *adj* breakable
भंजन *n* break
भंडा फोड़ना *v* expose
भंड़ार *n* depot
भंवर *n* whirlpool
भंवर कली *v* swivel
भकोसना *n* gobble, guzzle
भक्त *adj* devout
भगदड़ *n* panic
भगवान *n* God
भगोड़ा *n* deserter
भगोड़ा व्यक्ति *n* flier
भग्य *n* luck
भजन *n* hymn
भटकना *v* stray
भटका हुआ *v* astray
भट्ठी *n* furnace
भड़काना *v* exasperate
भड़कीला *adj* flamboyant
भण्डार *n* storage
भण्डार कक्ष *n* store
भतीजी *n* niece
भत्ता *n* allowance
भद्दा जोड़ लगाना *v* botch
भद्दापन *n* ugliness
भद्र *adj* gentle
भद्र जन *n* gentleman
भद्रता *n* gentleness
भनभन करना *v* buzz
भनभनाहट *n* buzz
भय *n* horror, scare
भयंकर *adj* grim
भयंकर स्थान *n* death trap
भयभीत *adj* dreaded
भयभीत करना *v* horrify
भयभीत होना *v* dread
भयानक *adj* horrendous
भयावह *adj* dreadful
भयोत्पादक *adj* eerie
भरण-पोषण *n* maintenance
भरण-पोषण करना *v* nourish
भरना *v* fill, stuff
भरवां मसाला *n* stuffing
भरा हुआ *adj* crowded
भराई *n* padding
भराव *n* farce
भरोसा *n* reliance
भरोसे योग्य *adj* dependable
भर्ती *n* recruitment
भर्त्सना *n* admonition
भवन *n* building
भविष्य *n* future
भविष्यद्रष्टा *n* prophet
भविष्यवाणी *n* prediction
भविष्यवाणी करना *v* predict
भव्य *adj* de luxe

भ

भस्म *n* ash
भाई *n* brother
भाईचारा *n* brethren
भाग जाना *v* run away
भागना *v* desert
भागीदारी *n* participation
भाग्य *n* fate, fortune
भाग्य का *adj* fatal
भाग्यशाली *adj* fateful
भाटा आना *v* ebb
भाड़े पर देना *v* hire
भानजा *n* nephew
भाप *n* steam
भाभी *n* sister-in-law
भार *n* stress
भार उठाना *v* load
भार उतारना *v* unload
भारमुक्त करना *v* relieve
भारी *adj* heavy
भारी आघात *n* bump
भारी भूल *n* blunder
भारीपन *n* heaviness
भाला *n* spear
भाले की नोक *v* spearhead
भाव *n* emotion
भाव संवेग *n* passion
भावना *n* sentiment
भावनाएं *n* feelings
भावनामय होना *v* conjure up
भावातिरेकी *adj* ecstatic
भावात्मक *adj* effusive
भावाभिभूत होना *v* throb
भावुक *adj* emotional
भावोद्गार *n* outpouring
भावोद्वेग देना *v* zap
भावोन्माद *n* hysteria
भाषण देना *v* address
भाषा *n* language
भिक्षा *n* alms
भिखारी *n* beggar
भिनभिनाना *v* hum
भिन्न *adj* different
भिन्न करना *v* diversify
भिन्न होना *v* differ
भिन्नता *n* difference
भी *adv* also, too
भीख *n* handout
भीख देना *v* hand out
भीख मांगना *v* beg
भीगा हुआ *adj* soggy
भीड़ *n* crowd
भीड़ होना *v* crowd
भीड़-भड़क्का *n* mix-up
भीतर *pre* in
भीतर की ओर *adv* inwards
भीतर डालना *v* inject
भीतरी *adv* indoor, inside
भीषण *adj* fierce
भीषण आक्रमण *n* onslaught
भीषणता *n* severity
भुखमरी *n* starvation
भुखो मरना *v* starve
भुगतान *n* payment
भुगतान करना *v* disburse, pay

273 भ्रांतिपूर्ण

भुगतान चेक *n* paycheck
भुगतान रसीद *n* payslip
भुनभुनाना *v* murmur
भुनभुनाहट *n* murmur
भुलभुलैया *n* maze
भुलावा *n* fallacy
भूकंप *n* earthquake
भूख *n* appetite
भूखा *adj* hungry
भूगर्भ कब्रिस्तान *n* catacomb
भूगोल *n* geography
भूत *n* ghost
भूत निवारक *n* exorcist
भूत-जैसा *adj* spooky
भूतपूर्व *adj* past
भूदृश्य *n* landscape
भूनना *v* parch, roast
भूपटल *n* crust
भूभाग *n* terrain
भूमि का टुकड़ा *n* plot
भूमिज *adj* eastbound
भूरा *adj* brown
भूल *n* fault
भूल सुधारना *v* rectify
भूलजाना *v* forget
भूलभूलैया *n* cobweb
भूल-भूलैया *n* labyrinth
भूविज्ञान *n* geology
भूसा *n* straw
भेंट *v* get together
भेंट करना *v* come across
भेजना *v* dispatch
भेजी गई रकम *n* remittance
भेड़ *n* lamb, sheep
भेड़िया *n* wolf
भेद *n* schism
भेद खोलना *v* divulge
भेदन *n* breakthrough
भेदभाव *n* discrimination
भैंस *n* buffalo
भोंडा *adj* crude
भोगी *adj* indulgent
भोजन *n* food, mess
भोजन करना *v* dine, feed
भोजन करने वाला *n* diner
भोजन नलिका *n* esophagus
भोजनकक्ष *n* dining room
भोलाभाला *v* dupe
भोला-भाला *adj* gullible
भौंकना *v* bark
भौंह *n* brow
भौंहे चढ़ाना *v* frown
भौतिक *n* material
भौतिकवाद *n* materialism
भौतिकी *n* physics
भ्रम *n* illusion
भ्रमण *n* walk
भ्रमण कथा *n* odyssey
भ्रष्ट *adj* corrupt
भ्रष्ट करना *v* corrupt
भ्रष्टाचार *n* corruption
भ्रष्टाचार करना *v* malpractice
भ्रांति *n* delusion
भ्रांतिपूर्ण *adj* erroneous

भ

भ्रातृवत *adj* brotherly
भ्रात्रीय *adj* fraternal
भ्रान्तिजनक *adj* elusive
भ्रामक *adj* misleading
भ्रूण *n* embryo

म

मंगल ग्रह *n* Mars
मंगलवार *n* Tuesday
मंगेतर *n* fiancé
मंच *n* pew, stage, platform
मंजिल *n* floor
मंजूर करना *v* allow
मंजूरी *n* approval
मंजूरी देना *v* sanction
मंडप *n* pavilion
मंडल *n* board
मंत्रमुग्ध करना *v* enchant
मंत्रालय *n* ministry
मंत्रिमंडल *n* cabinet
मंत्री *n* minister
मंदिर *n* temple
मंशा *n* intention
मई *n* May
मकड़जाल *n* spiderweb
मकड़ा *n* spider
मकानमालकिन *n* landlady
मकानमालिक *n* landlord
मक्का *n* corn
मक्कार *adj* sly
मक्कारी *n* trick
मक्खन *n* butter
मक्खी *n* fly
मक्खीचूस *adj* stingy
मखमल *n* velvet
मखमल का *adj* plush
मगरमच्छ *n* crocodile
मचान *n* scaffolding
मच्छर *n* mosquito
मछली *n* fish
मछुआरा *n* fisherman
मजदूर *n* laborer
मजदूरी *n* wage
मजबूत *adj* strong
मजा *n* gust
मजाक *n* humor, joke
मजाक उड़ाना *v* deride
मजाक करना *v* joke
मजाक बनाना *v* ridicule
मजाकिया *adj* funny
मजिस्ट्रेट *n* magistrate
मजे करना *v* chill out
मजेदार *adj* gusty
मज्जा *n* marrow
मटर *n* pea
मटरगश्ती करना *v* loiter
मठ *n* abbey
मठ संबंधी *adj* monastic
मठाधीश *n* abbot

मत *n* vote
मत देना *v* vote
मतदान *n* poll, voting
मतदान योग्ता *n* franchise
मत-पत्र *n* ballot
मतभेद *n* discord
मतभेदयुक्त *adj* discordant
मतली *n* nausea
मतैक्य *n* consensus
मदद *n* aid, help
मदद करना *v* aid, help
मदवाद देना *v* itemize
मदिरा *n* liqueur
मदिरोन्मत्तता *n* alcoholism
मदोन्मत्त *adj* drunk
मदोन्मत्ताता *n* drunkenness
मधु *n* honey
मधुमक्खी *n* bee
मधुमक्खी-झुंड *n* swarm
मधुमेह *n* diabetes
मधुमेही *adj* diabetic
मधुरस *n* mildew
मध्य *adj* mean
मध्य ग्रीष्म *n* midsummer
मध्य में *pre* among
मध्यकालीन *adj* medieval
मध्यभाग *n* nave
मध्यस्त *n* intermediary
मध्यस्त होना *v* intercede
मध्यस्थ *n* arbiter
मध्यस्थता *n* intercession
मध्यस्थता करना *v* mediate
मन *n* mind
मन फेरना *v* dissuade
मन बहलाने वाला *adj* entertaining
मनगढ़न्त *adj* phoney
मनमुटाव *n* rancor
मनस्तापी *adj* neurotic
मनहूस *adj* dismal
मना करना *v* forbid
मनीआर्डर *n* money order
मनोदशा *n* mood
मनोरंजक *adj* amusing
मनोरंजन *n* play
मनोरंजन करना *v* play, amuse
मनोरोग-विज्ञान *n* psychiatry
मनोरोगी *n* psychopath
मनोविज्ञान *n* psychology
मनोवैज्ञानिक *n* psychiatrist
मनोहर *adj* catching
मन्थर *adj* sluggish
मन्द *adj* dull, slow
मन्दा पड़ना *v* slow down
मम्मी *n* mummy
मरणासन्न *adj* dying
मरना *v* die
मरम्मत करना *v* overhaul
मरहम *n* ointment
मरहम लगाना *v* anoint
मरहमपट्टी *n* dressing
मरीचिका *n* mirage
मरूद्यान *n* oasis
मरोड़ना *v* wring
मरोड़ा *n* convulsion

मर्करी *n* mercury
मर्तबान *n* jar
मर्त्य *adj* mortal
मर्मभेदक *adj* excruciating
मर्मस्पर्शी *adj* touching
मर्यादा *n* decorum
मल *n* stool
मल नाली *n* gutter
मलबा *n* debris
मलमूत्र *n* sewage
मलसुरंग *n* sewer
मलाई *n* cream
मलाई उतारना *v* skim
मलाईदार *adj* creamy
मलाशय *n* rectum
मलिन *adj* soiled
मलिनता *v* tarnish
मलेरिया *n* malaria
मवेशी *n* cattle
मशक्कत करना *v* toil
मशाल *n* torch
मशीन *n* engine
मशीन गन *n* machine gun
मसखरा *n* comedian
मसाला *n* condiment
मसालेदार *adj* spicy
मसीहा *n* Messiah
मसूर *n* lentil
मस्जिद *n* mosque
मस्तिष्क *n* brain
मस्तूल *n* mast
मस्सा *n* wart

महंगा *adj* costly
महत्व *n* importance
महत्वपूर्ण *adj* momentous
महत्वपूर्ण होना *v* signify
महत्वाकांक्षा *n* ambition
महत्वाकांक्षी *adj* ambitious
महा विपत्ति *n* catastrophe
महाद्वीप *n* continent
महाद्वीपीय *adj* continental
महान *adj* great
महानता *n* greatness
महापराध *n* felony
महामहीम *n* Highness
महामारी *n* scourge
महामिंगट *n* lobster
महाशक्ति *n* superpower
महासागर *n* ocean
महिला *n* female
महीन *adj* thin
महीना *n* month
महोदय *n* sir
महोदया *n* madam
मां *n* mom, mother
मांग *n* call, demand
मांग करना *v* demand
मांगना *v* seek
मांझी *n* tar
मांद *n* den
मांस *n* flesh, meat
मांस-पेशी *n* muscle
माइक्रोफोन *n* microphone
माणिक *n* ruby

मात *n* stalemate
मात किया हुआ *n* mate
मातृत्व *n* motherhood
मातृभूमि *n* homeland
मातृवत *adj* maternal
मात्रा *n* quantity
माथा *n* head
मादक *adj* alcoholic
मादक औषध *n* dope
मादक द्रव्य *n* narcotic
मादा *n* female
माध्यम *n* means
मान लिया *c* supposing
मानक *n* norm
मानक से कम *adj* substandard
मानकीकृत करना *v* standardize
मानव *adj* human
मानव शक्ति *n* manpower
मानवजाति *n* humankind
मानवशास्त्र *n* humanities
मानसिक *adj* mental
मानसिक रूप से *adv* mentally
मानसिक सामर्थ्य *n* capability
मानसिकता *n* mentality
मान्य *adj* valid
मान्य करना *v* validate
मान्यता *n* recognition
मान्यता देना *v* recognize
माप-दंड़ *n* parameters
मापदण्ड *v* scale
मापन *n* measurement
मापना *v* gauge

माफी *adj* sorry
मामला *n* case
मामूली *adj* trivial
मामूली बनाना *v* trivialize
मायावी *adj* wily
मार गिराना *v* shoot down
मार डालना *v* shoot
मारपीट *n* beating
मार्क्सवादी *adj* marxist
मार्ग दर्शन *adj* leading
मार्गदर्शक *n* guide
मार्गदर्शन *n* guidance
मार्गदर्शन करना *v* guide
मार्च *n* march
मार्च (महीना) *n* March
मार्च करना *v* march
मार्फत *v* care for
मार्मिक *adj* pathetic
मार्शल *n* marshal
माल गोदाम *n* warehouse
मालडिब्बा *n* wagon
माला *n* garland
मालिक *n* owner
मालिकाना *n* ownership
मालिश *n* massage
मालिश करना *v* massage
माली *n* gardener
मासिक *adv* monthly
मासूमियत *n* innocence
मिजाज *n* temper
मिटाना *v* delete, erase
मिट्टी *n* clay

मिठाई 278

मिठाई *n* pie
मिठास *n* sweetness
मितव्ययिता *n* frugality
मितव्ययी *adj* economical
मितव्यी *adj* frugal
मित्र *adj* allied
मित्र-मिलन *n* reunion
मिथक *n* myth
मिथ्या *n* falsehood
मिथ्या अभिमान *n* vanity
मिथ्या-आरोप *n* calumny
मिथ्याचारी *adj* hypocrite
मिनट *n* minute
मिरगी *n* epilepsy
मिल जाना *v* mingle
मिलनसार *adj* folksy
मिलना *v* meet
मिलना-जुलना *v* border on
मिला लेना *v* incorporate
मिला-जुला *adj* mixed-up
मिलाना *v* associate
मिलावट *n* contamination
मिलावट करना *v* adulterate
मिलीग्राम *n* milligram
मिलीमीटर *n* millimeter
मिशन *n* mission
मिशनरी *n* missionary
मिश्र धातु *n* alloy
मिश्रण *n* blend
मिसरी *n* candy
मिसिल *n* file
मिस्तरी *n* technician
मिस्त्री *n* mechanic
मीटबॉल *n* meatball
मीटर *n* meter
मीट्रिक *adj* metric
मीठा *adj* sweet
मीठा करना *v* sweeten
मीठी रोटी *n* bun
मीनार *n* tower
मील *n* mile
मील का पत्थर *n* milestone
मुंगरा *n* mall
मुंह *n* mouth
मुआवजा *n* compensation
मुकदमा *n* trial, lawsuit
मुकदमा लड़ना *v* litigate
मुकबिर *n* informer
मुकाबला *n* confrontation
मुकाबला करना *v* cope
मुकुट *n* crown
मुक्का *n* fist, punch
मुक्केबाज *n* boxer
मुक्केबाजी *n* boxing
मुक्त *adj* free
मुक्त करना *v* save, acquit
मुक्त रास्ता *n* freeway
मुक्त होना *v* free
मुक्ति *n* liberation
मुख के भाव *n* countenance
मुख विकृत होना *v* mop
मुख-विकृत *n* grimace
मुखिया *n* chief
मुखौटा *n* mask

मुख्य *n* staple
मुख्य गिरजाघर *n* cathedral
मुख्य भूभाग *n* mainland
मुख्य मार्ग *n* highway
मुख्यत: *adv* chiefly
मुख्यालय *n* headquarters
मुट्ठी *n* batch
मुट्ठी भर *n* handful
मुठभेड़ *n* counter
मुठभेड़ होना *v* encounter
मुड़ना *v* bend
मुद्दा *n* issue
मुद्र *n* pose
मुद्र बनाना *v* pose
मुद्रक *n* printer
मुद्रा *n* currency
मुद्रास्फीति *n* inflation
मुन्ना *n* chick
मुफ्त *adj* free
मुरब्बा *n* marmalade
मुर्ख *n* idiot
मुर्खता *adj* idiotic
मुर्खतापूर्ण *adj* unwise
मुर्गा *n* cock
मुर्गी *n* hen
मुर्गी का चूजा *n* chicken
मुर्गी-पालन *n* poultry
मुलाकात *n* visit
मुलाकात करना *v* drop in, visit
मुलाकाती *n* visitor
मुवक्किल *n* client
मुश्किल *adj* tedious
मुश्किल से *adv* rarely
मुसलाधार वार्षा *n* downpour
मुसीबत *n* affliction
मुस्कान *n* smile
मुस्कुराना *v* smile
मुस्लमान *adj* Muslim
मुहर *n* seal
मुहावरा *n* idiom
मुहासा *n* pimple
मूगफली *n* peanut
मूक *adj* dumb
मूछ *n* mustache
मूठ *n* knob
मूढ़ *adj* dumb
मूढ़मति *adj* blunt
मूर्ख *adj* stupid
मूर्ख बनाना *v* fool
मूर्खता *n* folly
मूर्छोन्मुख *n* faint
मूर्ति *n* idol, statue
मूर्तिकला *n* sculpture
मूर्तिपूजक *adj* pagan
मूल *adj* original
मूल निवासी *adj* native
मूल रूप से *adv* originally
मूल स्थिति *n* whereabouts
मूलपाठ *n* text
मूलभूत *adj* fundamental
मूली *n* radish
मूल्य *n* value
मूल्य आंकना *v* appraise
मूल्य का गिरना *v* come down

म

मूल्य घटाना *v* devalue
मूल्य ह्रास *n* depreciation
मूल्य ह्रास करना *v* depreciate
मूल्यांकन *n* appraisal
मूल्यांकन करना *v* estimate
मृत *adj* dead
मृतवत *adj* ghastly
मृतिका शिल्प *n* ceramic
मृत्यु *n* death
मृत्यु कर *n* death toll
मृत्यु होना *v* pass away
मृत्युशय्या *n* deathbed
मृत्युशोक *n* bereavement
मृदुल *adj* lenient
में *pre* in
में गिराना *v* instil
मेंढ़क *n* frog
मेक्सिकी *adj* Mexican
मेज *n* desk
मेज-कुर्सी आदि *n* furniture
मेजपोश *n* tablecloth
मेजबान *n* host
मेजर *n* major
मेनेनजाइटिस *n* meningitis
मेमना *n* kid
मेयर *n* mayor
मेरा *adj* my
मेरु रज्जू *n* cord
मेरे *pro* mine
मेल करना *v* conciliate
मेल बाक्स *n* mailbox
मेवे का समोसा *n* tart
मेहनत *n* hardship
मेहनती *adj* industrious
मेहमाननिवाजी *n* hospitality
मेहराब *n* arch
मैं *pro* I, myself
मैत्री *n* alliance
मैदान *n* field, plain
मैमथ (हाथी) *n* mammoth
मैलिक (अम्ल) *n* malice
मॉरफिन *n* morphine
मॉस (पादप) *n* moss
मोच *v* sprain
मोजाबंद *n* garter
मोजेइक *n* mosaic
मोटर *n* motor
मोटर कार *n* automobile
मोटरसाइकिल *n* motorcycle
मोटल *n* motel
मोटा *adj* obese
मोटा कपड़ा *n* crash
मोटा सूत बनाना *v* scribble
मोटा होना *v* fatten
मोटाई *n* thickness
मोटापा *adj* overweight
मोड़ना *v* divert, veer
मोतियाबिंद *n* cataract
मोती *n* pearl
मोथा *n* kidney bean
मोम *n* wax
मोमबत्ती *n* candle
मोर *n* peacock
मोरचा *n* front

मोर्टार *n* mortar
मोल-तोल करना *v* bargain
मोल-तोल *n* bargaining
मोलर *n* molar
मोह भंग *adj* disenchanted
मोहक *adj* enchanting
मोहर लगाना *v* seal
मोहरा *n* muzzle
मोहित करना *v* captivate
मौका *n* occasion
मौखिक तौर पर *adv* verbally
मौखिक रूप से *adv* orally
मौज-मस्ती *n* fun
मौन *adj* mute
मौसम *n* season
मौसमी *adj* seasonal
म्लान करना *v* wither

य

यंत्र *n* machine, loom
यंत्र रचना *n* mechanism
यंत्रकृत बनाना *v* mechanize
यकृत *n* liver
यथार्थवाद *n* realism
यदाकदा *adv* seldom
यदा-कदा *adv* occasionally
यदि *c* if
यद्यपि *c* whereas
यह *adj* this
यहां *adv* here
यहूदी *n* Jew
यहूदी धर्मशाला *n* rabbi
यहूदीवाद *n* Judaism
या *c* or
याचना *n* plea
याचना करना *v* solicit, crave
याचिका *n* petition
यातना *n* pang, torment
यातना देना *v* torment
यातायात *n* traffic
यात्रा *n* journey, trip
यात्रा करना *v* ride, travel
यात्राशील *n* itinerary
यात्री *n* passenger
याद आ जाना *v* strike up
याद करना *v* recollect
याद दिलाना *v* remind
यादगार *n* memento
युक्तियुक्त *adj* reasonable
युग *n* epoch
युद्घ *n* war
युद्ध *n* battle, fight
युद्ध करना *v* fight
युद्धनीति *n* strategy
युद्धपोत *n* battleship
युद्धरत *adj* belligerent
युद्ध-विराम *n* armistice
युद्ध-सामग्री *n* armaments
युद्धाभ्यास *n* maneuver

युरोपीय *n* Europe
युवक *n* bud
युवक मित्र *n* boyfriend
युवा *adj* youthful
यूका से भरा हुआ *adj* lousy
यूक्ष्म अर्थान्तर *n* nuance
ये *adj* these
योग *n* addition
योग करना *v* add
योग देना *v* contribute
योगदान *n* contribution
योग्य *adj* deserving, worthy
योग्य होना *v* deserve, merit
योग्यता *n* ability
योजना *n* plan, scheme
योजना बनाना *v* frame, plot
योद्धा *n* fighter, warrior
यौगिक *n* compound
यौवन *n* youth

र

रंग *n* color, dye
रंग करना *v* paint
रंग भरना *v* color
रंग मंडप *n* circus
रंग सज्जा *n* décor
रंगना *v* dye
रंगभूमि *n* amphitheater, arena
रंगभेद *n* racism
रंगरेलियां *n* bum
रंगशाला *n* theater
रंगहीन *adj* bleak
रंगाई *n* painting
रंगीन *adj* colorful
रंलिंग *n* handrail
रक्त निकलना *v* bleed
रक्त संचारण *n* transfusion
रक्त स्राव *n* bleeding
रक्तपिपासु *adj* bloodthirsty
रक्तोद *n* serum
रक्षक *n* defender
रक्षक दल *n* convoy
रक्षक-सेना *n* garrison
रक्षा करना *v* uphold
रक्षा देना *v* shield
रक्षात्मक *n* safeguard
रक्षावरण *n* screen
रक्षित *v* fend off
रखना *v* keep, put
रखने की जगह *n* stand
रगड़ *n* graze
रगड़ डालना *v* wear down
रगड़कर चमकाना *v* scour
रगड़ना *v* rub, scrape
रचना *n* composition
रचना करना *v* fabricate
रचनात्मक *adj* constructive
रजाई *n* comforter
रजो धर्म *n* menstruation

य
र

रजो निवृति *n* menopause
रडार *n* radar
रतालू *n* yam
रत्न *n* gem, jewel
रद्द करना *v* annul
रद्द कर देना *v* overrule
रद्द करना *v* quash, cancel
रद्दी *adj* shoddy
रन उप *v* run up
रनवे *n* runway
रन्ध्र *n* pore
रफ़ू करना *v* darn
रबड़ *n* eraser
रबर *n* rubber
रवानगी *n* departure
रवाना होना *v* depart
रवाहीन *adj* amorphous
रविवार *n* Sunday
रवैया *n* attitude
रस *n* sap
रस निकालना *v* squeeze
रस निचोड़ना *v* sap
रसद *n* ration, supplies
रसद देना *v* supply
रसद लेना *v* ration
रसबरी *n* raspberry
रसातल *n* abyss
रसायन *adj* chemical
रसायनविज्ञान *n* chemistry
रसीद *n* receipt
रसीला *adj* juicy
रसोइया *n* cook
रसोईघर *n* kitchen
रसौली *n* cyst
रस्सा *n* guy
रस्सी *n* rope
रहना *v* stay
रहस्य *n* mystery
रहस्य बनाना *v* mystify
रहस्यमय *adj* mysterious
रहस्यवादी *adj* mystic
रहस्योद्‍घाटन *n* revelation
रहस्योद्धाटन *v* unfold
रहित *adj* devoid
रांगा *n* tin
राई *n* rye
राख रखने की ट्रे *n* ashtray
राग *n* melody
रागात्मक *adj* melodic
राज *n* bricklayer
राजकुमार *n* prince
राजकुमारी *n* princess
राजगीर *n* mason
राजतंत्र *n* monarchy
राजदूत *n* ambassador
राजधानी *n* metropolis
राजनीति *n* politics
राजनीतिज्ञ *n* politician
राजवंश *n* dynasty
राजशाही *adj* royal
राजसी अधिकारी *n* count
राजस्व *n* revenue
राजहंस *n* cob
राजा *n* king

राजोचित *adj* regal
राज्य *n* kingdom, state
राज्य-क्षमा *n* clemency
राज्यपाल *n* governor
राज्यप्रतिनिधि *n* regent
राज्याभिषेक *n* coronation
राज्याभिषेक करना *v* crown
रात *n* night
रात का भोजन *n* dinner
रातोरात *adv* overnight
रात्रिकालीन *adj* nocturnal
रानी *n* queen
राय *n* opinion
रायफल *n* rifle
राशि *n* amount
राष्ट्र *n* nation
राष्ट्रीकरण करना *v* nationalize
राष्ट्रीय *adj* national
राष्ट्रीयता *n* nationality
रास्ता *n* road, route
राहत *n* relief
राही *n* passer-by
रिकार्ड *n* record
रिकार्ड करना *v* record
रिकार्ड से परे *adj* off-the-record
रिकार्डर *n* recorder
रिक्त *adj* vacant
रिक्त करना *v* vacate
रिक्तता *n* vacancy
रिचार्ज करना *v* recharge
रिपिट लगाना *adj* riveting
रिपोर्ट *n* report
रिपोर्ट करना *v* report
रियायत *n* concession
रिवाज *n* custom
रिश्वत *n* bribe
रिश्वत देना *v* bribe, buy off
रिश्वतखोरी *n* bribery
रिसन रेखा *n* leak
रिसना *v* exude, leak
रिसाइकल करना *v* recycle
रिसाव *n* leakage
रिहा करना *v* discharge
रिहाई *n* acquittal
रिहायश *n* lodging
रीछ *n* bear
रीडू *v* redo
रीढ़ *n* backbone
रीढ़विहीन *adj* spineless
रीपर *v* reappear
रील *n* reel
रुकना *v* hang on
रुकावट *n* barricade, bar
रुख *n* tack
रुझान *n* propensity
रुपये निकालना *v* withdraw
रुमाल *n* handkerchief
रूकना *v* stop
रूकावट *n* stop
रूकावट डालना *v* stone
रूखा *adj* brusque, harsh
रूखापन *n* harshness
रूढ़िवादी *adj* conservative
रूढ़िवादी *adj* orthodox

र

रूप *n* looks
रूपक *n* allegory
रूपनेखा देना *v* outline
रूपरेखा *n* design, draft
रूपा *n* nickel
रूपांतरण *n* transformation
रूपांतरण करना *v* transform
रूपांतरित करना *v* commute
रूमाल *n* napkin
रूस *n* Russia
रूसी *adj* Russian
रेंगना *v* crawl, creep
रेंगने वाला *adj* creepy
रेखण *n* drawing
रेखांकन *n* lining
रेखांकित करना *v* pinpoint
रेखागणित *n* geometry
रेखाचित्र *n* diagram, sketch
रेखाचित्र बनाना *v* sketch
रेडियो *n* radio
रेण्डियर *n* reindeer
रेत *n* sand
रेफ्रिजरेटर *v* refrigerate
रेफ्री *n* referee
रेबीज *n* rabies
रेल *n* rail
रेलमार्ग *n* railroad
रेशा *n* fiber
रेस्त्रां *n* restaurant
रैकून *n* raccoon
रैली *n* rally
रॉकेट *n* rocket

रोंगटे खड़े होना *v* shudder
रोएंदार *adj* fuzzy
रोक *n* barrier, blockage
रोक लगाना *v* block
रोक लेना *v* shut off
रोकथाम करना *v* prevent
रोकना *v* cease, refrain
रोग निदान *n* diagnosis
रोग निदान करना *v* diagnose
रोगाणु-नाशक *n* disinfectant
रोगी *adj* patient
रोजगार *n* employment
रोटी *n* bread, loaf
रोधक *n* brake
रोधक्षम बनाना *v* immunize
रोधक्षमता *n* immunity
रोना *v* cry, weep
रोपणी *n* nursery
रोपना *v* implant, plant
रोमांच *n* shudder, thrill
रोमांचित होना *v* thrill
रोमांस *n* romance
रोशनदान *n* skylight
रोष *n* rage

ल

लंगड़ा करना v cripple
लंगड़ाना v limp
लंगड़ापन n limp
लंगड़ा-लूला adj cripple
लंगर n anchor
लंबा adj lengthy
लंबाई n length
लंबाई (मील में) n mileage
लंबाई बढ़ाना v lengthen
लंबाई में चीरना v slit
लकड़बग्घा n hyena
लकड़ी n timber, wood
लकड़ी का adj wooden
लकवा n paralysis
लकवा मारना v paralyze
लकीर n trail
लक्षण n symptom
लक्ष्य n goal, target
लक्ष्य प्राप्ति n fulfillment
लक्ष्य बनाना v aim
लक्ष्यहीन adj aimless
लखपति n millionaire
लगनशील adj zealous
लगभग adj approximate
लगभग adv almost
लगा हुआ adj adjacent
लगातार adj continuous
लगाना v attach
लगाम n bridle
लगाव n touch
लगे रहना v keep on
लघु adj short
लघु चित्र n miniature
लघु बंधनी n parenthesis
लघुग्रास लेना v nibble
लचीला adj elastic, flexible, pliable
लज्जा n shame
लज्जा आना v shame
लज्जाजनक adj gross
लज्जापूर्ण adv grossly
लटकन n pendant
लटकना v dangle
लटका हुआ adj impending
लटकाना v hang up
लटकाने वाला n hanger
लटके रहना v hover
लट्ठा n log
लट्ठे बनाना v log
लड़का n boy, lad
लड़की n girl
लड़खड़ाना v falter
लड़खड़ाहट adj staggering
लड़ाई n combat
लड़ाई करना v combat
लड़ाकू n combatant
लत n addiction
लत लगने योग्य* adj addictive
लती adj addicted
लदा हुआ adj laden
लपेटना v roll, wrap

लपेटा हुआ *adj* convoluted
लफंगा *n* hoodlum
लबादा *n* cloak, cape
लम्बा *adj* tall
लम्बी चीर *n* slash
लम्बी डग भरना *v* stride
लय *n* rhythm
ललाट *n* forehead
ललित कल्पना *adj* fancy
लहंगा *n* skirt
लहजा *n* accent
लहर *n* wave
लहर पैदा करना *n* ripple
लहरदार *adj* wavy
लहसुन *n* garlic
लहुलुहान *adj* gory
लहूलुहान *adj* bloody
लांड्री *n* laundry
लाउडस्पीकर *n* loudspeaker
लागत *n* cost
लागत आना *v* cost
लागू करना *v* enforce, apply
लागू होना *v* bite
लाड़-प्यार करना *v* cuddle
लात मारना *v* kick
लादना *v* charge
लाना *v* bring
लापरवाह *adj* negligent
लापरवाही *n* carelessness
लाभ *n* advantage
लाभ होना *v* gain, profit
लाभदायक *adj* beneficial
लाभप्राप्त करना *v* benefit
लाभफल *n* quotient
लाभभोगी *n* beneficiary
लाभहीन *adj* unprofitable
लाभांश *n* dividend
लामबंदी करना *v* mobilize
लायक *adj* worth
लार *n* saliva
लाल *adj* red
लाल फिताशाही *n* red tape
लालच *n* greed
लालची *adj* avid, greedy
लालटेन *n* lamp
लालसा *n* longing
लिंग *n* gender, sex
लिंगिता *n* sexuality
लिखना *v* write
लिखा हुआ *adj* written
लिखावट *n* handwritting
लिटर *n* liter
लिटर (माप) *n* litre
लिटाना *v* lay
लिनेन *n* linen
लिपि *n* script
लिप्त होना *v* indulge
लिफाफा *n* envelope
लीप वर्ष *n* leap year
लीलना *v* devour
लुटेरा *n* robber, thief
लुढ़कना *v* topple
लुप्त होना *v* disappear
लुप्ति *n* omission

लुभावना *adj* lucrative
लू *n* heatstroke
लूट *n* booty, spoils
लूटखसोट *n* ravine
लूटना *v* plunder
लूटपाट *n* sack; racketeering
लूटपाट करना *v* vandalize
लूटमार करना *v* pillage
ले जाना *v* carry, bear
लेंस *n* lense
लेकिन *c* but
लेख प्रमाणक *n* notary
लेखक *n* author, writer
लेखा देना *v* account for
लेखादेय *adj* accountable
लेखापाल *n* accountant
लेखा-विवरण *v* audit
लेटना *n* lie
लेटने की जगह *n* lay
लेन-देन *n* transaction, affair
लेना *v* take
लेप *n* paste
लेप लगाना *v* smear
लेपन *n* smear
लेफ्टिनेंट *n* lieutenant
लेबल *n* label
लेसर (युक्ति) *n* laser
लैंडफिल *n* landfill
लैस करना *v* equip
लॉकर रूम *n* locker room
लॉग इन *v* log in
लॉग ऑफ *v* log off
लॉटरी *n* lottery, raffle
लॉन *n* lawn
लॉबी *n* lobby
लोक *n* folks
लोकोक्ति *n* proverb
लोग *n* people
लोप *n* disappearance
लोमड़ी *n* fox
लोशन *n* lotion
लोहा *n* iron
लोहा करना *v* iron
लोहार *n* blacksmith
लौटाना *v* repay

व

वंक्षण *n* groin
वंचित *adj* deprived
वंचित करना *v* deprive
वंदना *n* anthem
वंध्या *adj* barren
वंशक्रम *n* descent
वंशज *n* descendant
वंशानुगत *adj* hereditary
वंशीवादक *n* organist
वकलात करना *v* plead
वकील *n* lawyer
वक्तव्य देना *v* pose

वक्ता *n* speaker
वक्र *n* curve
वक्राकार बनाना *v* curve
वक्ष *n* bosom
वचन देना *v* commit
वचनबद्ध *adj* committed
वचनबद्धता *n* commitment
वजन *n* weight
वजन करना *v* weigh
वन *n* jungle
वनमुर्गी *n* pheasant
वनस्पतियां *n* vegetation
वनस्पति-विज्ञान *n* botany
वन्यजीवन *n* wildlife
वयस्क *n* adult
वयस्क होना *v* grow up
वर की खोज *n* manhunt
वरामदा *n* porch
वरिष्ठ *adj* senior
वरिष्ठता *n* seniority
वरीयता *n* preference
वरीयता देना *v* prefer
वर्कशॉप *n* workshop
वर्ग *n* class
वर्ग विभाजित *adj* assorted
वर्गाकार *n* square
वर्गीकरण *n* assortment
वर्गीकरण करना *v* classify
वर्जित *n* contraband
वर्ण *n* complexion
वर्णन *n* description
वर्णन करना *v* describe
वर्णमाला *n* alphabet
वर्तनी *n* spelling
वर्तमान *adj* current, present
वर्ति-लेख *n* scroll
वर्दी *n* uniform
वर्धन *v* boost
वर्षगांठ *n* anniversary
वर्षा *n* rain
वसंत *n* spring
वसीयत करना *v* bequeath
वसीयत संपदा *n* legacy
वसूल करना *v* recover
वसूली *n* recovery
वस्तु *n* item, object, article
वस्तुत: *adv* virtually
वस्तुनिष्ठा *n* objective
वस्त्र *n* drape, fabric
वह *pro* he, she
वह (स्त्री) *adj* her
वहन करना *v* bear
वहां *adv* there
वाइपर *n* viper
वाउचर *n* voucher
वाकपटुता *n* eloquence
वाक्य *n* clause
वाक्या *n* sentence
वाक्यांश *n* phrase
वाटरहीटर *n* waterheater
वाणिज्य *n* commerce
वाणिज्य दूत *n* consul
वाणिज्य वस्तु *n* merchandise
वातावकाश *n* airspace

वाद प्रस्तुत करना 290

वाद प्रस्तुत करना *v* sue
वाद-विवाद *n* argument
वाद-विवाद करना *v* debate
वादी *n* plaintiff
वापस आना *v* come back
वापस करना *v* give back
वापस जाना *v* go back
वापस जीतना *v* win back
वापस पाना *v* get back
वापस लाना *v* bring back
वापस लेना *v* take back
वापसी *n* restitution
वापसी अदायगी *n* repayment
वापसी करना *v* return
वायलिन *n* fiddle
वायु *n* air
वायु क्षेत्र *n* airfield
वायुदाबमापी *n* barometer
वायुमंडल *n* atmosphere
वायुमंडलीय *adj* atmospheric
वायुयान *n* aircraft
वायुयान-मार्ग *n* airline
वायुरोधी *adj* airtight
वारंवार *adj* frequent
वारंवार होना *v* frequent
वारंवारता *n* frequency
वार्ड *n* ward
वार्तालाप *n* dialogue
वार्निश *n* varnish
वार्निश करना *v* varnish
वार्षिक *adj* annual
वालरस *n* walrus

व

वाल्व *n* valve
वाष्पशील *adj* volatile
वाष्पित करना *v* evaporate
वास करना *v* inhabit
वास्तव में *adv* actually
वास्तविक *adj* actual, real
वास्तिकता *n* reality
वास्तुक शिल्पी *n* architect
वास्तुकला *n* architecture
वाहक तार *n* cable
वाहन *n* vehicle
वाहन मार्ग *n* driveway
वाहिनी *n* duct
विंडशील्ड *n* windshield
विडाल *n* lynx
विकर्ण *adj* diagonal
विकर्षण *n* repulse
विकर्षणशील *adj* repulsive
विकर्षित करना *v* repulse
विकलांग करना *v* mutilate
विकल्प *n* alternative
विकसित होना *v* develop
विकास *n* development
विकास करना *v* progress
विकासशील *adj* progressive
विकिरण *n* radiation
विकीरक *n* radiator
विकृत *adj* grotesque
विकृत करना *v* deface
विकृति *n* distortion
विक्रेता *n* salesman
विक्षिप्त *adj* deranged

291 विधायन

विख्यात *adj* renowned
विग *n* wig
विगलन *n* gangrene
विघटन *n* disintegration
विघटन करना *v* disintegrate
विघटित करना *v* disband
विचरण *v* wander
विचरणशील *n* wanderer
विचलन *n* deviation
विचलित *adj* distraught
विचार *n* consideration
विचार करना *v* discuss
विचार के बिना *adj* irrespective
विचारणीय *adj* considerable
विचारना *v* deliberate
विचार-विमर्श *n* discussion
विचारशील *adj* considerate
विचारहीन *n* blindfold
विचाराधीन *adj* undecided
विचित्र *adj* unique
विचित्र वस्तु *n* oddity
विच्छिन्न *adj* estranged
विच्छिन्न करना *v* intercept
विच्छेद *n* disruption
विजन *adj* secluded
विजय *n* conquest
विजय। *n* hip
विजयस्मारक *n* trophy
विजयी *adj* triumphant
विजेता *n* victor, winner
विज्ञान *n* science
विज्ञापन *n* advertising
विज्ञापन देना *v* advertise
विटामिन *n* vitamin
विडंबना *n* irony
विडंबनापूर्ण *adj* ironic
वितरक *n* dealer
वितरण *n* distribution
वितरण करना *v* distribute
वितरित करना *v* pass around
वित्त *v* finance
वित्तीय *adj* financial
विदर *n* cleft
विदा *e* bye
विदायी *n* farewell
विदेश में *adv* abroad
विदेशी *n* foreigner
विदेशी अंत:क्षेत्र *n* enclave
विद्यालय *n* school
विद्युत दाब *n* voltage
विद्युत संबंधी *adj* electric
विद्युतिकरण *v* electrify
विद्रूप *n* caricature
विद्रोह *n* insurrection
विद्रोह करना *v* rebel
विद्रोहकारी *adj* revolting
विद्रोही *n* rebel
विद्वान *n* scholar
विद्वेष *n* antipathy
विधर्म *n* heresy
विधर्मी *adj* heretic
विधवा *n* widow
विधानपालिका *n* legislature
विधायन *n* ordination

व

विधि *n* way
विधि निर्माण *n* legislation
विधि निर्माता *n* lawmaker
विधि बनाना *v* legislate
विधिपालक *adj* law-abiding
विधिवत् *adv* duly
विधिसम्मत *adj* legitimate
विधुर *n* widower
विधेयमान वस्तु *n* predicament
विध्वंश *n* demolition
विध्वंस *n* devastation
विध्वंस करना *v* ravage
विनती करना *v* beseech
विनम्र *adj* humble
विनम्रता *n* politeness
विनम्रतापूर्ण *adv* humbly
विनाश *n* annihilation
विनाश करना *v* annihilate
विनाशक *n* destroyer
विनाशकारी *adj* destructive
विनाशपूर्ण *adj* disastrous
विनिमय *v* exchange
विनिमय करना *v* interchange
विनोदप्रिय *adj* playful
विनोदी *adj* ludicrous
विपक्षता *n* opposition
विपत्ति *n* calamity
विपथन *n* aberration
विपरीत *adj* opposite
विपरीत *adv* conversely
विपरीत दिशा में *adv* opposite
विपुल *adj* superfluous
विफलता *n* flop
विभंजित होना *v* splinter
विभाग *n* department
विभाजन *n* division
विभाजित करना *v* intersect
विभाज्य *adj* divisible
विभिन्न *adj* varied
विभिन्नता *n* diversity
विभिन्नि *adj* diverse
विभेद करना *v* discriminate
विमानचालक *n* aviator
विमान-चालक *n* pilot
विमानन *n* aviation
विमुक्त *adj* exempt
विमोचन करना *n* redemption
वियोजन *n* separation
विरंजक *n* bleach
विरक्त *adv* regardless
विरक्षण *adj* stupendous
विरत होना *v* desist
विराधी बनाना *v* antagonize
विरानी *n* desolation
विरामसंधि *n* truce
विरुचि *n* aversion
विरूपता *n* deformity
विरूपित करना *v* disfigure
विरोध *n* conflict, protest
विरोध करना *v* oppose, dissent
विरोध में होना *v* contrast
विरोध होना *v* clash
विरोधात्मक *adj* conflicting
विरोधाभास *n* paradox

व

विरोधी *n* adversary
विलंब *adv* late
विलंब करना *v* delay
विलंबित *adj* belated
विलक्षण *adj* bizarre
विलग करना *v* isolate
विलम्बित *adj* protracted
विलम्बित करना *v* prolong
विलय *n* merger
विलय करना *v* merge
विलयशील *adj* soluble
विलाप *n* cry, wail
विलाप करना *v* lament
विलायक *adj* solvent
विलासिता *n* luxury
विलासितापूर्ण *adj* luxurious
विलीन करना *v* dissolve
विलीन हो जाना *v* die out
विलुप्त *adj* extinct
विवरण *n* account
विवरणत्मक *n* documentary
विवरणात्मक *adj* descriptive
विवरणिका *n* brochure
विवाद *n* contest
विवाद करना *v* plead
विवादास्पद *adj* controversial
विवादी *n* contender
विवाह *n* marriage
विवाह करना *v* wed
विवाह बंधन *n* matrimony
विवाहित *adj* married
विविध *adj* varied
विविधता *n* variety
विवेक *n* discretion
विवेकशील *adj* discreet
विवेक-सम्मत *adj* judicious
विवेकहीनता *n* indiscretion
विशलपूर्ण *adj* sumptuous
विशाल *adj* grand, huge
विशिष्ट *adj* particular
विशिष्ट रूप से *adv* particularly
विशिष्टता *n* specialty
विशुद्धता *n* chastity
विशेष *adj* special
विशेष घटना *n* event
विशेष व्यंजन *n* dish
विशेषज्ञ *adj* expert
विशेषण *n* adjective
विशेषत: *adv* notably
विशेषता *adj* characteristic
विशेषरूप से *adv* especially
विशेषाधिकार *n* privilege
विश्राम *n* repose
विश्राम करना *v* repose
विश्राम देने वाला *adj* relaxing
विश्रृंखल नाटक *n* revue
विश्लेषण *n* analysis
विश्लेषण करना *v* analyze
विश्व *n* world
विश्व स्तर पर *adj* worldwide
विश्वकोश *n* encyclopedia
विश्वविद्यालय *n* university
विश्वसनीय *adj* faithful
विश्वसनीयता *n* credibility

व

विश्वास *n* belief
विश्वास करना *v* believe
विश्वास दिलाना *v* reassure
विश्वासघात *n* betrayal
विश्वासघात करना *v* betray
विश्वासपात्र *n* confidant
विश्वासोत्पादक *adj* convincing
विश्सनीय *adj* credible
विष *n* venom
विषम *adj* odd, unlike
विषय *n* subject, topic
विषाणु *n* virus
विषुवत् रेखा *n* equator
विषैला *adj* toxic
विसंगत *adj* absurd
विसंगति *n* discrepancy
विसरण करना *v* disperse
विसर्जन *n* dispersal
विसारित होना *v* diffuse
विस्तरण *n* extension
विस्तार *n* expansion
विस्तार करना *v* span
विस्तार देना *v* extend
विस्तार पाना *v* expand
विस्तारण *n* enlargement
विस्तृत *adj* outstretched
विस्तृत करना *v* broaden
विस्थापित करना *v* dislocate
विस्फोट *n* blast
विस्फोट करना *v* explode
विस्फोटक *adj* explosive
विस्फोटित करना *v* detonate
विस्मय *n* amazement
विस्मयकारक *adj* astounding
विस्मयकारी *adj* amazing
विस्मयजनक *adj* awful
विस्मयाकुल *adj* awesome
विस्मरण *n* oblivion
विस्मृतिकर *adj* oblivious
विहार *n* cloister
वीणा *n* harp
वीभत्स *adj* grisly
वीर *adj* gallant
वीरतापूर्ण *adj* heroic
वृंदगान *n* chorus
वृत *n* circle
वृत्तीय *adj* circular
वृद्ध *adj* old
वृद्धावस्था *n* old age
वृद्धि *n* increase
वृद्धि करना *v* enhance
वें *pro* they
वे *adj* those
वे सभी *pro* themselves
वेग *n* velocity
वेतन *n* salary
वेतन-वृद्धि *n* raise
वेदनागीत *n* serenade
वेदनाप्रद *adj* agonizing
वेदी *n* altar
वेदी का पर्दा *n* riddle
वेधन *n* piercing
वेधन करना *v* penetrate
वेधशाला *n* observatory

व

वेफर *n* wafer
वेब *n* web
वेबसाइट *n* web site
वेल्ड करना *v* weld
वेश *n* guise
वेश्यालय *n* brothel
वैकल्पिक *adj* alternate
वैध *adj* lawful
वैध बनाना *v* legalize
वैधता *n* legality
वैभव *n* splendor
वैराग्य संबंधी *adj* ascetic
वैवाहिक *adj* conjugal
वैवाहिक संबंधी *n* in-laws
वैषम्य *n* contrast
वॉट *n* watt
वॉटरशेड *n* watershed
वॉयलिन *n* violin
वॉयलिन वादक *n* violinist
वॉलीबाल *n* volleyball
वॉलेट *n* wallet
व्यंग करना *n* innuendo
व्यंग चित्र *n* cartoon
व्यंगकाव्य *n* satire
व्यंगपूर्ण *adj* sarcastic
व्यंजन *n* consonant
व्यक्ति *n* person
व्यक्तिगत *adj* personal
व्यक्तित्व *n* personality
व्यग्र होना *v* yearn
व्यग्रता *n* ardor
व्यथित करना *v* distress
व्यभिचार *n* adultery
व्यय *n* charge
व्यय कम करना *v* cut down
व्यर्थ *adj* futile
व्यर्थता *n* futility
व्यवसाय *n* profession
व्यवसायिक *adj* commercial
व्यवस्था *n* setup, arrangement
व्यवस्था करना *v* dispose
व्यवस्थित *adj* systematic
व्यवस्थित करना *v* make up
व्यवहार *n* practice, demeanor
व्यवहार करना *v* demean
व्यवहार में लाना *v* practise
व्यवहारिक *adj* feasible
व्यवहार्य *adj* workable
व्यस्त *adj* busy
व्यस्तता *n* engagement
व्यस्तता से *adv* busily
व्याकरण *n* grammar
व्याकुल *adj* uneasy
व्याकुलता *n* uneasiness
व्याख्या *n* definition
व्याख्या करना *v* define
व्याख्यान *n* lecture
व्यापक *adj* massive
व्यापक रूप से *adv* widely
व्यापरिक सौदा *n* dealings
व्यापार *n* business
व्यापार उत्कर्ष *n* boom
व्यापार करना *v* trade, traffic
व्यापारी *n* businessman

व्याप्त *adj* prevalent
व्याप्त होना *v* prevail
व्यायामशाला *n* gymnasium
व्यास *n* diameter
व्यास नापना *v* calibrate
व्रत *v* vow
व्हीलचेयर *n* wheelchair
व्हेल *n* whale

श

शंकाशील *adj* sceptic
शंकास्पद *adj* questionable
शंकु *n* cone
शकुन *n* omen, portent
शक्ति *n* power
शक्ति बनाए रखना *v* keep up
शक्तिशाली *adj* mighty
शक्तिहीन *adj* powerless
शतरंज *n* chess
शताब्दी *n* centenary
शत्रु *n* enemy
शत्रुता *n* animosity
शत्रुतापूर्ण *adj* hostile
शनिवार *n* Saturday
शपथ *n* oath, pledge
शपथ लेना *v* pledge
शब्द *n* wording

शब्द भंडार *n* vocabulary
शब्दचित्रण करना *v* portray
शब्दपहेली *n* crossword
शब्दश *adv* literally
शब्दाडंबर *n* pomposity
शब्दावली *n* glossary
शमन करना *v* quench
शमादान *n* candlestick
शयनकक्ष *n* bedroom
शयनशाला *n* dormitory
शरण *n* refuge
शरण देना *v* screen
शरण में लेना *v* take in
शरण स्थान *n* asylum
शरणार्थी *n* refugee
शरद *n* winter
शरमाना *v* color
शराब *n* booze
शराब की भट्टी *n* brewery
शराब पीना *v* drink
शरारत *n* mischief
शरारती *adj* mischievous
शरारती लड़का *n* brat
शरीर *n* frame, body
शरीर-रचनाविज्ञान *n* anatomy
शर्त लगाना *v* stipulate
शर्माना *v* redden
शर्मिंदगी भरा *adj* shameful
शर्मिंदा *adj* ashamed
शर्मिंदा होना *v* embarrass
शर्मीला *adj* shy
शर्मीलापन *n* shyness

शल्क कंद *n* bulb
शल्य क्रिया *n* operation
शल्यक *n* porcupine
शल्यचिकित्सक *n* surgeon
शव *n* body, corpse
शवगृह *n* mortuary
शव-परीक्षा *n* autopsy
शवलेप लगाना *v* embalm
शस्त्रागार *n* arsenal
शस्त्राभ्यास *n* drill
शह *n* check
शहतीर *n* beam
शहर *n* city, town
शहरी *adj* civil
शहादत *n* martyrdom
शहीद *n* martyr
शांत *adj* calm, quiet, silent
शांत करना *v* appease
शांत होना *v* calm down
शांति *n* lull
शांती *n* silence
शाकाहारी *v* vegetarian
शाखा *n* bough, branch
शाखा कार्यालय *n* branch office
शाखा निकलना *v* branch out
शानदार *adj* gorgeous
शान्ति *n* peace
शान्तिपूर्ण *adj* peaceful
शान्तीकरण *n* sedation
शाप देना *v* curse
शाब्दिक *adj* literal
शाम *n* evening
शामिल करना *v* include
शायद *adv* perhaps
शारण-स्थान *n* sanctuary
शारीरत *adj* bodily
शारीरिक *n* material
शार्क *n* shark
शार्टहैंड *n* shorthand
शाल ओढ़ लोना *v* wrap up
शालीन *adj* decent
शालीनता *n* decency
शावक *n* cub
शासक *n* ruler
शासन *n* regime
शासन करना *v* govern, wield
शासपत्र *n* charter
शास्त्रीय *adj* classic
शाहबलूत *n* oak
शिकंजा *n* cramp
शिकायत *n* complaint
शिकायत करना *v* complain
शिकार *n* game, hunting
शिकार करना *v* hunt
शिकारी *n* hunter
शिकारी कुत्ता *n* hound
शिक्षक *n* teacher
शिक्षण *n* tuition
शिक्षा संबंधी *adj* educational
शिक्षार्थी *n* learner
शिक्षावृत्ति *n* fellowship
शिक्षा-शास्त्र *n* pedagogy
शिक्षित *adj* literate
शिक्षित करना *v* educate

श

शिखर *n* crest, peak
शिथिल *adj* lax
शिप-यार्ड *n* shipyard
शिमलामिर्च *n* bell pepper
शिरस्त्राण *n* helmet
शिरा *adj* intravenous
शिर्षक *n* heading
शिलापट्टी *n* slab
शिल्प संघ *n* guild
शिल्पी *n* craftsman
शिविर *n* camp
शिशु *n* infant
शिशुपालगृह *n* nursery
शिष्ट *adj* courteous
शिष्टाचार *n* courtesy
शिष्य *n* disciple
शीघ्र *adv* early
शीघ्रता *n* haste
शीघ्रता के साथ *adj* express
शीत संवेदी *adj* chilly
शीतल *adj* icy
शीर्ष *n* apex
शीर्षक *n* title
शीशा *n* glass
शुक्रवार *n* Friday
शुक्राणु *n* sperm
शुतुरमुर्ग *n* ostrich
शुद्ध *adj* pure
शुद्ध करना *v* purge
शुद्धता *n* purity
शुद्धि *n* purification
शुभ *adj* auspicious

शुभ कामना *n* hail
शुभ कामना देना *v* hail
शुरुआत *n* outset
शुरुआत करना *v* set out
शुल्क *n* fee
शून्य *adj* null, void
शेखी मारना *v* crack
शेर *n* lion
शेरनी *n* lioness
शेरी *n* sherry
शेष प्रणाली *n* subtraction
शेष भाग *n* remains
शेष रहना *v* remain
शेषफल *n* remainder
शेषभोगी *adj* remaining
शेषांश *n* remnant
शैतान *n* devil
शैलमय *adj* rocky
शैशव *n* infancy
शोक *n* condolences
शोक करना *v* mourn
शोक प्रकट करना *v* deplore
शोकपूर्ण *adj* sorrowful
शोध *n* research
शोध करना *v* research
शोधन करना *v* cleanse
शोफर *n* chauffeur
शोभा यात्रा *n* procession
शोर *n* noise
शोरगुल *n* tumult
शोरण *n* broth
शोरबा *n* gravy, stew

शोशेबाजी *n* gimmick
शोषण *n* explotation
शोषण करना *v* exploit
शोषभाग *n* sequel
शौक *n* hobby
शौचालय *n* lavatory
श्याम *adj* somber
श्याम जट्ट *n* blackboard
श्यामला *adj* brunette
श्रद्धांजली *n* homage
श्रम *n* labor
श्रमसाध्य *adj* arduous
श्रव्य *adj* audible
श्रीमान *n* mister
श्रुतिलेख लिखना *v* dictate
श्रृंखला *n* chain
श्रेणी *n* category
श्रेणीबद्ध संस्थान *n* hierarchy
श्रेष्ठ *n* ace
श्रेष्ठता *n* excellence
श्रोता *n* audience
श्लेष्म *n* mucus
श्वसन *n* breathing
श्वसनीय शोथ *n* bronchitis
श्वास छोड़ना *v* expire
श्वासनली *n* windpipe
श्वासावराध *n* asphyxiation
श्वेत-जलपक्षी *n* pelican

ष

षड्यंत्र *n* conspiracy
षड्यंत्र करना *v* concoct
षड्यंत्र रचना *v* conspire
षड्यंत्रकारी *n* conspirator

स

संकट *n* crisis
संकटापन्न *adj* critical
संकरण *n* version
संकरा मार्ग *n* bottleneck
संकरी खाड़ी *n* creek
संकलन करना *v* compile
संकल्प *n* resolution
संकाय *n* faculty
संकाय-अध्यक्ष *n* dean
संकीर्ण *adj* narrow
संकीर्णतापूर्ण *adv* narrowly
संकुचन *n* contraction
संकुचित करना *v* compress
संकुचित होना *v* dwindle
संकुलन *n* jam, congestion
संकुलित *adj* congested
संकेंद्रण *n* concentration
संकेंद्री *adj* concentric

संकेत 300

संकेत *n* code, signal, hint
संकेत करना *v* connote
संकेत देना *v* hint
संकेतक *n* beacon
संकोच से *adv* reluctantly
संकोची *adj* bashful
संक्रमक *n* epidemic
संक्रमण *n* infection
संक्रामक *adj* contagious
संक्षिप्त *v* abbreviate
संक्षिप्त *adj* brief
संक्षिप्त करना *v* clip
संक्षिप्त रूप *n* abbreviation
संक्षिप्त विवरण *n* overview
संक्षेप *n* brevity
संक्षेप करना *v* abridge
संक्षेप में *adv* briefly
संक्षेप में दिखाना *v* recap
संख्या *n* number
संगठन *n* organization
संगठित करना *v* organize
संगत *n* company
संगतता *n* compatibility
संगति बैठना *n* accord
संगमरमर *n* marble
संगीत *n* music
संगीत सभा *n* concert
संगीतकार *n* composer
संगीन *n* bayonet
संग्रह *n* collection
संग्रहणशील *adj* receptive
संग्रहाध्यक्ष *n* curator
संग्रहालय *n* museum
संग्राम होना *v* battle
संघ *n* league, union
संघटक *n* ingredient
संघनन *n* condensation
संघनित करना *v* condense
संघर्ष *n* strife, struggle
संघर्ष करना *v* struggle
संघीय *adj* federal
संचय करना *v* store
संचार *n* communication
संचार करना *v* transmit
संचालक *n* conductor
संचालन *n* drive, conduct
संचालन करना *v* conduct
संचालित करना *v* wag
संचित कार्य *n* backlog
संज्ञहीन *v* stun
संज्ञा *n* noun
संज्ञारूप *n* declension
संज्ञासुन्न *adj* numb
संज्ञासुन्नता *n* numbness
संज्ञाहीन *adj* senseless
संड़सी *n* pincers
संत *n* saint
संतरा *n* orange
संताप *n* anguish
संताप भाव *n* chagrin
संतुलन *n* balance
संतुष्ट *adj* content
संतुष्ट करना *v* please
संतुष्ट होना *v* content

स

301 संरक्षण देना

संतृप्त होना *v* saturate
संतोल *n* poise
संतोष *n* satisfaction
संतोषपूर्ण *adj* satisfactory
संदर्भ *n* context
संदर्भ-ग्रंथ-सूची *n* bibliography
संदर्शिका *n* guidebook
संदिग्ध *adj* ambiguous
संदूक *n* trunk
संदूकची *n* casket
संदेश *n* message
संदेश पत्र *n* epistle
संदेशवाहक *n* courier
संदेह *n* doubt
संदेह करना *v* doubt
संदेहपूर्ण *adl* doubtful
संदेहवादी *adj* skeptic
संधनता *n* consistency
संधि *n* articulation
संन्यास *n* retirement
संन्यासी *n* friar, hermit
संपत्ति *n* assets, property
संपन्न बनाना *v* enrich
संपर्क *n* contact, liaison
संपर्क करना *v* contact
संपादित करना *v* edit
संपूरक *n* complement
संपूर्ण *adj* intact
संप्रदाय *n* community
संप्रेषित करना *v* communicate, convey
संबंध *n* association
संबंध तोड़ना *v* break off
संबंध रखना *v* concern
संबंध होना *v* pertain
संबंधन *n* connection
संबंध-विच्छेद *v* break away
संबंधित *adj* related
संबंधी *n* relative
संबोधन *n* apostrophe
संभवत: *adv* likely
संभालना *v* manage
संभालने योग्य *adj* manageable
संभाव्य *adj* potential
संभाव्यता *n* eventuality
संभ्रमित होना *v* confuse
संभ्रांत जन *n* dignitary
संभ्रांति *n* confusion
संमोहित करना *v* hypnotize
संयम *n* abstinence
संयम करना *v* abstain
संयम रखना *v* restrain
संयमन *n* moderation
संयासिनी *n* nun
संयासी *n* monk
संयुक्त करना *v* affix
संयुक्त रूप से *adv* jointly
संयुक्त स्वर *n* diphthong
संयोग *n* coincidence
संयोगवश *adj* coincidental
संयोजन *n* combination, joint
संरक्षक *n* warden
संरक्षण *n* patronage
संरक्षण देना *v* patronize

स

संरक्षित 302

संरक्षित *n* conserve
संरक्षित करना *v* conserve
संरूपी *adj* conformist
संलग्न *adj* adjoining
संलग्नक *adv* inclusive
संलग्नता *n* fidelity
संवाददाता *n* reporter
संवादी *adj* corresponding
संवारना *v* spruce up
संविधान *n* constitution
संविधान सभा *n* convention
संविभ्रमी *adj* paranoid
संवेदन *n* sensation
संवेदनशील *adj* sensible
संवेदनशीलता *n* warmth
संवेदना *n* feeling
संवेदनाहरण *n* anesthesia
संवेदी *adj* sensitive
संशोधन *n* amendment
संशोधन करना *v* amend
संश्लेषण *n* synthesis
संसद *n* parliament
संसारिक *adj* worldly
संस्करण *n* edition
संस्कार *n* ceremony
संस्कृति *n* culture
संस्थापक *n* founder
संस्थापन *n* installation
संस्थापना *v* institute
संस्पर्शक *n* tentacle
संहत होना *v* compact
संहार *n* carnage

सकना *v* may
सकलता *n* totality
सकारात्मक *adj* positive
सक्रिय *adj* active
सक्रिय करना *v* activate
सक्रियकरण *n* activation
सक्रियता *n* activity
सक्षम *adj* hardy, stiff
सख्त लकड़ी *n* hardwood
सगाई *n* engagement
सगेपन से *adj* akin
सचिव *n* secretary
सचेतन *adj* conscious
सच्चा *adj* truthful
सच्चाई *n* truth
सजा *n* sentence
सजा देना *v* sentence
सजा देने योग्य *adj* punishable
सजाकर रखना *v* bestow
सजाना *v* decorate
सजावट *v* get up
सजावटी *adj* decorative
सजीव बनाना *v* animate
सजीवन *n* animation
सज्जा *n* trimmings
सड़न *n* rot
सड़ना *v* decompose
सड़ा हुआ *adj* rotten
सतत *adj* incessant
सतरह *adj* seventeen
सतर्क *n* alert
सतर्क करना *v* alert

स

सतर्क होना *v* look out
सतह *n* surface
सतह पर आना *v* resurface
सताना *v* oppress
सतालू *n* peach
सत्कारिणी *n* hostess
सत्तर *adj* seventy
सत्तावादी *adj* authoritarian
सत्यांकन *n* ratification
सत्याडंबरी *adj* plausible
सत्यापन *n* verification
सत्यापन करना *v* verify
सत्र *n* semester
सदगुण *adj* virtuous
सदन *n* chamber
सदस्य *n* member
सदस्यता *n* membership
सदृश करना *v* conform
सदोषता *n* culpability
सद्भावना *n* goodwill
सनक *n* fad
सनकी *n* fan
सनकी व्यक्ति *n* crank
सन् *n* era
सन्तरी *n* sentry
सन्तान *n* offspring
सन्देह करना *v* suspect
सन्धि *n* treaty
सन्निकट *adj* imminent
सन्यासी *n* recluse
सपना *n* dream
सपना देखना *v* dream
सपाट *adj* flat
सप्ताह *n* week
सप्ताहांत *n* weekend
सफरी थैला *n* handbag
सफरी शायिका *n* bunk bed
सफल *adj* successful
सफल होना *v* come out
सफलता *n* success
सफाई *n* cleanliness
सफ़ाई *n* apology
सफेद *adj* white
सफेद करना *v* bleach
सब *adj* all
सबूत *n* evidence
सब्जी *v* vegetable
सभा *n* assembly
सभी *pro* everyone
सभी कुछ *pro* everything
सभ्य बनाना *v* civilize
सभ्यता *n* civilization
सम *adj* even
समकक्ष *n* peer
समकालिक *adj* simultaneous
समकालीन *adj* contemporary
समग्र *adj* entire
समग्र *adv* overall
समग्र करना *v* integrate
समझ *n* understanding
समझना *v* comprehend
समझाना *v* deem
समझौता *n* agreement
समझौता करना *v* compromise

स

समझौताकारी *adj* conciliatory
समझौता-वार्ता *n* negotiation
समतल *n* plane
समतल करना *v* flatten, level
समतल भूमि *n* flat
समदेशी *n* compatrict
समन्वय कर्ता *n* coordinator
समपार्श्व *adj* collateral
सममूल्य *adj* equivalent
समय *n* time
समय पर *adj* timely
समय सारणी *n* timetable
समयपरायण *adj* punctual
समयपूर्व *adj* premature
समर-तंत्र *n* tactics
समर्थ *adj* capable
समर्थ करना *v* enable
समर्थ होना *v* can
समर्थता *n* competence
समर्थन *n* backing
समर्थन करना *v* advocate
समर्पण *n* consecration, dedication
समर्पण करना *v* dedicate
समर्पित करना *v* consecrate
समवर्ती *adj* concurrent
समष्टि निगम *n* corporation
समस्या *n* problem
समस्यापूर्ण *adj* problematic
समागम *n* communion
समाचार *n* story, news
समाचार अंश *n* newscast
समाचारपत्र *n* newspaper
समाचार-पत्रक *n* newsletter
समाज *n* society
समाजवाद *n* socialism
समाजवादी *adj* socialist
समाधान *n* solution
समाधान करना *v* reconcile
समाधान निकालना *v* resolve
समाधि *n* tomb
समाधि का पत्थर *n* tombstone
समाधि प्रस्तर *n* gravestone
समान *adj* alike, equal
समानता *n* equality, parity
समानान्तर *n* parallel
समानार्थक शब्द *n* synonym
समापन *n* conclusion
समाप्त कर देना *v* overturn
समाप्त करना *v* complete, end
समाप्त हो जाना *v* dissipate
समाप्त होना *v* expire
समाप्ति *n* ending
समामेलन *n* annexation
समायोजन *n* adjustment
समायोजन करना *v* adjust
समायोज्य *adj* adjustable
समारोह *n* function
समाविष्ट करना *v* comprise
समाश्वासन *n* warranty
समाश्वासन देना *v* warrant
समिति *n* committee
समीकरण *n* equation
समीकरण करना *v* equate

स

305 सरल किया हुआ

समीक्षण *n* scrutiny
समीक्षा *n* review
समीक्षा करना *v* review
समीर *n* breeze
समुचित *adj* appropriate
समुच्चय *n* set
समुच्चय करना *v* aggregate
समुद्र *n* sea
समुद्र पार *adv* overseas
समुद्र-तट *n* beach
समुद्रयात्रा *n* voyage
समुद्रयात्री *n* voyager
समुद्री क्षेत्र *adj* seaside
समुद्री चट्टान *n* reef
समुद्री डकैत *n* pirate
समुद्री डकैती *n* piracy
समुद्री तट *n* seashore
समुद्रीय *adj* marine
समुद्रीयात्रा करना *v* sail
समूरिया *adj* furry
समूल नष्ट करना *v* stamp out
समूह *n* group
समृद्ध *adj* prosperous
समृद्ध होना *v* flourish
समृद्धि *n* opulence
समृद्धी *n* prosperity
समेकन *n* fusion
समेटना *v* wind up
सम्पूर्ण *adj* perfect
सम्पोषित करना *v* pulverize
सम्बंध विच्छेद *adj* unrelated
सम्बद्ध करना *v* affiliate
सम्बन्धन *n* affiliation
सम्भव *adj* possible
सम्भावना *n* possibility
सम्भाविता *n* probability
सम्भाव्य *adj* probable
सम्मन भेजना *v* summon
सम्मान *n* appreciation
सम्मान करना *v* esteem
सम्मान देना *v* regard
सम्माननीय *adj* adorable
सम्मानार्थ *adj* complimentary
सम्मानार्थ फीता *n* cordon
सम्मानित करना *v* dignify
सम्मिलन *n* coalition
सम्मिलित *v* involved
सम्मिलित करना *v* involve
सम्मिलित होना *v* consist
सम्मिश्रक *n* blender
सम्मेलन *n* conference
सम्मोहित करना *v* fascinate
सम्राट *n* emperor
सयाना *adj* elderly
सयोचित *adj* opportune
सरकना *v* slide
सरकार *n* government
सरणि *n* channel
सरता *n* simplicity
सरपट दौड़ना *v* gallop
सरल *adj* simple
सरल करना *v* simplify
सरल किया हुआ *v* straighten out

स

सरलताप्रिय *adj* scrupulous
सरस *adj* succulent
सरस बनाना *v* savor
सरसों *n* mustard
सराय *n* hotel, inn
सराहना *v* appreciate
सरिता *n* stream
सरिया *n* rail
सरिसृप *n* reptile
सरोकार रखना *v* concern
सर्द *adj* frosty
सर्फ करना *v* surf
सर्व शक्तिमान *adj* almighty
सर्वक्षमा *n* amnesty
सर्वतोमुखी *adj* versatile
सर्वनाम *n* pronoun
सर्वसम्मति *n* unanimity
सर्वाधिक *adj* most
सर्वाधिक बुरा *adj* worst
सर्वाधिकारवादी *adj* totalitarian
सर्वेक्षण *n* survey
सर्वोच्च *adj* supreme
सर्वोच्च बिशप *n* archbishop
सर्वोच्चाधिकार *n* prerogative
सर्वोत्तम *adj* classy
सर्वोपरी *adj* paramount
सलाद *n* lettuce, salad
सलामत *adj* unharmed
सलाह *n* advice
सलाह देना *v* advise
सलाह लेना *v* consult
सल्फर *n* sulphur
सवार *adv* aboard
सवार होना *v* embark
सवारी करना *v* ride
सशर्त *adj* conditional
सशस्त्र व्यक्ति *n* gunman
ससुर *n* father-in-law
सस्ता *adj* cheap
सहकर्मी *n* accomplice
सहकारी *adj* auxiliary
सहचारिता *n* companionship
सहज बोध *n* intuition
सहज ही *adv* simply
सहन करना *v* suffer
सहनशक्ति *n* patience
सहना *v* endure
सहनीय *adj* bearable
सहपाठी *n* classmate
सहबाला *n* best man
सहभागी *n* partner
सहमत *adj* willing
सहमत होना *v* agree
सहमति *n* consent
सहयोग *n* collaboration
सहयोग करना *v* collaborate
सहयोग देना *v* cooperate
सहयोगी *n* coefficient
सहराज्य *n* condo
सहवास करना *v* cohabit
सहवासी *n* inmate
सहश्णुता *n* tolerance
सहसा *adv* abruptly
सहस्त्राब्द *n* millennium

सहानुभमति *n* sympathy
सहायक *n* contributor
सहायता *n* aide
सहायता देना *v* assist
सहायोगी *n* collaborator
सहारा देना *v* bolster
सहिष्णु *adj* affable
सही *n* sound
सांख्यिकी *n* statistic
सांग *n* dart
सांचा *n* block
सांड *n* bull
सांड से लड़ाई *n* bull fight
सांत्वना *n* consolation
सांत्वना देना *v* console
सांप *n* serpent
सांस *n* breath
सांस लेना *v* breathe, inspire
सांसारिक *adj* carnal
सांस्कृतिक *adj* cultural
साइकिल *n* bicycle
साइकिल सवार *n* cyclist
साइडर *n* cider
साइप्रस *n* cypress
साकार करना *v* embody
साक्षात्कार *n* interview
साक्षी *n* witness
साक्ष्य *n* testimony
साक्ष्य देना *v* vouch for
साज-श्रृंगार *n* makeup
साजसामान *n* equipment
साज-सामान *n* gear
साजा *n* punishment
साजा देना *v* punish
साझा करना *v* share, pool
साझेदारी *n* partnership
साठ *adj* sixty
सात *adj* seven
सातवां *adj* seventh
साथ जाना *v* accompany
साथ मिलाना *v* blend
साथ-साथ *pre* alongside
साथी *n* companion
सादा *adj* plain
सादृश्य *n* analogy
साधन *n* appliance
साधारण *n* general
साधारण *adj* plain
सापेक्ष *adj* relative
साप्ताहिक *adv* weekly
साफ करना *v* clean, clear
साफ करने वाला *n* cleaner
साफ-साफ *adj* clear-cut
सामंजस्य *n* symmetry
सामंजस्य करना *v* coordinate
सामंत की पत्नी *n* countess
सामग्री *n* stuff
सामधान करना *v* solve
सामन *n* salmon
सामना करना *v* confront
सामने *pre* before
सामने आना *v* come across
सामने का *adj* front
सामने का दावा *v* set off

स

सामने वाला *adj* next door
सामयिक *adj* provisional
सामरिक *adj* tactical
सामाजिक *adj* sociable
सामान *n* belongings
सामान कसना *v* pack
सामान खोलना *v* unpack
सामान्य *adj* normal
सामान्यत *adv* normally
सामान्यरूप से *adv* ordinarily
सामान्यीकरण *v* generalize
सामीप्य *n* proximity
सामूहिक *adj* common
साम्य *n* resemblance
साम्य होना *v* resemble
साम्यवाद *n* communism
साम्रज्य *n* empire
साम्राज्ञी *n* empress
साम्राज्य *n* reign
साम्राज्य संबंधी *adj* imperial
साम्राज्यवाद *n* imperialism
सायनाइड *n* cyanide
सार *n* essence
सारजेण्ट *n* sergeant
सारडीन *n* sardine
सारस *n* crane
सारस पक्षि *n* stork
सार-संग्रह *n* compendium
सार्थक *adj* worthwhile
सार्वजनिक *adj* public
सार्वभौमिक *adj* universal
साल *n* year
साला *n* brother-in-law
साली *n* sister-in-law
सावधान *adj* cautious
सावधानी *n* caution
सास *n* mother-in-law
साहस *n* boldness, guts
साहस रखना *v* dare
साहसपूर्ण *adv* bravely
साहसपूर्ण कार्य *n* feat
साहसी *adj* courageous
साहित्य *n* literature
सिंहासन *n* throne
सिकता-पत्र *n* sandpaper
सिकी डबलरोटी *n* toast
सिकुड़ना *v* shrink
सिक्का *n* coin
सिक्के ढालना *v* mint
सिगरेट *n* cigarette
सिगरेट पीना *v* smoke
सिटकनी *n* latch
सिटकनी लगाना *v* bolt
सितम्बर *n* September
सिद्ध करना *v* debunk
सिद्ध किया हुआ *adj* proven
सिद्धांत *n* doctrine
सिनेमा *n* film, movie
सिपाही *n* soldier
सिपाही विद्रोह *n* mutiny
सिफारिश करना *v* commend
सिफिलिस *n* syphilis
सिम्फनी *n* symphony
सिर उड़ा देना *v* behead

309 सुझानेवाला

सिर काटना *v* decapitate
सिर की त्वचा *n* scalp
सिर हिलाना *v* nod
सिरका *n* vinegar
सिरदर्द *n* headache
सिरफिरा *adj* nutty
सिरे से नीचे *adv* upside-down
सिर्फ *adv* only
सिलाई का काम *n* sewing
सिलिंडर *n* cylinder
सिल्क *n* silk
सिल्ली *n* ingot
सिवाए इसके *c* unless
सिसकी *n* sob
सिसकी लेना *v* sob
सिहरना *v* tremble
सींक पर भूनना *n* barbecue
सींग *n* horn
सींचना *v* irrigate
सींचाई *n* irrigation
सीखना *v* learn
सीगल *n* seagull
सीटी *n* whistle
सीटी बचाना *v* whistle
सीड़ी *n* ladder
सीढ़ियां *n* stairs
सीढ़ी *n* stair
सीधा *adj* right, outright
सीधा खड़ा होना *v* erect
सीधा-साधा *n* mugging
सीधे तरीके से *adv* plainly
सीना *v* sew
सीनेट *n* senate
सीनेटर *n* senator
सीफूड *n* seafood
सीमा *n* boundary
सीमा रेखा *n* border
सीमावर्ती प्रांत *n* outskirts
सीमित करना *v* limit, confine
सीमेंट *n* cement
सीरप *n* syrup
सीरम *n* serum
सीलन-भरा *adj* damp
सीसा *n* lead
सीसायुक्त *adj* leaded
सुंदर *adj* beautiful
सुंदर बनाना *v* beautify
सुंदर व्यक्ति या स्त्री *n* fair
सुअर *n* pig
सुअर का मांस *n* pork
सुखकर *adj* cozy
सुखद *adj* gratifying
सुखसुविधा *n* amenities
सुखान *n* rudder
सुखाने वाला *n* dryer
सुखाया मांस *n* ham
सुखाया हुआ *adj* dried
सुगंध *n* fragrance
सुगंधि *n* incense
सुगंधित *adj* aromatic
सुगन्ध *n* scent
सुगम करना *v* facilitate
सुग्गा *n* parakeet
सुझानेवाला *adj* suggestive

स

सुदंर

सुदंर *adj* good-looking
सुधार *n* improvement
सुधार करना *v* modify
सुधारना *v* correct
सुनना *v* hear, listen
सुनवाई *n* hearing
सुनहरा *adj* golden
सुनाई पड़ना *v* sound out
सुनिश्चित *adj* exact
सुनिश्चित करना *v* ensure, insure
सुनीसुनाई बात *n* hearsay
सुपरमार्केट *n* supermarket
सुपरिचित *adj* familiar
सुपाठ्य *adj* legible
सुपुर्द करना *v* hand over
सुपुर्दगी *n* delivery
सुबह *n* morning
सुरंग *n* tunnel
सुरक्षा *n* impunity
सुरक्षा करना *v* protect
सुरक्षाप्राप्त *adj* undercover
सुरक्षित *adj* safe
सुलगाना *v* kindle
सुलझाना *v* disentangle
सुलभ *adj* accessible
सुविधा *n* convenience
सुविधाजनक *adj* convenient
सुव्यवस्थित *adj* methodical
सुसंगत *adj* coherent
सुसंगतता *n* harmony
सुसज्जित करना *v* furnish

सुस्ती *n* recession
सुस्थिर *adj* composed
सुस्पष्ट *adj* conspicuous
सुस्पष्ट करना *v* manifest
सुस्पष्टता *n* distinction
सुहाग सप्ताह *n* honeymoon
सूंघना *v* sniff
सूंघने वाला *n* sniper
सूअर *n* hog
सूअर की चर्बी *n* lard
सूई *n* injection, needle
सूई के बीना *adj* needless
सूक्ष्म *adj* tenuous
सूक्ष्म जीवाणु *n* microbe
सूक्ष्म तरंग *n* microwave
सूक्ष्मदर्शी *n* microscope
सूखना *v* dry
सूखा *adj* arid, dry
सूखा घास *n* hay
सूखा बेर *n* prune
सूचक शब्द *n* catchword
सूचना *n* information
सूचनादाता *n* informant
सूचित करते हुए *adv* reportedly
सूचित करना *v* ascertain
सूची *n* catalog, list
सूची तैयार करना *v* catalog
सूची बद्ध करना *v* enlist, list
सूजन *n* lump
सूत *n* yarn
सूत्र *n* clue
सूनी जगह *n* seclusion

सूप *n* soup
सूरज *n* sun
सूरमा *n* bachelor
सूर्यअवरोधी *n* sunblock
सूर्यास्त *n* sundown
सूर्योदय *n* sunrise
सूली *n* cross
सूली चड़ाना *v* crucify
सृजनात्मक *adj* creative
सृजनात्मकता *n* creativity
सृष्टि *n* creation
सृष्टि करना *v* create
से *pre* from
से अधिक दूर *adv* beyond
से पाना *v* get by
से पैदा हुआ *adj* born
से पैदा होना *v* descend
से वंचित करना *adj* bereaved
से हो कर *pre* through
सेंकना *v* bake, toast
सेंटीमीटर *n* centimeter
सेंधमार *n* burglar
सेंधमारी *n* burglary
सेंधमारी करना *v* burglarize
सेना *n* army, legion
सेना में भर्ती *v* recruit
सेनापति *n* commander
सेब *n* apple
सेम *n* bean
सेलफोन *n* cellphone
सेवानिवृत्त होना *v* retire
सेवानिवृत्ति *n* retirement
सैंट *n* cent
सैंडविच *n* sandwich
सैर *n* outing
सैर करना *v* roam
सैर-सपाटा *v* sightseeing
सैलून *n* saloon
सॉस *n* sauce
सॉसेज *n* sausage
सो जाना *v* drop off
सोखना *v* soak
सोचना *v* think
सोडा *n* soda
सोता *n* spring
सोना *n* gold
सोपानकक्ष *n* staircase
सोपानपद्धति *n* scale
सोपानी जलप्रपात *n* cascade
सोफा *n* sofa
सोमवार *n* Monday
सोर्डफिश *n* swordfish
सोलह *adj* sixteen
सोवियत *adj* soviet
सौ *adj* hundred
सौंदर्य *n* look, beauty
सौंपना *v* deliver
सौंवा *adj* hundredth
सौतेला पिता *n* stepfather
सौतेला बेटा *n* stepson
सौतेला भाई *n* stepbrother
सौतेली बहन *n* stepsister
सौतेली बेटी *n* stepdaughter
सौतेली मां *n* stepmother

स

सौदा *n* deal
सौदा करना *v* deal
सौदाकारी *n* bargain
सौन्दर्यबोधी *adj* aesthetic
सौभाग्यशाली *adj* lucky
सौम्य *adj* mild
सौम्य होना *v* sedate
सौर *adj* solar
सौहार्दपूर्ण *adj* amicable
स्काउट *n* scout
स्कार्फ *n* scarf
स्की करना *v* ski
स्कूटर *n* scooter
स्केट *n* skate
स्केटिंग करना *v* skate
स्टार्च *n* starch
स्टार्च वाला *adj* starchy
स्टिकर *n* sticker
स्टीक *n* steak
स्टेरलाइज *v* sterilize
स्टेशन *n* station
स्टेशनरी *n* stationery
स्टैपलर *n* stapler
स्टॉक रूम *n* stockroom
स्ट्राबेरी *n* strawberry
स्ट्रीटकार *n* streetcar
स्ट्रीटलाइट *n* streetlight
स्ट्रेचर *n* stretcher
स्तंत्रता *n* liberty
स्तंभित करना *v* astound
स्तनधारी *n* mammal
स्तनमुख *n* nipple
स्तब्ध *v* daze
स्तम्भ *n* column, prism
स्तर *n* level
स्त्री *pro* she
स्त्री जैसा *adj* feminine
स्त्री समान *adj* ladylike
स्त्रीरोग विशेषज्ञ *n* gynecology
स्थगित करना *v* put off, adjourn
स्थल *n* site
स्थलज *adj* terrestrial
स्थाई *adj* lasting
स्थान *n* point
स्थान घेरना *v* occupy
स्थान देना *v* accommodate
स्थान निर्धारण *n* location
स्थानांतरण *n* transfer, shift
स्थानांतरण करना *v* shift
स्थानांतरित करना *v* transfer
स्थानापन्न *v* officiate
स्थानीय *adj* local
स्थानीय बनाना *v* localize
स्थापना *n* foundation
स्थापना करना *v* establish
स्थित *adj* located
स्थिति *n* standing
स्थिर *adj* constant
स्थिर होना *adj* stable
स्थिरचित्त *adj* sober
स्थिरता *n* constancy
स्थूल *adj* thick
स्थूलकाय *adj* corpulent
स्नातक उपाधी *n* graduation

स

स्नातक होना *v* graduate
स्नान *n* bath
स्नान वस्त्र *n* bathrobe
स्नेह *n* affection
स्नेहशील *adj* fond
स्नेही *adj* affectionate
स्पंज *n* sponge
स्पंदन *n* impulse
स्पर्श *n* touch
स्पर्श करना *v* touch
स्पर्शगम्य *adj* tangible
स्पर्शदर्शी *adj* palpable
स्पर्शरेखा *n* tangent
स्पष्ट *adj* definite
स्पष्ट करना *v* clarify
स्पष्ट भाषी *adj* outspoken
स्पष्टत: *adv* apparently
स्पष्टता *n* clarity
स्पष्टीकरण *n* clarification
स्पात *n* steel
स्पार्क प्लग *n* spark plug
स्पेन *n* Spain
स्पेन का *adj* Spanish
स्पेन का निवासी *n* Spaniard
स्पेनी *adj* Hispanic
स्फटिकाश्म *n* crystal
स्फुर्ति देना *v* stimulate
स्फूर्तिमय *adj* dashing
स्मरण-पुस्तिका *n* notebook
स्मरणीय *adj* memorable
स्मारक *n* monument
स्मारकीय *adj* monumental
स्मारिका *n* souvenir
स्मृति *n* mind
स्मृति मनाना *v* commemorate
स्मृतियां *n* memoirs
स्मृतिलेख *n* epitaph
स्मृतिलोप *n* amnesia
स्याही *n* ink
स्याही छोड़ *n* squid
स्रष्टा *n* creator
स्राव *n* hormone
स्रोत *n* resource
स्लेट *n* slate
स्वचालित *adj* automatic
स्वच्छ *adj* clean
स्वच्छता *n* clearness
स्वच्छता से *adv* neatly
स्वत: *n* auto
स्वत:स्फूर्त *adj* spontaneous
स्वत:स्फूर्तता *n* spontaneity
स्वतंत्र *adj* independent
स्वतंत्र करना *v* emancipate
स्वतंत्रता *n* freedom
स्वतंत्रताप्रद *adj* laxative
स्वपीड़न *n* masochism
स्वयं *pro* herself
स्वयंसिद्ध *adj* self-evident
स्वयंसिद्धतथ्य *n* axiom
स्वयंसेवक *n* volunteer
स्वर *n* key, tone
स्वर मिलाना *v* tune
स्वर रचना *v* compose
स्वर वर्ण *n* vowel

स्वररचित *adj* composed
स्वरलिपि *n* notation
स्वराघात *n* beat
स्वर्ग *n* tone
स्वर्ग का *adj* heavenly
स्वर्ण युग *n* heyday
स्ववाधिकार *n* copyright
स्वस्थ *adj* healthy
स्वस्थ होना *v* heal
स्वस्थता *n* sanity
स्वांग करना *v* mime
स्वांग भरना *v* disguise
स्वांगीकरण *n* assimilation
स्वाक्षर *n* autograph
स्वागत *n* reception
स्वागत करना *v* welcome
स्वागती *n* receptionist
स्वाद *n* flavor
स्वादहीन *adj* insipid
स्वादिष्ट *adj* delicious
स्वाधिकार-संबंधी *adj* patent
स्वाभिमान *n* self-respect
स्वामित्व *n* royalty
स्वामित्व में *adj* own
स्वामिनी *n* mistress
स्वामी होना *v* own
स्वायत्त *adj* autonomous
स्वायत्तता *n* autonomy
स्वार्थपरता *n* selfishness
स्वार्थी *adj* selfish
स्वास्थ्य *n* health
स्वास्थ्यकर *n* healer
स्विच *n* switch
स्विच जलाना *v* switch off
स्विच बुझाना *v* switch on
स्विडजरलैंड *n* Switzerland
स्विडजरलैंड का *adj* Swiss
स्वीकरण *n* presumption
स्वीकार करना *v* accept
स्वीकारात्मक *adj* affirmative
स्वीकार्य *adj* acceptable
स्वीकृति *n* acceptance
स्वीडेन *n* Sweden
स्वीडेन का *adj* Sweedish
स्वेक्षा *n* willingness
स्वेक्षा सा *adv* willingly
स्वेक्षापूर्वक *adv* willfully
स्वोल्न *adj* swollen

ह

हंगामा *n* fuss
हंडिया *n* casserole
हंस *n* goose, swan
हंसना *v* laugh
हंसमुख *adj* cheerful
हंसिया *n* sickle
हंसी *n* laugh
हंसी मजाक *n* gag
हकलाना *v* stammer
हजामत बनाना *v* shave

स ह

हजार *adj* thousand
हटाना *v* remove
हटाया जाना *n* removal
हट्टा कट्टा *adj* burly
हट्टाकट्टा *adj* robust
हठधर्मिता *n* obstinacy
हठधर्मी *adj* dogmatic
हठी *adj* obstinate, adamant
हठीला *adj* inflexible
हड़चन डालना *v* hinder
हड़ताल *n* strike
हड़ताल करना *v* strike
हड़बड़ाहट *adj* bustling
हड़बड़ी करने वाला *adj* fussy
हड़बड़ी में *adv* hastily
हड्डी *n* bone
हताश *adj* desperate
हतोत्साह *n* chill
हतोत्साह करना *v* discourage
हत्था *n* handle
हत्या *n* assassination, slaughter
हत्या करना *v* assassinate
हत्याकांड *n* butchery
हत्यारा *n* assassin, killer
हथकड़ी *n* handcuffs
हथकड़ी लगाना *v* handcuff
हथगोला *n* grenade
हथियार *n* weapon
हथियार डालना *v* gun down
हथियारबंद *adj* armed
हथेली *n* palm
हथौड़ा *n* hammer
हद से ज्यादा *adj* exorbitant
हद से बढ़ जाना *v* outgrow
हम *pro* we
हम लोगों का *pro* ours
हम सभी का *pro* ourselves
हमरा *adj* our
हमला *n* raid
हमला करना *v* assault
हमलावर *n* attacker
हमलोग *pro* us
हमेशा *adv* always
हरजाना *n* recompense
हरजाना देना *v* recompense
हरा *adj* green
हरा देना *v* overthrow
हरा सेम *n* green bean
हराना *v* beat, defeat
हरामी *n* bastard
हरावल *n* vanguard
हरिण मांस *n* venison
हरिमीन *n* sardine
हर्जाना *n* indemnity
हर्ष *n* joy
हर्षित *adj* joyful
हल चलाना *v* plow
हलका करना *v* water down
हल्का *adj* light
हल्का करना *v* alleviate
हल्का भार *n* lightweight
हल्का सा *adv* slightly
हल्केपन से *adv* lightly
हवा करना *v* wind

ह

हवा देना *v* air
हवा भरना *v* pump
हवा मेंउड़ जाना *v* vaporize
हवाई अड्डा *n* airport
हवाई जहाज *n* aeroplane
हवाई डाक *n* airmail
हवाई पट्टी *n* airstrip
हवाई यात्री *n* airliner
हवादार *adj* windy
हवादार करना *v* ventilate
हवादारी *n* ventilation
हवालात *v* lock up
हवेली *n* mansion
हस्तक्षेप *n* interference
हस्तक्षेप करना *v* interfere
हस्तनिर्मित *adj* handmade
हस्ताक्षर *n* signature
हां *adv* yes
हांफना *v* gasp
हाइड्रोजन *n* hydrogen
हाजिरजवाब *n* wit
हाथ *n* arm, hand
हाथ का *adj* manual
हाथ मिलाना *n* handshake
हाथ-पांव *n* limb
हाथपाई *n* scuffle
हाथापाई *n* scrap
हाथापाई करना *v* scrap
हाथी *n* elephant
हाथी का दांत *n* tusk
हाथी चक *n* artichoke
हाथी दांत *n* ivory
हानि *n* malignancy
हानिकर *adj* malignant
हानिकारक *adj* harmful
हानी *n* harm
हानी पहुंचाना *v* harm
हाय *n* sigh
हार *n* defeat
हार मानना *v* succumb
हारने वाला *n* loser
हार्डवेयर *n* hardware
हार्दिक *adj* cordial
हार्मोन *n* hormone
हाल में *adv* lately
हालांकि *c* although
हालिया *adv* currently
हालैंड का *adj* Dutch
हावाई शुल्क *n* airfare
हावी हो जाना *v* overpower
हावी होना *v* dominate
हाशिया *n* margin
हाशिया संबंधी *adj* marginal
हासिल करना *v* achieve
हास्जनक *adj* laughable
हास्यासपद *n* laughing stock
हास्यास्पद *adj* comical
हिंसक *adj* violent
हिंसा *n* outrage
हिंसात्मक *n* violet
हिकिचाना *v* hesitate
हिमगलित *adj* frostbitten
हिचकिचानेवाला *adj* hesitant
हिचकिचाहट *n* hesitation

ह

हिचकी *n* hiccup
हिज्जे लगाना *v* spell
हित *n* benefit
हितकर *adj* benign
हिम *n* frost
हिम शैल *n* iceberg
हिम-दरार *n* crevice
हिमद्रव *v* thaw
हिमधाव *n* avalanche
हिमनद *n* glacier
हिमपुष्प *n* snowflake
हिमाघात *n* frostbite
हिम्मती *adj* bold
हिरण *n* deer
हिरासत *n* custody
हिलना *v* budge
हिला हुआ *adj* shaken
हिलाना *v* shake
हिसाब चुकाना *v* defray
हिस्टीरिया *n* hysteria
हिस्सा *n* part, section
हिस्सा लेना *v* participate
हिस्सा होना *v* part
हीं-हीं करना *v* giggle
हीटर *n* heater
हीन *adj* void
हीरा *n* diamond
हुआ करता था *adj* used to
हुड *n* hood
हृदय *adj* cardiac
हृदय *n* heart
हृदय विज्ञान *n* cardiology
हृदयहीन *adj* heartless
हृष्टपुष्ट *adj* sturdy
हेजलनट *n* hazelnut
हेडफोन *n* headphones
हेयरपीस *n* hairpiece
हेलीकॉप्टर *n* helicopter
हेलो *e* hello
हैजा *n* cholera
हैंडगन *n* handgun
हैमरेज *n* hemorrhage
हैम्बर्गर *n* hamburger
हैरान होना *v* wonder
हैरानी *n* wonder
हैसियत *n* level
हॉलैंड *n* Holland
होठ *n* lip
होना *v* become
होने वाला *adj* would-be
होली *n* bonfire
होशियार *adj* smart
हौज *n* cistern
हौद *n* tub
हौसला तोड़ना *v* demoralize
ह्रास *n* deterioration
ह्रास होना *v* decay

www.BilingualDictionaries.com

Please visit us online to:

- Download Current Catalogs
- View Samples of Products
- Shop Online
- View Company Information
- Contact Us